가톨릭의 역사

The Catholic Church

Copyright ⓒ 2003 by Hans Küng
Published by arrangement with Weidenfeld & Nicolson.
All rights reserved.

Korean translation copyright ⓒ 2013 by Eulyoo Publishing Co.
Korean translation rights published by arrangement with The Wylie Agency(UK) LTD through Eric Yang Agency, Seoul.

이 책의 한국어판 저작권은 에릭양 에이전시를 통한 The Wylie Agency(UK) LTD사와의 독점계약으로 한국어판권을 을유문화사가 소유합니다. 저작권법에 의하여 한국 내에서 보호를 받는 저작물이므로 무단 전재와 복제를 금합니다.

가톨릭의 역사
The Catholic Church

한스 큉 지음 | 배국원 옮김

을유문화사

가톨릭의 역사

발행일
초판 1쇄 2003년 4월 21일
초판 5쇄 2009년 10월 15일
신판 1쇄 2013년 6월 15일
신판 5쇄 2024년 7월 10일

지은이 | 한스 큉
옮긴이 | 배국원
펴낸이 | 정무영, 정상준
펴낸곳 | (주)을유문화사

창립일 | 1945년 12월 1일
주   소 | 서울시 마포구 서교동 469-48
전   화 | 02-733-8153
팩   스 | 02-732-9154
홈페이지 | www.eulyoo.co.kr
ISBN 978-89-324-7211-9 03900

* 값은 뒤표지에 표시되어 있습니다.
* 옮긴이와 협의하에 인지를 붙이지 않습니다.

서론 갈등 속의 가톨릭교회 •9

1 교회의 기원들 •23

예수가 설립한 교회? •25
'교회'의 의미 •27
예수는 가톨릭 신자였을까? •29
최초의 교회 •31
베드로 •33
유대인들로 구성된 공동체 •36
유대인과 기독교인과의 단절 •38

2 초기 가톨릭교회 •41

바울로 •44
바울로가 세운 교회들 •46
가톨릭 위계 질서의 탄생 •48
박해받은 소수의 인내 •50

3 제국적 가톨릭교회 •61

통일 제국을 위한 통일 종교 •63
국가 교회 •66
로마 감독의 지상권 주장 •69
서구 신학의 아버지 •74
삼위일체의 재해석 •81
신의 나라 •83

4 교황의 교회 •87

최초의 진정한 교황 •89
잘못된 교황들, 교황의 위조 문서와 교황 재판들 •92
독일계 부족들과 기독교 •95
중세의 신앙심 •98
이슬람 •101
교황을 위한 국가 •103
서방의 공식 : 기독교＝가톨릭＝로마 •105
가톨릭의 도덕성 •107
미래의 로마화를 위한 법적인 기초 •109

5 교회의 분열 •113

위에서부터의 혁명 •115

로마화된 가톨릭교회 •122
이단과 종교재판 •134
위대한 신학적 종합 •142
기독교인들의 계속되는 삶 •145

6 개혁, 종교 개혁, 반종교 개혁? •151

교황 통치의 종말 •153
좌절된 개혁 •157
르네상스와 교회의 문제 •162
종교 개혁 •165
종교 개혁의 계획은 가톨릭적이었나? •168
교회 분열의 책임 •171
로마 가톨릭 반종교 개혁 •182

7 가톨릭교회와 근대 •187

새로운 시대 •189
과학과 철학의 혁명 : 이성 •193
교회와 코페르니쿠스적 선환 •195
문화와 신학의 혁명 : 진보 •197
교회에 미친 계몽주의의 결과 •199
정치적 혁명 : 국가 •201
교회와 혁명 •203
테크놀로지와 산업 혁명 : 산업 •207
근대에 대한 전면적 비난 : 반계몽주의 공의회 •210

8　가톨릭교회 — 현재와 미래 •221

유대인 대학살에 관한 침묵　•230
20세기의 가장 중요한 교황　•236
개혁 대신에 복고　•244
공의회에 대한 배신　•247
일반 신자에서 시작하는 새로운 출발　•255
요한네스 24세의 제3차 바티칸 공의회?　•259

결론　어떤 교회가 미래가 있는가? •263

연표　•271
옮긴이의 말　•277
찾아보기　•283

서론

갈등 속의
가톨릭교회

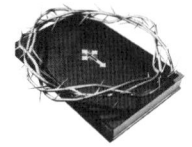

이 책의 서두에서 분명히 밝히고 싶은 점은 그동안 로마 가톨릭 제도가 얼마나 무자비한 것인지 내 자신이 경험했음에도 불구하고 가톨릭교회와 그 신앙 공동체는 오늘날까지 나의 영적인 고향으로 남아 있다는 사실이다. 이 사실은 이 책에도 영향을 미치고 있다. 물론 다른 방법으로 가톨릭교회의 역사를 서술할 수도 있을 것이다. 개인적으로 교회사에 관련되지 않은 종교학자 혹은 역사가들에 의한 '객관적' 서술이 가능할 수도 있다. 아니면 '이해'를 추구하는 '해석학적' 철학자나 신학자의 입장에서 서술할 수도 있을 것이다. 여기에서 이해한다는 것은 곧 용서한다는 관점이다.

그러나 나는 가톨릭교회의 역사에 직접 관계된 사람의 입장에서 역사를 기술하였다. 나 역시 지성의 탄압, 종교재판, 마녀사냥과 화형, 유대인 핍박, 여성 차별과 같은 현상들을 그 역사적 문맥에서 '이해'할 수는 있으나 그런 일들에 대해 '용서'할 수는 없다. 나는 희생당한 자들의 입장 또는 그들 시대에 이미 비기독교적이라고 금지된 교회 행습을 지지하는 태도에 서서 이 책을 저술하였다.

보다 구체적이고 개인적으로 말해서 나는 스위스의 작은 가톨릭 마을

인 수르세의 한 가톨릭 가정에서 태어나 가톨릭 도시인 루체른에서 학교를 다녔다. 그 후 로마에서 7년 동안 살면서 교황청 소속 엘리트 학교인 '콜레지움 게르마니쿰 훈가리쿰'에서 수학하였고 그레고리안 대학에서 철학과 신학을 공부하였다. 사제 서품을 받고 나서 첫 번째 성찬식을 성 베드로 성당에서 집전했던 나는 교황청 스위스 근위대에게 처음 설교할 기회를 가졌다.

파리의 가톨릭 대학에서 신학박사를 취득한 후 루체른에서 2년간 목회 활동을 했고 서른두 살이 되던 해인 1960년 튀빙겐 대학의 가톨릭 신학 교수가 되었다. 이후 교황 요한네스Johannes 23세에 의해 임명된 전문가 자격으로 1962년부터 1965년까지 제2차 바티칸 공의회Second Vatican Council에 참가했고, 튀빙겐 대학에서 20년간 가르쳤으며, '교회일치연구소Institute for Ecumenical Research'를 설립하여 그곳의 소장을 역임하였다.

1979년 나는 새로운 교황의 종교재판을 경험하게 되었다. 가톨릭 신학을 가르칠 수 있는 면허가 교회에 의해 취소되었음에도 나는 교수직과 연구소를 유지하였고, 그 결과 연구소는 가톨릭 신학부에서 분리되었다. 그 후 20년 동안 비판적 충성심을 유지하면서 가톨릭교회에 확고하게 충실했고, 지금까지도 범교회 교수직 및 '정상적인' 가톨릭 신부직을 유지하고 있다. 나는 가톨릭교회의 교황 제도를 찬성하지만 동시에 복음의 기준에 합당하게 교황제를 전면적으로 개혁할 것을 계속해서 주장하고 있다.

이러한 개인적 역사와 가톨릭 배경을 가진 나와 같은 사람이 과연 가톨릭교회에 관한 주관적이면서도 동시에 객관적인 역사를 기술할 수는 없는 것일까? 어쩌면 이런 식으로 교회와 관계된 내부자에게 가톨릭교회에 관한 이야기를 듣는 것이 더 흥미롭다고 판명될지도 모른다. 물론 종교적 문제에 관해서 정말 '중립적'인 사람이 있을 수 있다면 나 자신도 그처럼 객관적이도록 노력할 것이다. 그러나 나는 한 나라의 역사를 기술할 때와 마찬가지로 교회의 역사를 서술하는 문제에서도 개인적인 참여와 엄정한 객관성이 잘 조화될 수 있으리라 확신한다.

이제 나는 이 간략한 교회사에 대해 교회 문제를 많이 경험하고 그에 따라 많은 훈련을 받은 사람의 입장에서 제공하려고 한다. 물론 이 책이 내가 도움을 받았던 여러 권으로 구성된 방대한 교회사 저작들을 결코 대신할 수 없다는 것을 잘 알고 있으며 또 그럴 의도도 전혀 없다(A. Fliche와 V. Martin, H. Jedin, L. J. Rogier, R. Aubert와 M. D. Knowles, M. Mollart du Jourdin 등이 편찬한 교회사 저서들을 참조할 것). 그러나 내 평생 가톨릭교회사를 연구해 왔으며 또 내 자신이 그 한 부분을 살았던 까닭에 나의 이 저서도 분명히 의미가 있을 것이라고 생각한다.

나는 이미 이전에 출판했던 저서들에서 가톨릭교회사를 다룬 적이 있다. 『공의회와 재결합 The Council, Reform and Reunion』(1960, 영역 1961), 『교회의 구조 Structures of the Church』(1962, 영역 1965), 『교회 The Church』(1967, 영역 1971) 등의 초기 저서들과 『기독교인이 된다는 것 On Being a Christian』(1974, 영역 1977), 『하느님은 존재하는가? 현대를 위한 답변 Does God Exist? An Answer for Today』(1978, 영역 1980), 『제3천년을 위한 신학: 범교회적 견해 Theology for the Third Millennium: An Ecumenical View』(1984, 영역 1988), 『위대한 기독교 사상가들 Great Christian Thinkers』(1993, 영역 1994) 등의 후기 저서들이 그것들이다.

그리고 최근에 출판한 『기독교: 그 본질과 역사 그리고 미래 Christianity: Essence, History and Future』(1994, 영역 1995)에서 기독교 전체 역사에 대한 분석적 종합을 시도한 바 있다. 그 책에서 나는 다양한 시대를 형성했던 패러다임들, 가령 로마 가톨릭 패러다임뿐만 아니라 초기의 유대계-기독교적 패러다임, 헬라-비잔틴 슬라브 패러다임, 개신교 종교 개혁 패러다임, 계몽주의와 근대의 패러다임 등을 설명했다. 그 책을 읽는 독자는 로마 가톨릭교회사에 관한 풍성한 참고문헌 목록을 볼 수 있을 것이고 또한 내가 지금 이 책에서 다시 새롭게 언급하고 있는 많은 관념과 전망도 발견할 수 있을 것이다. 대신 이 책에서 나는 아주 간단하게 중요 발전, 구조, 인물 등에 초점을 맞추고 각주, 참고문헌 등 학자적인 현학은 모두 생략하기로 한다.

이 글을 쓰면서 나는 가톨릭교회와 그 역사에 관한 견해가 교회 내부와 외부 양쪽에서 많은 차이가 날 수도 있다는 사실을 예민하게 인식할 수 있었다. 아마 다른 어떤 교회보다도 가톨릭교회야말로 존경과 반발 양극단의 반응을 일으킨 논란이 많은 교회일 것이다.

의심할 여지없이 가톨릭교회의 역사는 성공의 역사이다. 즉, 가톨릭교회는 기독교에서 가장 오래되고 가장 많은 교인을 가진 대표적인 교회라고 할 수 있다. 2천 년 역사를 가진 교회의 역동성은 많은 감탄을 불러일으킨다. 이른바 '세계화' 담론이 유행하기 전에 이미 세계적이었으며 동시에 지역적으로 효과적인 교회 조직, 철저한 계급 조직과 교리적 유대감, 웅장하고 화려하며 전통을 자랑하는 예배, 서구 사회를 건설하고 형성하는 데 영향을 미친 부인할 수 없는 문화적 업적들이 그것이다.

낙관적이고 이상적인 교회사가들과 신학자들은 가톨릭교회의 역사, 교리, 조직, 교회법, 전례, 신앙심을 보면서 일종의 유기적 발전을 감지할 수 있다고 생각한다. 그들은 가톨릭교회가 마치 오래된 큰 나무와 같아서 계속 썩은 열매와 죽은 가지를 배출하면서도 영속적인 발전을 거듭하여 완벽을 향해 나아가는 과정에 있다고 주장한다. 즉, 가톨릭교회의 역사를 성장과 전개라는 유기적 과정으로 이해하고 있는 것이다.

그러나 오늘날 심지어 전통적인 가톨릭 신자들조차 다음과 같은 질문을 던지게 된다. 그런 유기적 발전을 인정한다고 해도 가톨릭교회 역사에는 교회의 공식적 대표자 자신들이 책임져야만 하는 비유기적, 비정상적, 완전히 비상식적인 잘못된 사건들도 있지 않았던가? 진보에 대한 그럴듯한 이야기에도 불구하고 교황이 책임지지 않으면 안 되는 끔찍한 실수 또한 많지 않았던가?

제2차 바티칸 공의회 기간(1962~1965)에 가톨릭교회는 전체적으로 높은 사회적 인지도를 구가하였다. 그러나 제3천년의 시대가 시작되는 지금 가톨릭교회는 그 어느 때보다도 여러 면에서 공격받고 있다. 최근에 로마 교황청이 과거에 저질렀던 흉악한 잘못과 잔인함에 대한 '용서'를 구했던 사실을 감안한다고 하더라도 그와 같은 시각에 현 교회 행정부와 종교재판소는 아직도 많은 희생자들을 만들어 내고 있는 것이다.

우리 시대의 민주적인 대표 기관들 가운데 가톨릭교회만큼 자기 고위층과 다른 견해를 가진 사람들 혹은 비판가들을 이처럼 한심한 방법으로 다루는 기관은 없을 것이다. 또 피임 금지, 성직자 결혼 금지, 여자 사제 서품 금지 등의 방법으로 여성을 이처럼 차별하는 기관도 없을 것이다. 유산, 동성애, 안락사의 문제에 대한 비타협적 입장, 마치 하느님 자신의 의지라도 되는 양 결코 오류가 있을 수 없다는 교황무류성papal infallibility의 후광으로 감싼 그와 같은 태도 때문에 이처럼 세계적으로 사회와 정치를 양극단으로 분열시키는 단체는 가톨릭교회 이외에는 없을 것이다.

가톨릭교회 스스로가 교정하고 개혁할 능력이 없음을 감안한다면 50년 전에 교회에 보여 주었던 일반인들의 우호적 무관심이 기독교 제3천년이 시작되는 지금 증오와 공개적인 적의로 바뀌고 있다는 사실을 이해할 수 있지 않을까?

비우호적인 교회사가들과 비판가들은 가톨릭교회의 2천 년 역사 속에서 그 어떤 성장을 향한 유기적 과정도 발견할 수 없으며 오히려 일종의 '범죄의 역사'를 발견할 따름이라는 견해를 피력한다. 한때 가톨릭 신자였던 카를하인츠 데쉬너K. Deschner는 그러한 역사를 밝히기 위해 자기 일생을 헌신하여 이미 6권의 역사서를 저술하였다. 그는 교회 외교 정책, 무역과 재정 및 교육에 관한 정책, 무지와 미신의 조장, 성도덕과 결혼법, 사법 정의에 대한 무자비한 착취 등 가톨릭교회의 모든 가능한 '범죄성'을 수백 쪽에 걸쳐 기술하고 있다.

이처럼 어떤 가톨릭 신학자들은 승리주의의 기분에서 교회사를 쓰기 바쁜 반면 추문들을 밝히려는 반가톨릭 '범죄학자'들은 가능한 모든 방법을 동원해 가톨릭교회를 폄하하려고 애쓴다. 그러나 어느 곳에서라도 찾아낼 수 있는 모든 잘못, 오류, 범죄를 이와 같은 방법으로 요약하고 수집한다면 독일, 프랑스, 영국, 미국 어느 나라에 관해서도 나름대로 '범죄적' 역사를 기술할 수 있을 것이다. 이성의 여신, 국가, 민족, 정당 등의 구호 아래 근대 무신론자들이 저질렀던 흉악한 범죄는 더 말할 필요조차 없을 것이다.

그러나 그처럼 부정적인 부분만을 강조하는 것이 독일, 프랑스, 영국, 미국, 혹은 가톨릭교회 역사에 대한 정당한 평가라고 할 수 있을까? 데쉬너의 『기독교의 범죄사Criminal History of Christianity』 같은 여러 저서들을 읽다 보면 시간이 흐를수록 점차 맥 빠지고 지루하다는 느낌을 받는 사람이 아마 나 혼자만은 아닌 듯싶다. 도로의 모든 웅덩이에 일부러 발을 담가 보는 사람이라면 도로가 얼마나 엉망인지를 큰 소리로 불평해서는 안 되는 법이다.

다른 기관들의 역사와 마찬가지로 가톨릭교회의 역사도 파란만장하다. 가톨릭교회는 고도의 세속적인 수단을 통해 권력과 재정기구를 운영하는 방대하고 효율적인 조직이다. 위압적인 통계와 미사의 엄숙한 예배 의식 이면에는 본질이 결여된 피상적인 전통 기독교가 숨어 있는 경우가 너무 많다. 잘 조직된 가톨릭 계급 사회에서 언제나 한 눈은 로마를 응시하면서 상급자에게 굽실거리고 하급자에게는 교만한 일군의 관료 성직자들이 있다는 사실은 마음이 답답할 정도로 분명하다. 폐쇄적인 교리 교육 체계는 뿌리 깊은 진부한 권위주의와 성서적이지 못한 딱딱한 신학으로 이루어져 있다. 또한 가톨릭교회가 서구 문화에 미친 공헌은 높이 평가받고 있지만, 이것은 필연적으로 세상사와 교회의 영적 임무의 일탈과 얽혀 있다.

그러나 모든 것에도 불구하고 범주와 개념만으로는 있는 그대로의 가톨릭교회와 그 정신을 충분히 나타내지 못한다. 가톨릭교회는 영적인 세력으로, 즉 국가사회주의, 스탈린주의, 마오쩌둥주의가 파괴할 수 없는 위대한 세력으로 전 세계에 존재한다.

나아가 그 거대한 조직과 별도로 이 세계의 모든 곳에서 가톨릭교회는 수많은 약점에도 불구하고 무한한 양의 봉사를 행하고 있는 공동체, 병원, 학교, 사회 기관 등 가톨릭교회만의 광범위한 기반을 갖추고 있다. 여기서 많은 목회자들이 자기 동료인 남녀 목회자들에게 봉사하기 위해 온힘을 쏟으며 수많은 남녀들이 젊은 사람들을 비롯하여 늙은 사람들, 가난한 사람들, 병든 사람들과 실패한 사람들을 위해 헌신하고 있다. 가톨릭교회는 신자들과 헌신한 사람들의 세계적 공동체인 것이다.

우리가 교회 내의 애매한 역사와 애매한 현재 상황 속에서 악으로부터 선을 구분해 내기 위해서는 판단의 근본적 기준이 필요하다. 교회사 저서에서 아무리 학문적 가치 '중립성'을 내세운다 하더라도 역사적 사실, 발전, 인물, 제도들은 계속해서 은연중에 평가에 노출될 수밖에 없으며 이 저서도 그 예외가 될 수 없다.

아무리 그 당시 시대와 그 이전 시대의 관점에서 어떤 신학이나 공의회를 이해해야 한다고 하더라도, 나는 그것이 기독교 신학과 기독교 공의회라고 주장하는 한 궁극적으로 무엇이 기독교적인가라는 기준에 의해 평가되어야 한다고 확신하고 있다. 과연 기독교적이라는 기준은 — 공의회와 교황들의 견해도 마찬가지인데 — 초창기 기독교 메시지인 복음, 즉 기독교의 본래적 모습으로서 기독교인들에게 메시아가 되는 구체적이고 역사적 인물인 나자렛 예수, 곧 어떤 기독교 교회의 경우에라도 그 존재의 근원이 되는 예수 그리스도인 것이다. 물론 이런 견해는 가톨릭교회의 역사를 서술하는 데 영향을 미칠 수밖에 없으며 적어도 나의 이 책이 그런 영향을 받고 있다.

이 책에서 펼칠 가톨릭 역사의 특징은 잠정적으로, 그리고 결정적 순간에 노골적으로 타협이나 망설임 없이 기독교의 본래적 메시지인 복음, 즉 예수 그리스도 자신을 바로 대면하는 방식이다. 이러한 기준이 없다면 어떤 기독교 교회라도 그 정체성이나 타당성을 가질 수 없다. 모든 가톨릭 제도, 교리, 법적 판결, 의식과 전례들은 이러한 의미에서 그것들이 '기독교적'인지 아니면 적어도 '반기독교적'이 아닌지의 기준, 즉 그것들이 복음과 일치하는지의 기준에 부합되어야 한다. 가톨릭교회에 대하여 가톨릭 신학자가 쓴 이 책이 동시에 복음적이라는 것, 다시 말해 복음의 기준에 합당하기 원한다는 사실에서도 이 점이 분명해진다. 따라서 이 책은

'가톨릭적'인 동시에 '복음적'이려고 노력하며 그 가장 깊은 의미에서 에큐메니컬 곧 범교회적이 되기를 추구한다.

이 정보화 시대에 방송 매체는 기독교의 역사와 현대 기독교에 관해 계속 증가하는 정보의 홍수에 우리를 노출시키고 있으며, 인터넷은 줄기차게 유용한 정보뿐만 아니라 쓸모 없는 정보들도 우리에게 산더미처럼 토해 내고 있다. 따라서 중요한 것을 중요하지 않은 것들로부터 구분할 수 있기 위해서는 지각 있는 선택이 요구된다.

물론 이 짧은 가톨릭교회사 저서도 사실과 정보를 전달하려고 시도하지만, 이 책의 주안점은 무엇보다 다음 세 가지 면에서 기본 방향성을 제공하려는 데 있다.

첫째, 가톨릭교회의 엄청나게 극적이고 복잡한 역사 전개 과정에 대한 기본 정보의 제공이다. 즉, 여러 시대와 영토에서 일어난 모든 사건들과 모든 중요 인물들에 관한 정보가 아니라 그 전개 과정, 주요 구조와 영향력 있는 인물들에 관한 중요 골자를 말하고자 한다.

둘째, 가톨릭교회의 지난 20세기 역사에 대한 비판적, 역사적, 실적 평가이다. 물론 사소한 시비나 힐난을 일삼자는 것이 아니라 모든 연대기적 서술에 있어 어떻게 그리고 왜 가톨릭교회가 오늘날 이렇게 되었는지를 알기 위한 객관적 분석과 비판을 거듭 시도할 것이다.

셋째, 가톨릭교회가 과연 무엇이며, 무엇이 될 수 있는지에 대한 개혁 방향을 제시하기 위한 구체적 도전이다. 그 어느 누구도 장담할 수 없는 미래에 대한 섣부른 설정이나 예측을 하려는 것이 아니라, 내가 확신하기에 만약 교회가 복음과 현시대에 동시에 충실하면서 근본적으로 스스로를 갱신하기만 한다면 제3천년기에도 희망찬 미래를 가질 수 있다고 믿기 때문에 가톨릭교회를 위한 희망을 제공하는 현실적 제안들을 시도할 것이다.

따라서 이 서론을 마치면서 역사에 대해 비교적 잘 알지 못하는 독자들, 특히 가톨릭 독자들에게 경고성 발언을 할 필요가 있다. 아직까지 역사의 사실과 심각하게 대면하지 못했던 사람이라면 간혹 도처에서 사태의 진전이 얼마나 인간적이었던가에 충격을 받을 수도 있을 것이다. 사실 교회의 많은 제도와 헌법들, 특히 로마 가톨릭의 중심적인 교황 제도가 얼마나 인위적인가에 놀라지 않을 수 없다.

그러나 바로 이와 같은 사실은 특히 교황 제도를 포함한 여러 교회 제도와 헌법들이 변화되고 개혁될 수 있음을 의미하기도 한다. 이 책에서 내가 시도하는 비판적 '해체'는 '건설', 즉 개혁과 갱신을 위한 목적을 지닌 것으로서 가톨릭교회가 제3천년 시대에도 생명을 유지할 능력을 갖추게 하기 위함이다.

교회에 대한 나의 모든 급진적인 비판에도 불구하고 내 자신은 흔들리지 않는 신앙으로 고무되어 있다는 사실이 이미 분명하게 독자들에게 드러났으리라 생각한다. 나의 믿음은 제도로서의 교회, 즉 계속해서 실패를 거듭하는 교회에 대한 신앙이 아니다. 대신 이 믿음은 교회의 전통, 전례, 신학의 주된 동기로서 존속하는 예수 그리스도 그분의 인격과 사상에 대한 신앙이다. 왜냐하면 교회의 모든 부패와 방종에도 불구하고 예수 그리스도는 결코 상실되지 않았기 때문이다. 예수 그리스도의 이름은 마치 교회사라는 직물 속에 빛나는 '금실'과도 같다. 비록 가끔 이 직물이 낡고 더러워질 때가 있을지라도 금실은 계속해서 빛나고 있는 것이다.

오직 예수 그리스도의 정신만이 가톨릭교회, 또 기독교 전체에 새로운 신뢰성을 부여할 수 있고 이해될 수 있게 만든다. 이제 우리가 기독교의 기원, 그 출발점을 되돌아보는 바로 그 순간 교회사에서 간과할 수 없는 하나의 근본적 질문이 등장하게 된다. 과연 나자렛 예수는 정말 교회를 창시했던 것일까?

1

교회의 기원들

예수가 설립한 교회?

복음서에 의하면 나자렛 예수는 '교회'라는 단어를 사용한 적이 거의 없다. 예수가 선택된 자들의 공동체인 교회를 건립할 것을 공개적으로 요청한 기록은 없다. 성서학자들은 예수가 교회와 자기 자신을 선포한 것이 아니라 대신 하느님의 왕국을 선포하였다는 사실에 동의한다. 종말이 임박한 시간에 살고 있다는 의식을 지녔던 예수는 인간 구원을 이루기 위해 임박한 신의 왕국, 신의 통치를 선포하기 원했다. 그는 단순히 하느님의 명령을 외형적으로 준수할 것을 바라는 데 그치지 않고 각자의 이웃들에 대한 헌신 속에 그 명령을 완성할 것을 원했다. 간단히 말해 예수는 자신의 반대자, 심지어 원수조차 포용하는 관대한 사랑을 바란 것이다. 『히브리 성경 Hebrew Bible』(구약)에 이미 적혀 있는 바와 같이 마치 자기 자신을 사랑하듯 하느님과 이웃을 사랑하기를 바랐다.

따라서 하느님 말씀의 강력한 설교자이며 동시에 육체와 영혼의 능력 있는 치유자였던 예수는 위대한 종말론적 집단 운동을 원했던 것이고, 그에게 베드로를 위시한 12제자는 이스라엘 12지파 전체를 복구하는 상징이었다. 당시 경건주의자들과 정통주의자들의 당혹감을 뒤로 한 채 예수는 이 하느님의 왕국에 사마리아인들과 같은 다른 종교인들, 세리들과 같이 정치적으로 타협한 사람들, 간음한 사람들과 같이 도덕적으로 문제가 있는 자들, 창녀들과 같이 성적으로 문란한 사람들을 초청했다. 예수에게 율법의 구체적인 항목들, 특히 음식법과 정결법과 안식일 규정 등은 이웃에 대한 사랑에 비하면 부차적인 것일 뿐이었다. 안식일과 율법은 인간을 위한 것이기 때문이다.

성전에 대해 비판적 태도를 견지했던 예수는 실제로 당시 성전에서 활발하게 이루어지던 상업 활동에 반대하여 무력 시위까지 행했던 선동적인 예언자였다. 따라서 비록 그 자신이 정치적 혁명가는 아니었을지라도 그의 말과 행동은 당시 정치, 종교 권력자들과의 운명적 충돌을 피할 수 없게 만들었다. 아무런 직위나 명칭도 없던 이 서른 살의 젊은 예수의 가르침이 그 당시 랍비나 예언자들의 주장보다 탁월하다고 많은 사람들이 생각했기 때문에 그들은 예수를 메시아라 여기게 되었다.

그러나 최대 3년, 어쩌면 불과 몇 달이었을지도 모르는 그의 놀랄 만큼 짧은 활동 동안에 예수는 자체 교리와 의식을 갖추고 이스라엘과 구분되는 개별 집단을 설립하거나 또는 자체 강령과 제도를 갖춘 조직을 만들려고 노력하지 않았다. 더군다나 어떤 위대한 종교의 기초를 마련하려고 시도하지 않았다는 점은 말할 필요도 없다. 모든 증거에 비추어 볼 때 예수는 그의 생존 당시 분명 교회를 설립하려고 하지 않았다.

여기서 우리는 예수의 사망 직후 이스라엘과 구분되는 종교적 공동체의 의미로서 교회가 발생하게 되었음을 서둘러 진술할 필요가 있다. 교회의 설립은 부활과 성령의 경험이 주는 영향으로 가능하였다. 성령의 재림, 환상, 음성 등에 대한 특별히 강력한 경험들, 그리고 고난받는 예언자,

고난받는 하느님의 종 등 『히브리 성경』에 대한 특별한 해석에 기초하여 예수의 유대인 제자들은 그를 반대하던 사람들로부터 조롱과 멸시를 받았으며, 신과 인간으로부터 버림받고 커다란 울부짖음과 더불어 십자가에서 사망했던 이 사람이야말로 죽음에 머물지 않고 부활했다고 확신하게 되었다. 그들은 예수가 하느님에 의해 영원한 생명을 갖게 되었고 신의 영광에 동참하게 되었으며 시편 110편에서 말한 것과 같이 '하느님의 오른편에 앉아 있는' 모습과 전적으로 일치하면서 '주와 메시아가 되었으며(사도행전 2:22~36)', '죽음의 권세를 이기고 능력 중에 하느님의 아들이 되었다(로마서 1:4 이하)'고 고백하였다.

여기에 "예수가 교회를 설립하였는가?"라는 질문에 대한 해답이 있다. 즉, 예수가 비록 직접 교회를 설립하지는 않았을지라도 교회의 기원은 예수에게서 찾을 수밖에 없다. 십자가 처형을 당했지만 다시 부활한 사람, 바로 그분 안에서 하느님의 왕국이 이미 시작되었다고 신자들이 신봉하였던 예수야말로 교회의 기원이다.

예수 운동은 자체적인 예배 의식, 규율, 특정한 사제직 등을 갖춘 조직이 아니라 종말론적 성격을 가진 운동이었다. 이 운동의 근본은 오직 예수에 대해 메시아, 곧 그리스도라는 믿음을 고백하는 것으로서 예수의 이름으로 세례 의식을 행하고 예수를 기념하면서 성만찬을 나누었다. 이렇게 교회는 그 첫 모습을 드러내기 시작하였다.

'교회'의 의미

시작부터 오늘에 이르기까지 교회는 그리스도를 믿는 성도들의 교제,

곧 자기 자신을 그리스도의 인격과 목적을 위해 헌신하며 그것이야말로 모든 사람들의 희망의 증거가 될 수 있다는 신도들의 교제가 되어 왔다. '교회'라는 이름 자체가 얼마나 구세주인 예수와 연관되어 있는지를 잘 웅변해 준다. 독일어로 '교회Kirche'는 '구세주, 주님Kyrios에게 속한다'라는 그리스어의 '키리아케kyriake'에서 유래된 것으로 주님의 거처 혹은 공동체를 의미한다. 로망스 언어에서 교회를 일컫는 말들인 '에클레시아ecclesia, 이글레시아iglesia, 키에사chiesa, 에글리제èglise' 등은 신약성서에 쓰였던 그리스어인 '에클레시아ekklesia'에서 유래됐거나 히브리어인 '카할qahal'에서 온 것으로 하느님의 '모임'을 의미한다. 이 말은 모임의 과정과 모여진 공동체 두 가지 모두를 의미하고 있다.

이러한 사실은 그 기준을 분명하게 확립시켜 준다. 즉, '교회'인 '에클레시아'의 본래 의미는 구체적 공동체로부터 격리된 종교적 기능인들로 구성된 거대한 조직을 말하는 것이 아니다. 교회란 특정한 장소와 시간에 특별한 행동을 위해 모였던 공동체, 즉 지역 교회를 의미하며 이런 지역 교회들이 다른 지역 교회들과 함께 더욱 포괄적 공동체인 전체 교회를 구성했던 것이다.

신약성서에 의하면 모든 개별 지역 교회들은 각각 인간의 구원을 위해 필요한 것들, 다시 말해 선포할 복음, 입교 의식의 세례, 감사의 기억과 더불어 성만찬 집전, 다양한 은사들과 목회 활동 등을 부여받았다. 각 지역 교회들은 전체 교회를 완전하게 이루는 교회들이다. 신약성서의 언어로 표현한다면 모든 지역 교회는 자신을 하느님의 사람들로, 그리스도의 몸으로, 성령의 건축물로 이해하였다.

회중, 건물, 공동체, 예수 그리스도의 교회. 이러한 단어들은 교회의 기원과 이름이 예수 그리스도의 목적에 봉사할 의무를 가지고 있었음을 시사한다. 교회가 예수 그리스도의 목적을 구현하지 못하거나 그것을 왜곡할 때, 교회는 그 존재의 의미에 죄를 짓게 되며 존재 기반을 잃게 된다.

우리는 이미 예수가 하느님의 왕국과 섭리, 인간의 구원에 관한 선포를 통해 과연 무엇을 의도했는지를 어느 정도 살펴보았다. 그러나 가톨릭교회의 역사를 전망하는 입장에서 볼 때 우리는 이제껏 거의 질문해 본 적이 없는 문제를 제기함으로써 더욱 예리하게 초점을 맞추어 보고자 한다. 가톨릭교회가 끊임없이 자기편이라고 자랑하는 이 예수는 과연 진정한 의미에서 가톨릭 신자였던 것일까?

예수는 가톨릭 신자였을까?

전통 방식을 고수하는 가톨릭 교인들은 당연히 예수도 가톨릭 신자였으리라고 생각한다. 가톨릭교회는 항상 기본적으로 오늘날 교회와 같았으리라고 생각하기 때문에 가톨릭교회가 선포하고 의도해 왔던 것이 곧 예수 자신이 설교하고 의도했던 것과 같으리라는 발상이다. 따라서 원칙적으로 예수 자신은 이미 가톨릭 신자였다는 말이 된다.

그러나 기독교 교회 중에서 이처럼 성공하고 가장 거대하고 가장 막강한 가톨릭교회가 예수와 같은 편이라고 자랑하는 것이 과연 정당한 일일까? 아니면 이러한 위계 질서를 갖춘 교회가 혹시 그 계급화에 반대할지도 모르는 이에게 멋모르고 같은 입장이라고 자랑스러워하는 것이 아닌가? 실험적으로 말해서, 가령 나자렛 예수가 로마의 성 베드로 광장에서 미사를 집전하는 것을 상상할 수 있을까? 아니면 그곳에 모인 관중들이 마치 도스토옙스키의 대심판관이 했던 말처럼 예수에게 "왜 우리를 방해하러 왔는가?"라고 말할 것인가?

어떤 경우든 역사 자료가 이구동성으로 지적하는 바를 잊어서는 안 된다. 나자렛에서 온 예수는 그의 말과 행동을 통해 그 당시 통치 세력과 위험한 갈등에 연루되어 있었다. 민중과의 갈등이 아니라 공식적 종교 지도자들, 귀족들과의 갈등에 연관되었던 예수는 오늘날 우리가 알 수 없는 법적 절차를 거쳐 로마인 총독에게 넘겨졌고 죽음에 이르게 되었다. 이러한 처형은 오늘날 생각조차 할 수 없는 일인 것 같지만 과연 그런 것일까?

만약 예수가 다시 와서 현재 가톨릭교회의 힘 있는 단체와 파벌, 혹은 수많은 경건하고 근본주의적인 가톨릭 신자들의 전통적 종교 관습들에 대하여 파격적인 질문을 던진다면 예수는 다시 한 번 옛날과 같은 위험한 갈등에 노출될 수도 있지 않을까? 만약 주교와 대주교가 집전하는 성전 예배 의식에 대항하여 예수가 공개적 저항 운동을 촉발시키며 자신을 '아래로부터 민중 교회 운동'의 관심사와 일치시킨다면 어떤 결과가 나타날까?

아니면 이 모든 것이 쓸데없는 이상한 생각이거나 완전히 시대착오적 발상일까? 여하튼 예수는 절대로 가부장적 위계 질서를 옹호한 사람이 아니라는 주장은 결코 시대착오적인 생각이 아니다. '조상'들과 그 전통을 상대화하고 여자를 제자로 받아들이기까지 했던 예수를 가리켜 여자에게 적의를 가진 가부장중심주의를 지지했다고 말할 수 없기 때문이다. 결혼을 찬양했으며 제자가 되기 위해 독신 생활을 해야 한다고 강요하지 않았던 예수, 결혼해서 결혼 생활을 잘 유지하던 사람들을 처음 제자로 받아들였던 (바울로는 스스로 예외라고 주장함) 예수를 일컬어 사제들은 마땅히 독신이어야 한다는 규율을 주장한 권위자라고 할 수 없을 것이다.

식탁에서 그의 제자들을 위해 봉사하면서 "높은 자가 (식탁에서) 모든 사람들의 하인이 되어야만 한다"고 가르쳤던 예수는 그의 제자들 모임이 귀족적이거나 군주 계급의 구조를 갖게 되는 것을 결코 원하지 않았을 것이다. 오히려 예수는 최선의 의미에서 '민주적' 정신을 보여 준 사람이었다. 예수의 정신은 자유롭고(종교재판소는 물론 그 어떤 군림하는 기관도 필요로 하지 않는), 원칙적으로 평등한(즉, 계급, 신분, 인종, 직책 등에 의해 분류되지 않는) 형제자매들(남자만의 집단이거나 개인 숭배가 아닌)로 구성된 '백성(그리스어로 demos)'과 일치된다. 바로 이것이야말로 본래 기독교의 '자유, 평등, 박애' 정신이었다.

그러나 초대 교회 공동체는 이미 사도들을 기둥으로, 베드로를 반석으로 하는 위계 질서 구조를 분명히 보여 주고 있지 않았던가?

최초의 교회

의심할 여지없이 초대 공동체에는 사도들이 있었다. 예수 자신이 상징적 의미로 선택했던 12제자를 넘어서 그리스도의 메시지를 설교하고 핵심적인 간증자이자, 전달자로서 일하며 공동체를 형성한 사람들이 바로 사도들이었다. 그들 이외에도 바울로Paul의 편지에서 처음 언급한 바와 같이 감동적인 메시지를 전했던 남녀 예언자들, 교사, 전도자들, 그리고 여러 다양한 형태의 남녀 협력자들이 있었다.

그렇다면 초대 교회의 '직제office'에 관해 언급할 필요는 없는 것일까? 아직 그럴 필요가 없는 까닭은 원래 세속적 용어이던 '직제(arche 및 비슷한 그리스 단어들)'라는 말이 아직 어떤 곳에서도 교회의 다양한 목회와 사명을 위해 사용되지 않았기 때문이다. 그 이유는 쉽게 이해될 수 있다. '직책'은 본래 지배 관계를 의미한다.

이와 반대로 초대 교회에서는 예수 자신이 "남을 섬기는 자가 높은 자(누가복음 22 : 26, 이 말은 여섯 가지 다른 형태로 전수되었다)"라고 말했을 때 여기에는 중심 기준에서 부각되었던 용어가 사용되었다. 즉, '직책'에 대해 말하는 대신에 원래 식탁에서 시중드는 것을 의미했던 '디아코니아diakonia' 곧 '봉사'라는 용어를 사람들이 쓰게 된 것이다.

이 단어는 열등감의 어감을 담고 있는 말로서 권위, 지배, 위엄, 권력, 지위 등과 어울릴 만한 어떤 개념도 연상시킬 수 없는 말이었다. 분명히 초대 교회에도 권위와 권력은 존재했겠지만 예수가 했던 말의 정신에 비추어 볼 때 그것은 지배의 목적이나 특권을 획득하고 유지하려는 목적을 위해서가 아니라 모든 사람들의 안녕과 봉사의 목적을 위해 필요한 것이었다.

따라서 초대 교회에서 볼 수 있었던 것은 '위계 질서hierarchy'가 아니라 '교회의 봉사'였다. 점차 오늘날 가톨릭교회 내에서 '위계 질서'라는 용어는 '거룩한 통치holy rule, hiero arche'를 의미한다고 생각하게 되었다. 사실 교회 내에서 봉사를 말하기 위해 사람들이 사용하기에 가장 어울리지 않는 단어가 바로 이 말일 것이다. 정말 예수를 본받는다면 아무리 신비한 방법으로 '거룩'의 의상을 입었다고 해도 거룩한 통치의 방법 혹은 지배의 유혹보다 더 멀리 기피해야 할 대상이 또 있겠는가? '위계 질서'라는 이 불행한 단어는 그리스도 이후 500년 뒤에 바울로의 제자인 디오니시우스Dionysius라는 가명으로 위장한 어느 이름 모를 신학자에 의해 소개되었다.

오늘날 사용하는 '사제priester, prêtre, prete, presbítero'라는 단어는 애매한 말이다. 신약성서에서 이 단어가 희생 제물hiereus, sacerdos을 바치는 사제라는 종교적, 의식적 의미에서 다른 종교의 성직자들에게 적용하도록 한 사실은 분명하다. 그렇지만 기독교 공동체의 성직자들에게는 절대 사용되지 않았다. 교회의 경우에는 그 대신 '장로'를 뜻하는 '프레스비테로스presbyteros'

라는 단어가 사용되었고, 이 말은 새로운 용법에서만 '사제'와 비슷한 의미로 사용되었다. 후에 '프레스비테로스 파로키아누스(presbyteros parochianus, 지방 감독)'라는 말을 볼 수 있는데 바로 여기서 이탈리아어의 '파로코(parroco, 지방 신부)'와 독일어의 '파레르(Pfarrer, 주임 신부)'가 나오게 되었다.

예부터 지금까지 모든 유대인 공동체에는 우두머리인 장로들이 있었다. 따라서 빠르게는 40년대부터 예루살렘의 기독교 공동체에 장로가 있었을 가능성이 있으며, 동시에 유대교 전통에서 하는 것처럼 머리 위에 안수하는 습관을 채택했을 가능성이 있다. 이것은 특별한 목적을 위해 교회 공동체의 특정한 사람을 권위 있게 파견하기 위한 행사였을 것이다.

그러나 지역 교회 및 교회 전체의 관할권을 주장했던 예루살렘 장로들의 특별한 조직이 있었는가의 여부는 역사적으로 확증할 수 없다. 여하튼 베드로Peter가 예루살렘을 떠나기 전, 혹은 야고보James가 초기 예루살렘 공동체의 지도력을 물려받았던 때에 이런 상황이었는지는 알 수 없는 것이다. 그렇다면 아주 빠른 속도로 가톨릭교회에서 엄청난 중요성을 차지하게 되는 베드로의 경우는 어떠했을까?

베드로

여기서 질문은 베드로가 어떻게 되었느냐에 관한 것이 아니라 (조금 뒤에 살펴보겠지만) 베드로가 과연 처음에 어떤 위치였는지, 즉 초대 공동체에서 그의 임무에 관한 것이다. 신약성서 자료에 따르면 다음의 세 가지는 반박할 여지없이 확실하다.

1. 이미 예수의 공적 활동 기간에 예수에게서 '반석rock(아람어로 Cephas, 그리스어로 Petros)'이라는 별명을 받았던 어부 시몬Simon은 제자들의 대변인이었다. 그러나 그는 여러 평등한 제자들 가운데 첫째 제자였을 뿐이고, 그가 예수의 말을 잘 이해하지 못한 것과 그의 소심함, 도망친 사실 등은 복음서에 빠짐없이 기록되었다. 단지 누가복음과 사도행전만이 그를 이상적으로 묘사했고 예수가 자신의 사명을 막으려는 베드로를 향해 "사탄아 물러가라(마가복음 8:33 ; 마태복음 16:23)"고 했던 말에 대해 함구하고 있다.

2. 막달라 마리아와 다른 여인들 다음으로 베드로는 부활한 예수를 목격한 처음 증인 가운데 하나다. 그의 부활절 간증의 문맥에서 볼 때 베드로는 교회의 '반석'이라고 여겨질 만하다. 그러나 오늘날 심지어 가톨릭 신약학자들조차도 예수 자신의 교회를 베드로라는 반석 위에 세우겠다는 예수의 유명한 이 말(마태복음 16:18 이후, 이 말의 시제는 미래형이다)이 다른 어떤 복음서에도 나오지 않는다는 사실에 대해서, 이는 예수가 살아생전 했던 말이 아니라 부활절 사건 이후 팔레스타인 공동체 또는 나중에 마태 공동체에서 작성되었으리라는 지적에 동의하고 있다.

3. 베드로는 의심할 여지없이 초기 예루살렘 공동체의 지도자였다. 그러나 결정적으로 중요한 사실은 그 혼자만이 아니라 12제자와 더불어서, 그리고 나중에 야고보, 베드로, 요한John의 세 '기둥(갈라디아 2:9)'의 일원으로서 지도자였다는 점이다(바울로는 그의 편지에 야고보를 먼저 언급하고 있다). 후에 베드로는 아직도 모세의 거룩한 율법에 얽매어 있는 동료 유대인들에게 그리스도를 선포하는 책임을 맡게 되었다.

결론적으로 초대 교회에서 베드로는 분명히 특별한 권위를 가지고 있었다. 그러나 자기 혼자만이 아니라 언제나 다른 이들과 더불어 권위를 나누었다고 보여진다. 흔히 생각하듯 그는 영적인 제왕과는 거리가 멀었고 유일한 지도자도 아니었다. 지도자로서 그가 절대적 군주 독재자와 비슷한 권위를 가졌다는 증거는 그 어디에도 없다. 그러나 그가 삶을 마감할 당시 베드로는 로마에 있지 않았던가? 즉, 베드로는 로마의 감독이 아니었을까?

다시 말해 그 당시 세계의 수도였던 로마에 베드로가 있었던 것이 사실 아닌가? 그리하여 훗날 교회 전체를 통한 법적 지상권이 그로부터 주어졌다고 로마 교회와 사제들이 주장하면서 갈릴리 출신 어부인 베드로를 언급하지 않았던가? 후대의 가톨릭교회 발달사에서 이 문제는 절대로 사소한 문제가 아니다. 현존하는 자료들을 놓고 볼 때 전문학자들 사이에는 다음 세 가지 사실들에 대해 광범위한 동의가 이루어지고 있다.

1. 유대교 율법을 적용하는 문제에 관해 바울로와 논쟁을 벌였던 안티오크Antioch에 베드로도 분명히 같이 있었다. 또한 그는 게파Cephas, 곧 베드로에게 충성하는 무리가 있었던 고린토Corinth에도 있었던 것 같다. 그러나 신약성서 어디에도 베드로가 로마에 갔었다는 기록은 찾을 수 없다.

2. 신약성서에서 베드로의 후계자(로마 교회의 후계자 역시)에 관한 증거를 찾는 것은 더 어렵다. 여하튼 반석에 관한 발언의 논리는 오히려 그 반대를 입증하는 듯하다. 다시 말해 그리스도에 대한 베드로의 믿음이야말로 (다른 어떤 후계자의 믿음이 아니라) 교회의 변하지 않는 기초였다는 것이 틀림없다.

3. 그러나 90년경 「클레멘스의 편지Letter of Clement」와 110년경 안티오크의 주교 이그나티우스Ignatius는 베드로가 로마에 체류했으며 거기서 순교했다고 증언하고 있다. 따라서 베드로 순교의 전통은 오래된 것으로 무엇보다 증언들이 일치하고 있고 다른 전통도 존재하지 않는다. 그의 생애 마지막 순간에 베드로는 로마에 있었으며 네로 황제의 박해 과정에서 순교한 듯하다. 그러나 오늘날 바티칸 성당 밑에서 그의 묘지를 확인하려는 고고학적 노력은 실패하고 말았다.

오랫동안 학자들 사이에서는 다음과 같은 합의가 이루어져 왔다. 심지어 신교학자들도 베드로가 로마에서 순교하였으리라는 점에 동의한다. 그러나 그 반대로 가톨릭 신학자들은 베드로가 최고 지도자 혹은 감독으로서 로마 교회를 책임진 적이 있다는 믿을 만한 증거가 없다는 사실을 인정한다.

여기서 잊지 말아야 할 문제는 베드로의 자질에 관한 사항이다. 같은 시기에 역시 순교했으리라고 추정되는 바울로와 달리 베드로는 교육받은 로마 시민(Civis Romanus : 그리스어를 완벽하게 구사하고 그리스 사상에 정통한 사람)이 아니라 교육을 받지 못한 갈릴리 지방 유대인이었다는 사실이다.

유대인들로 구성된 공동체

로마는 가장 으뜸가는 두 사도, 베드로와 바울로의 묘지가 있는 도시이다. 그러나 바로 이러한 사실 하나만으로 로마를 모든 교회의 어머니로 만들 수 있을까? 로마 감독의 모태 교회였던 라테란 성당에 지금까지 새겨져 있는 거대한 비명은 '이 세상과 모든 도시의 교회들의 어머니이자 머리Omnium Urbis Et Orbis Ecclesiarum Mater Et Caput'라고 말하고 있다.

그러나 의심할 여지없이 초기 기독교에서 으뜸가는 어머니 구실을 했던 공동체는 로마가 아니라 예루살렘 교회였다. 그리고 초기 기독교 공동체의 역사는 로마인이나 그리스인의 역사가 아니라, 아람어Aramaic를 사용했거나 팔레스타인의 헬라화된 문명 속에서 종종 그리스어를 사용했거나 유대인으로 태어났던 사람들의 역사였다. 예수를 따랐던 이 유대인들은 유대교 언어, 사상, 신학에 나타난 것을 교회에 전수하였고 그 결과 기독교 전체에 지워지지 않는 흔적을 남겨 놓았다.

이 유대인들의 역사는 정치적, 경제적 힘이 거의 없었던 하층계급의 역사이며 거기에는 많은 여자들이 포함되어 있다. 이들은 예수를 본받아 가난한 자, 억압받은 자, 절망하고 파산한 자, 차별받고 소외된 자들에 대하여 특별히 열린 태도를 가지고 있었다. 모든 이들이 경제면에서 가난한 사람들은 아니었다. 베드로처럼 개인 집을 소유한 자도 있어서 뒤에 자기 집을 교회 모임을 위해 제공하기도 했다. 예수의 메시지에 부응하여 소유로부터 내면적 자유를 얻고 타인에게 베풀고자 하는 요청이 있었고, 각자의 재산을 자발적으로 포기한 경우들도 생겨났다.

그러나 20여 년 뒤 누가복음의 저자에 의해 묘사된 것과 같은 이상적 상황은 다른 증거들에 의해 확증되지 않았다. 초대 공동체에서 전반적으로 재산 포기가 있었던 것은 아니었다. 예수에게 다시 생명을 부여한 부활의 사건과 성령 체험의 경험과 더불어 하느님의 왕국은 이미 시작되었다. 곧 완성될 것을 기대하면서 반드시 재산을 포기하라는 요청이 있었다기보다 가난한 이들을 돕고 소유를 나누려는 요청이 있었던 것 같다. 따라서 이 공동체는 집단 생활체처럼 재산을 공유한다기보다 사회적 유대감을 나누는 공동체였다고 하는 편이 더 맞을 것이다.

초기 기독교 공동체는 어떤 의미에서든 유대교 공동체 혹은 유대 국가와 분리되기를 원하지 않았고 유대교와 통합되어 있기를 원했다. 결국 기독교는 유대교와 함께 하느님에 대한 믿음을 공유하였고('들어라 이스라엘아Shema Israel', 신명기 6:4), 『히브리 성경Tanakh』의 권위를 굳게 믿었다. 초기 기독교인들은 유대교 성전을 찾아 예배하고 시편을 읊으며 기도하고 모세의 율법Halakhah을 지켰으며 특히 할례, 안식일, 축제, 그리고 음식의 정결법을 준수하였다.

그러나 이들 유대 기독교인들이 결코 포기하지 않으려 했던 한 가지는 곧 예수가 '메시아', 그리스어로 '크리스토스Christos', 즉 '구세주'라는 신앙이었다. 이들 '유대계-기독교인들Jew Christians'의 모든 삶, 그 사상과 실천은 십자가형을 당했으나 다시 부활한 예수 그리스도에 중심이 맞추어져 있었다. 그들에게 하느님 왕국에 대한 예수의 선포는 곧 예수 자신이 메시아라는 선포로 받아들여졌고 예수에 의해 선포된 복음은 곧 예수 그리스도에 대한 복음이 되었다. 예수의 이름으로 세례받고 그를 기념하는 성만찬에 참여함으로써 이들은 그리스도를 믿는 신앙의 공동체에 속하게 되었다. 그렇다면 유대인들과 기독교인들과의 불화는 어떻게 생겨났던 것일까?

유대인과 기독교인과의 단절

박해와 처형 사건들이 두 집단의 단절에 결정적 원인을 제공하였다. 아주 초창기에 헬라화된 유대 기독교인이던 스데파노Stephen의 처형, 그다음 12제자 중 하나였던 야고보(제베대오의 아들)의 처형(43년), 그리고 무엇보다 베드로가 예루살렘을 떠난 후(62년) 예수의 네 형제 가운데 하나였던 야고보, 곧 '주님의 동생'이며 예루살렘 교회의 머리였던 야고보의 처형이 이어졌다. 마지막으로 이방인을 위한 사도였던 바울로가 예루살렘에서 체포되어 2년간 재판을 받다가 로마에서 처형당했다(64년).

그러나 유대교와 기독교와의 결정적 결별은 로마군에 의해 제2예루살렘 성전이 파괴된 70년 직후 야파(Jaffa : 지금의 이스라엘의 도시 텔아비브야포 —역주) 근방의 얌니아(Jamnia : 고대 팔레스티나의 도시—역주)에 모였던 바리새인들로 구성된 유대교 '의회'에 의해 확정되었다. 얌니아 의회는 기독교인을 정식으로 파문하면서 모든 회당에서 예배를 드리기 전에 '기독교 이단에 대한 저주'를 반복할 것을 명했다.

이는 심각한 사회적 결과를 가져왔다. 만약 가톨릭교회에 대한 비판을 아끼지 않는 나와 같은 사람이 있다면 그는 분명히 이미 유대계-기독교인들 사이에 출현해 있었고, 마태복음과 요한복음에 개탄할 정도로 명시되었던 반유대교주의의 기원이 다름 아닌 유대교인들이 먼저 기독교인들을 탄압하고 회당에서 축출하는 데서 비롯되었다고 주저 없이 지적할 수 있을 것이다. 바리새인들의 기성 체제에 의해 기독교인들이 파문당한 사건이 기독교인들에 의한 유대인의 모든 박해보다 선행하기 때문이다.

그러나 이제 정말 중요한 질문은 바로 이것이다. 어떻게 팔레스타인에서 시작한 조그만 유대계-기독교 교회가 당시 사람들이 거주하던 전 세계oikoumene의 위대한 교회, 즉 '보편적 교회ecclesia catholica'가 될 수 있었을까? 의심할 여지없이 사도 바울로야말로 유대계-기독교, 특히 아람어와 헬라어를 반반씩 사용하던 기독교에서 이방인-기독교, 즉 그리스어와 라틴어를 사용하는 기독교로 패러다임을 전환하는 데 가장 중요한 인물이었다.

2
초기 가톨릭교회

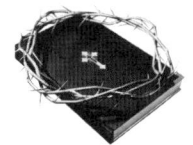

'그리스도인Christian'이라는 단어는 오늘날 안타키아(Antakya: 터키의 한 도시—역주)인 시리아의 안티오크에서 처음 사용되었다. 소아시아, 메소포타미아, 이집트로 가는 길들이 마주치는 곳에 위치한 안티오크는 로마 제국에서 로마와 알렉산드리아 다음으로 가장 중요한 도시였다. 바울로 이전에도 스데파노의 순교 이후 예루살렘을 도망쳤던 헬라화된 유대계-기독교인들은 안티오크에서 이방인들에게 직접 복음을 전하기도 했다.

여기서 '크리스천(그리스어 Christianoi)', 곧 '그리스도의 사람들'은 유대인으로 태어난 신자와 이방인으로 태어난 신자들이 섞인 최초의 신앙 공동체를 구성하게 되었다. 처음에는 농촌 환경에 익숙했던 예수 운동이 이제 도시 현상으로 탈바꿈하게 되었고, 신자들은 더 이상 아람어와 히브리어를 사용하는 사람들이 아니라 로마 제국의 지방어 일종인 '코이네koine'라고 불리던 공통의 그리스어를 사용하는 이들이었다. 그리하여 안티오크는 이방인을 위한 선교의 중심이 되었다. 사도 바울로 역시 이곳에서 지중해 동부에 걸친 그의 담대하고 위험한 선교 여행을 시작하게 된다.

'전체와 연관된' 혹은 '보편'을 의미하는 그리스어 '카톨리코스katholikos'에서 유래된 '가톨릭catholic'이라는 용어는 신약성서에서 사용된 적이 없다. 어느 곳의 교회도 '가톨릭'이라고 일컬은 적이 없는 것이다. '가톨릭교회'라는 표현은 안티오크의 주교였던 이그나티우스가 스미르나Smyrna 교회에 보낸 편지에 처음으로 등장한다.

여기서 '가톨릭교회'는 개개의 지방 교회와 분리되는 의미에서 단순히 '전체' 교회를 의미했다. 이 단어는 포괄적으로 보편적인 전체 교회를 지칭하는 것으로 점차 그 실재가 더욱 분명하게 인식되었다. 후에 라틴어로 이 교회는 '에클레시아 카톨리카ecclesia catholica' 혹은 '에클레시아 우니베르살리스ecclesia universalis'라고 불리게 되었다.

바울로

만약 유대교 율법에 충실하였던 타르수스(Tarsus : 터키의 고대 도시. 사도 바울로의 고향—역주)의 바리새인 사울Saul이 예수 그리스도에 대한 믿음으로 개종하지 않았더라면 초기 기독교 역사는 분명히 다른 방향으로 흘러갔을 것이다. 신생 기독교 공동체를 탄압하던 사울은 환상 속에서 예수가 다시 살아난 것을 보고 나서 이스라엘의 메시아인 예수를 유대인과 이방인들이 살고 있는 전 세계를 위한 메시아·그리스도로 선포하는 책임을 맡은 '사도'로, '위임받은 대사'로 자기가 부름을 받았다고 느끼게 되었다.

잘 모르는 이들이 계속 주장하는 것과 달리 바울로를 기독교의 진정한 창시자라고는 할 수 없다. 많은 점에서 바울로는 예수의 가르침과 연속선상에 놓여 있으나 예수의 죽음과 부활의 문맥에서 바울로는 유대교와 헬라 문명의 사상과 관념의 힘을 빌어 그것을 눈부시게 바꾸는 업적을 남겼다.

모세의 율법을 준수하기를 원하는 유대계-기독교인들과 바울로는 예수가 메시아, 곧 하느님의 그리스도라는 믿음을 공유했을 뿐만 아니라 실천적 제자도를 함께 나누었다. 바울로는 예수의 이름으로 세례를 베풀고 예수를 기념하며 성찬식을 거행하였다. 바꾸어 말하면 바울로는 초기 기독교인의 '신앙의 정수'를 물려받아 이방인 기독교인들에게 전달하기를 희망한 것이다.

그의 주님 '예수'와 마찬가지로 바울로는 죄인들이 율법을 준행하는 경건한 행위나 자신의 공적에 의해서가 아니라, 오로지 하느님을 무조건적으로 신뢰함으로써 하느님에 의해 의롭게 된다고 확신했다. 이방인을 위한 사도였던 바울로는 분명히 유대교의 율법 폐기를 원하지 않았다. 유대인들과 있을 때 바울로는 율법을 준수했으나 율법을 이방인들에게 강요하거나 자랑하지 않았다. 유대인들에게는 바울로도 유대인이 되기를 원했으나 '율법 밖에 있는 이들'에게는 자기도 '율법 밖에' 있기를 원했던 것이다.

이방인들이 이스라엘의 하느님에 대한 믿음을 가질 수 있는 길은 이스라엘인처럼 할례를 하거나 음식과 안식일에 관한 여러 가지 계율과 정결법에 관한 규정을 준수하는 데 있지 않다. 이것들은 이방인들을 소외시킬 뿐이다. 이방인은 유대교에 들어갈 필요가 없는 것이다. 다시 말해 '율법의 행위'들을 준수할 필요 없이 기독교인이 될 수 있다고 바울로는 확신했다.

신학과 지성의 문제, 선교 활동과 교회 정치 등에서 그의 계획과 부단한 활동을 통해 바울로는 이방인들을 전도하는 데 놀라운 성과를 거두었다. 오직 이러한 방법을 통해서만 헬레니즘 문화 세계 안에서 기독교 복음의 진정한 문화접변inculturation이 가능했고, 초라한 유대교 '종파'가 동과 서를 함께 이어주는 세계 종교가 될 수 있었다. 특히 안티오크에서 이방인을 위한 선교를 수행하기도 했던 유대교는 그 보편적 유일신관에도 불구하고 인류 모두를 위한 보편 종교가 되지 못했다. 보편 종교의 위상에 가장 근접한 종교는 기독교였으며 초창기에 미약했던 교회는 이제 전체 교회, 보편 교회인 '에클레시아 카톨리카'가 되었다. 이런 점에서 만약 바울로가 없었더라면 가톨릭교회도 없었을 것이라는 말이 과장은 아닐 것이다.

바울로가 세운 교회들

성공회나 정교회에서처럼 가톨릭교회의 사제들은 자신을 '사도들의 후계자'라고 부르기 좋아한다. 교회의 장로-감독 제도는 '예수 그리스도에 의해 시작된' '하느님의 기관'이라서 변할 수 없는 '하느님의 법iuris divini'이라고 이야기한다. 그러나 사정은 그렇게 간단하지 않았다. 지난 100년간 신약성서를 자세히 분석한 결과 감독을 중심으로 한 이런 교회 제도는 절대로 신의 뜻이거나 그리스도가 부여한 것이 아니라, 오히려 오랜 기간에 걸쳐 형성된 논란 많은 역사적 발전임을 알게 되었다. 즉, 교회 제도는 인간의 작품이며 따라서 원칙적으로 바꿀 수 있는 것이다.

성경을 읽은 독자라면 누구나 신약성서 중 가장 초기의 작품인 바울로의 편지 가운데 교회의 법적 제도에 관해서 한마디 언급도 없다는 사실, 심지어 바울로의 '사도적 권위'에 기초해서도 아무 언급이 없다는 사실을 발견할 수 있을 것이다. 후에 누가가 기록한 사도행전이나 그 뒤에 쓰인 '초기 가톨릭' 문서인 디모데Timothy와 디도Titus에게 보낸 목회 편지들의 내용과는 달리 바울로의 공동체에는 군주적 감독 제도, 장로 제도, 목회자

서품 제도 등이 존재하지 않았다.

그러나 바울로는 자기가 세운 이방인 기독교 교회들이 나름대로 완전하며 핵심 사항을 잃지 않은 잘 준비된 교회라고 확신했다. 감독 제도가 아닌 '회중제congregationalist'를 주장하는 후세 교회들은 이 점에 눈을 돌릴 필요가 있다. 바울로의 교회들은 실제로 자유로운 능력 목회를 표방하는 교회들이었다. 바울로에 따르면 모든 기독교인들은 자신들의 개인적 소명, 자신만의 독특한 성령의 은사, 공동체를 위한 자신의 특별한 은사를 부여받은 자들이다. 그렇기 때문에 바울로는, 교회에는 설교, 구제, 공동체 지도자 등 여러 가지 다양한 목회와 기능이 섞여 있다고 보았다.

바울로가 열거한 여러 가지 교회 목회와 기능 중에서도 가장 중요한 것은 사도의 기능이다. 예수에 대한 최초의 간증과 사명감을 실천한 그들은 그리스도의 메시지를 전하고 교회를 설립했다. 두 번째로는 예언자가 중요하고 세 번째로는 교사가 중요하다. '도움을 제공'하는 기능은 바울로의 명단에서 아래에 위치하며 다양한 공동체에 따라 다양하게 구성될 수 있는 '지도력의 은사'는 맨 마지막에서 두 번째에 해당된다.

공동체의 이러한 기능들은 상황에 따라 분명히 자동적으로 정리될 수 있다고 생각했다. 여자들, 특히 자기 집을 예배 장소로 제공할 수 있을 만큼 부유한 여인들은 교회에서 주도적인 임무를 맡았다. 사도행전은 여러 여선지자들을 언급하고 있으며, 바울로는 심지어 '사도 중에 뛰어난 유니아Junia(로마서 16:7)'라는 여성 사도를 말하기도 했다. 그러나 뒤에 나온 성경 사본에서 유니아는 남자 이름인 '유니아스Junias'로 바뀌기도 하였다!

고린토 교회에 보낸 첫 번째 편지에서 바울로는 사제로 임명된 사람이나 바울로 자신이 참석하지 않더라도 단지 성만찬에 필요한 형식을 준수한다면 신도들이 함께 성만찬을 나누는 것이 극히 정상적이라고 생각하고 있다. 가장 최초의 공동체 규정인 '디다케Didache', 즉 사도들의 '가르침' (100년경)에 따르면 선지자들과 교사들이 성만찬을 나눈 다음에야 비로소 감독과 집사들을 선출했다고 한다.

안티오크의 교회는 분명히 감독이나 장로가 아니라 선지자와 교사들이 운영했다. 바울로가 로마서를 쓸 당시 로마에서도 마찬가지로 감독이 통솔하는 교회는 아직 존재하지 않았던 것이 분명하다. 이런 사실은 어떻게 해서 교회 계급 구조가 나타나게 되었는가 하는 질문을 더욱 흥미롭게 만든다.

가톨릭 위계 질서의 탄생

사도 바울로의 죽음 이후 그의 공동체에서도 나름대로 교회 제도를 정비해야 할 필요성이 불가피하게 대두되었다. 팔레스타인 전통에서 교회의 제도화는 여러 명의 장로를 뽑고 손을 머리에 얹어 안수하는 의식에서부터 시작하였다. 그러나 신약 시대가 끝날 무렵 아직도 공동체별로 다양한 제도와 목회 형태가 존재하고 있었다. 모든 공동체 또는 공동체의 각 구성원들은 사도들의 메시지와 행습만을 놓고 본다면 바로 '사도 전승'의 반열에 오른 이들이었다. 단지 일부 몇 사람뿐만 아니라 교회 전체가 바로 사도신경에서 말하는 것처럼 '사도의 교회'이기 때문이었다.

이런 이유로 감독들만이 직접적이고 배타적인 의미에서 '사도들의 후계자'라고 주장할 수는 없었다. 기독교 초창기 역사에서 사도들에서부터 감독에 이르기까지 중단 없이 이어지는 '머리 위에 안수'의 고리를 찾는 것은 역사적으로 불가능하다. 그 대신 사도 이후 이른바 속사도 시대Postapostolic가 시작되면서 교회에서 선지자, 교사, 다른 목회자들과 더불어 장로-감독들이 임명되어 기독교 공동체의 지도자가 되고 성만찬을 주도했다는 사실은 역사적으로도 증명될 수 있다.

따라서 '성직자'와 '일반인'의 구분은 초창기에 발생한 셈이다. 여러 명의 장로-감독들에서 점차 감독 한 사람의 군주적 사제직으로 바뀌는 단계는 처음에는 도시에서부터 시작되어 그 뒤에 전 교회에서 일어나게 되었다. 110년경 안티오크의 이그나티우스 감독은 후에 로마 제국 전체에서 실행하게 될 세 가지 교회 직제 — 감독bishop, 장로presbyter, 집사deacon — 를 선보이게 된다. 이제 더 이상 감독 없이는 성만찬을 시행할 수 없게 되었다. '성직자'와 '일반인'의 구분은 사실로 굳어진 것이다.

그러나 군주적 감독 제도의 수호자이자 이론가였던 이그나티우스마저도 로마 교회에 보낸 그의 편지에서 감독을 언급하지 않았다는 사실은 놀라운 일이다. 90년경에 쓰여진 「클레멘스의 편지」 같은 초기 문헌에서도 로마 교회의 감독에 대한 언급은 찾아볼 수 없다. 그러나 처음부터 로마 공동체는 스스로를 대단히 자랑스럽게 여기며 큰 존경을 즐기고 있음을 표시하였다. 그것은 로마가 제국의 수도로서 크고 부유하며 자선 활동으로 유명하다는 이유뿐 아니라 (이그나티우스는 로마 교회가 '사랑의 우월성'을 가졌다고 평한 바 있다) 가장 중요한 두 사도인 베드로와 바울로의 묘지가 있는 장소였기 때문이다.

2세기 교부였던 리옹의 이레나이우스Irenaeus가 말하는 초대 감독들의 명단을 보면 베드로와 바울로가 감독의 직책을 리누스Linus라는 인물에게 물려주었다고 하는데 이는 사실상 2세기의 위조 문서이다. 군주적 감독 제도는 2세기 중반이 되어서야 로마에 도입될 수 있었던 것이다(아니케투스 감독Bishop Anicetus).

그러므로 교회의 장로-감독 직제는 예수 그리스도에 의해 시작된 행습에 기초한 것이 아니며, 예수 자신의 말과 초대 공동체와 바울로 계통의 교회들에 나타난 능력과 은사 구조 등을 기준으로 살펴볼 때 기독교에만 고유했던 것으로 생각할 수도 없다. 그러나 감독 직제가 어떤 변종은 아니었으며 목회에 있어 크게 유용했다는 사실에는 논란의 여지가 없다. 이런 좋은 이유 때문에 감독 직제는 초기 가톨릭교회의 기준으로 굳어져 갔다. 전체적으로 볼 때 이 제도는 기독교 공동체에 시간의 연속성과 공간의 일관성, 바꾸어 말하면 시간과 공간의 보편성을 제공한 뜻깊은 역사적 발전이었다.

따라서 복음 정신에 의거하여 사람들의 이익을 위해 사용되고 사제들의 권력을 우상화하거나 유지시키기 위해 이용되지 않는다면 비판받을 까닭이 없다. 한마디로 말해 감독 직제의 승계는 역사적 사실이라기보다는 기능적 개념이다. 감독의 활동은 복음서의 가르침에 기초해 있으며 감독들은 다른 능력과 은사들을 무시하지 말고 후원해야 한다. 특별히 선지자와 교사는 자기 자신들의 권위를 지켜야 할 것이다.

박해받은 소수의 인내

그리스도 탄생 후 2세기 초에 로마 제국의 어느 누구도 그 무수한 종교와 철학 학파, 수천 개가 넘는 사원과 극장, 경기장, 체육관이 있는 그리스-로마 세계에서 가톨릭교회가 자리 잡는 기회가 올 것이라고 생각한 사람은 없었다. 그러나 유대인으로만 구성되었던 교회 공동체는 이제 이방인과 유대인의 교회가 되었고 곧 이방인들만의 공동체로 바뀌는 과정이 진행되었다.

유대계-기독교인들에게는 무슨 일이 벌어졌던가? 그들의 지도자였던 야고보가 처형당한 이후 초대 공동체의 핵심 구성원들 중 일부는 빠르게는 66년부터 예루살렘에서 요단강 반대편 펠라Pella로 이주하였다. 이는 유대인과 로마 사이에 전쟁이 발발하기 이전에 이주하였다는 말이 된다. 유대인의 반란으로 로마 군대가 예루살렘을 완전히 파괴하고 모든 유대인들을 추방했던 그 운명적인 135년 사건 이후에 예루살렘의 유대계-기독교인 공동체와 초대 교회의 지도자 역할도 종말을 고하고 말았다.

얼마 지나지 않아 이방인들로 구성된 기독교 교회는 유대교의 색채를 풍기는 기독론 및 율법의 준수 등을 주장하는 유대계-기독교 자체를 단순히 초기 단계에서 살아남은 한 종파적 표현으로 간주하게 되었다. 이후 유대계-기독교는 아예 이단이라고 낙인찍히고 말았다. 이들 유대계-기독교인들이 가장 오래된 신조와 삶의 모습을 간직하고 있다는 점에서 이들은 초대 기독교의 정당한 후계자라고 할 수 있다. 그러나 슬프게도 이런 전통은 후에 왜곡되고 마니교와 이슬람 등에 흡수되어 사라지고 말았다.

예루살렘 대신에 이제 로마가 기독교의 중심이며 주도적인 교회가 되었다. 초기에는 전례 의식에서도 그리스어가 주로 사용되었으며 라틴어 사용은 4세기 중반이 되어서야 결정적으로 확립되었다. 처음에 교회는 어려움을 겪었고 기독교인들은 모진 박해를 받았다. 64년에 네로 황제는 자기 자신이 저지른 로마의 큰 화재 사건의 책임을 전가할 희생양을 삼기 위해 기독교인들을 잔인한 방법으로 처형했다. 이것은 아주 치명적 전례가 되어 이때부터 기독교인이라는 사실 자체만으로도 저주받고 처형당하게 되었다.

도미티아누스Domitianus(재위 81~96) 황제의 제2차 박해 때에는 황제에 의한 '선서'가 강제적으로 선포되었다. 그러나 기독교인들은 유일신에 대한 신앙 때문에 황제와 국가의 신들에게 예배 드리기를 거부했다. 그러나 국가 종교에 참여하고 국가와 더불어 생각하기를 거부한다는 것은 곧 국가에 대한 범죄crimen laesae Romanae religionis였다.

다만 250년 이전의 박해들은 아직 체계적이거나 연속적이지 않고 제한적, 국지적, 파행적, 산발적으로 진행되었다. 기독교인들은 나중에 그랬던 것처럼 지하 동굴에서가 아니라 그전과 마찬가지로 자기들의 집에서 계속해서 성만찬을 시행할 수 있었다. 그러나 기독교인이 된다는 것은 원칙적으로 '순교martyrein'할 준비, 즉 천대받고 고통받고 죽음을 당할지라도 기독교 신앙을 위해 '증거'할 준비가 되어 있음을 의미했다.

안티오크의 이그나티우스와 스미르나의 폴리카르포스Polycarpos 같은 감독들, 또 블란디나Blandina, 페르페투아Perpetua, 펠리키타스Felicitas 같은 여자들이 바로 그 순교의 길을 택한 이들이었다. 늘 그랬던 것처럼 이런 과정에서 여자들은 창녀로 팔리기도 했다. '순교자martyr'란 '자기 피로서 증거를 주는' 사람을 말하는 이름이 되었고, '고백자confessor'란 용감하게 박해에 맞서 싸워 생존한 사람을 일컫는 이름이었다. 이처럼 기독교인들은 순교의 궁극적인 숙명을 잘 감당하였으나 그것을 애써 추구하려 하지는 않았다.

이러한 박해에도 불구하고 오히려 기독교인들의 숫자는 놀랍게도 증가하였다. 바울로의 편지는 제외하더라도 초기 기독교 신학이 발달하도록 자극한 것은 바로 이런 박해였다. 이그나티우스, 폴리카르포스, 그리고 다른 '사도 전승 교부들Apostolic Fathers'은 교회 내에서 사용할 목적으로 글(주로 편지)을 썼다. 그러나 기독교에 대한 이방인들의 엄청난 오해, 공격, 비난에 직면하게 되자 공개적인 '변명apologias'이 필요하게 되었고 때로는 황제에게 보내는 변호의 글이 요구되기도 했다.

물론 이런 글들이 정치적으로는 별다른 영향을 주지 못했지만 교회 내에서는 엄청난 위력을 발휘했다. 모두 그리스어를 사용했던 이들 '변증가들apologists'은 관계된 모든 사람들이 이해할 수 있도록 헬라적인 개념, 견해, 방법을 동원해 기독교를 소개한 첫 번째 기독교 저술가들이었다. 그런 과정에서 그들은 가톨릭교회에서 헬라화Hellenization를 향한 동기를 제공한 최초의 신학자들이 되었고, 이것은 아직도 기독교 신앙 형성에서 감지되고 있다.

변증가들 가운데 가장 훌륭한 교육을 받은 한 사람만을 언급하고자 한다. 유스티누스Justinus는 팔레스타인에서 태어나 로마에서 활동했으며 165년에 처형되었다. 그는 플라톤의 형이상학, 스토아 철학의 윤리학, 헬라 사상가들의 신화에 대한 비판 등을 잘 구사하여 이방 종교들의 다신론, 신들에 관한 추잡한 이야기인 신화, 피로 얼룩진 이방 제사, 동물 숭배 등은 미신일 뿐만 아니라 사실상 악마의 작품이라는 사실을 설득력 있게 논할 줄 알았던 변증가였다. 나아가 그는 헤라클리투스와 소크라테스 같은 철학자들이 '그리스도 이전의 기독교인Christians before Christ'이라고 주장하기도 했다. 즉, 유스티누스는 기독교야말로 진정한 철학이라고 주장한 것이었다. 이것은 보편적, 일반적 의미에서 최초로 철학과 신학의 통합이 시도되었음을 말해 준다. 그 중심 개념은 신적인 '로고스Logos'로서 이 영원한 '진리의 말씀'은 '진리의 씨앗logos spermatikos'으로 모든 사람에게 심어졌고, 이스라엘의 예언자와 그리스의 현자들에게 나타났다가 이제 마지막으로 예수 그리스도 안에서 인간의 형태를 취한 것이다.

밝은 장래를 약속하는 듯한 이 훌륭한 생각은 3세기 초 누구보다도 모든 그리스도교 교회의 교부들 가운데 진정한 천재라고 할 수 있는 알렉산드리아의 오리게네스Origenes에 의해 채택되었다. 포괄적인 교육 배경과 엄청난 창조력을 지닌 이 그리스 변증가는 학문으로서 신학을 창시한 최초의 인물이 되었고 기독교와 그리스 문명 간의 결정적 화해, 즉 기독교 안에서 그리스 문화를 수용하여 초월하고 지양하려는 열정을 가지고 활약했다.

오리게네스는 인류 역사 전체를 계속해서 위로 이끄는 웅대한 교육 과정, 즉 인류를 위한 하느님 자신의 '교수법pedagogy'으로 이해하였다. 수치와 죄 때문에 인간 안에 있는 하느님의 형상은 얼룩지고 말았지만 그리스도 안에서 신적인 교육을 통해 회복될 수 있다고 생각했다. 이러한 방법으로 기독교는 모든 종교 가운데 가장 완벽한 종교로 제시되었다. 하느님의 성육신Incarnation은 궁극적으로 모든 사람을 신성화시킬 것이다. 이러한 사고는 철저히 그리스도다운 것으로 그 당시 기독교인들은 전혀 인식하지 못했던 중요한 변화를 가져왔다. 곧 예수의 십자가와 부활에서 로고스와 성자의 성육신 및 선재로 강조점이 바뀌게 된 것이다.

기독교 복음에 대한 헬라화의 부정적 결과는 분명히 드러난다. 히브리의 문화적 기원에 알맞게 기독교에서 '진리'란 원래 '보여질 수' 있거나 '이론화될 수' 있는 것이 아니라 '행해지거나' '실행되는' 것이었다. 그래서 요한복음에서는 예수 그리스도를 가리켜 '길이요, 진리요, 생명이라(14 : 6)'고 표현한다. 다시 말해 기독교의 진리관은 원래 그리스 사상처럼 이론적이거나 사색적인 것이 아니라 실행적, 실천적이었다.

그러나 헬라적 기독교에서는 점차 실천적인 그리스도의 제자 됨에 대한 관심은 줄어들고 하느님, 예수 그리스도, 세계 등에 대한 계시된 가르침을 수용하는 것에 관심이 더 많았다. 새로운 로고스 기독론은 더욱더 역사적인 예수 대신에 '성육신 된 신'으로서 그리스도에 대한 교회 교리에 집중하였다. 예부터 오늘날까지 유대교에서는 주로 어떻게 율법을 정확히 실행할 수 있는가에 대한 논쟁이 중요한 반면 헬라화된 기독교에서는 무엇이 신앙의 '올바름'이고 '정통orthodox' 교리인가에 대한 논쟁이 더 많이 벌어지고 있다.

이제 그리스도에 대한 수많은 이론과 이단 논쟁이 나타나게 된 것은 놀랄 일이 아니었다. 명시적으로 '위대한 교회'라고 일컫게 된 보편적 가톨릭교회의 진리에서 이탈하는 자들에 대한 경고가 차츰 더 필요하다고 생각되었다. '전체적, 보편적, 포용적'을 뜻하는 '가톨릭'이라는 단어는 원래 논쟁의 의미가 없는 중립적 용어였으나 차츰 '진실된 신앙' 혹은 '정통 신앙'을 가졌다는 논쟁의 어감을 갖게 되었다.

2세기 종교 논쟁의 중심은 고대 후기 시대의 위대한 종교 운동이었던 영지주의Gnosticism였다. 영지주의는 영적인 엘리트들에게 '영적인 지식gnosis'을 약속했는데 이 지식은 세상의 악의 기원을 알게 하여 구원을 이루는 지식이다. 즉, 인간 육체에 내려와 갇혀 있는 신적인 생명의 빛이 이 악한 물질의 세계에서 탈출하여 진리 광명의 세계로 다시 비상해야 한다는 사실을 일깨워 주는 지식이다. 수많은 사람들이 이러한 사상 형태와 태도에서 큰 매력을 느꼈다.

그러나 리옹의 이레나이우스 감독 같은 신학자들과 목회자들은 기독교 교회의 단순한 '믿음pistis'을 옹호했다. 특별한 계시, 신화, 비의秘儀 전통, 세계관에 기초한 신비로운 제의와 주술적 의식을 덧붙여 더욱 숭고하고 순수한 영적인 '지식'이라고 주장하지만, 결국 세계, 물질, 육체에 대한 혼합주의의 신화와 증오로 점철되었던 영지주의에 대항하여 이들 신학자들은 단순하고 기본적인 복음을 수호하려고 노력했다.

가톨릭교회, 즉 중심 교회는 영지주의적 사변과 실천을 통해 기독교가 로마 국가 내에 존재하는 모든 혼합주의적 종교 체계들에 나름대로의 위치를 보장하면서 포용할 수 있다는 생각을 거부했다. 오히려 그 반대로 가톨릭교회는 기독교적인 것이 무엇인가에 대한 확실한 기준kanon을 명시함으로써 신앙을 수호하는 쪽이었다. '이단'이나 분파주의 운동에 반대하여 '가톨릭'교회를 나타내는 세 가지 규제 기준은 오늘날까지 유효하게 거론된다.

첫 번째 기준은 세례를 행할 때 관용적으로 사용하는 요약된 교리이다. 이것은 이제 신앙 또는 진리의 규범 원칙이 되어 올바른 '정통' 신앙의 한계를 시사하는 개념 정의 혹은 교리로 보완할 수 있게 되었다.

두 번째 기준은 교회에 의해 인정되고 예배에 허용되는 경전으로 신약성서를 히브리 성경 곧 구약에 기초하여 마침내 정경正經으로 확립하게 된 것이다.

세 번째 기준은 감독episkopos 직제의 수립이다. 감독직은 처음에는 교회의 행정 및 경영과 연관되었으나 점차 교육 감독의 기능이 커지면서 '사도 전승'의 기초 위에서 감독들에게 참된 '사도의' 가르침을 결정하는 권한이 부여되었다. 감독들과 감독협의회 명단이 곧 '전통'이 되어 더욱 중요하게 되었고 감독들의 권한은 날로 커져만 갔다. 이제 감독들은 능력 은사를 가진 교사, 선지자, 여선지자들을 대체하게 된 것이다.

불행하게도 성직 계급 구조의 확립은 특히 여성들의 진정한 해방에 걸림돌이 되었으며 오늘날까지도 그러하다. 그리스도교 교부들은 신의 형상을 따라 창조된 남자와 여자가 모두 동등하다고 분명히 강조했다. 그러나 그와 동시에 고대 후기 사회의 일반적 현상이었던 성에 대한 증오심은 특히 기독교에 깊은 영향을 주었다. '평등'에 관한 초기 기독교의 정서가 개인적, 사적 영역에서 특히 강조되었던 반면 여성들은 헬라 문화의 높은 이상이었던 교육의 혜택을 별반 누리지 못했다.

특히 종교 영역에서 남성 지배는 완전한 자리를 잡았다. 그 수를 헤아릴 수 없을 만큼 많은 신학자와 감독들이 여성의 열등함을 역설했고, 초대 교회가 허용하고 희망했던 것과 정반대로 교회에서 여자들의 직무를 박탈하고자 했다. 남성 중심으로 편집된 사료에 나타난 것보다도 훨씬 더 집중적으로 여자들이 초기 기독교 전파에 개입했으리라는 사실에는 의심의 여지가 없다.

결과적으로 오늘날 여성 신학자들은 순교자, 선지자, 교사로서 수고했던 초기 기독교 여자들을 재발견하기 위해 많은 노력을 기울이고 있다. 또한 그 당시에는 결코 퇴행적 삶의 양식이 아니라 결혼에 대한 효과적 대안이었던 동정녀 독신주의, 과부 제도 등이 여성 해방의 역사에 남긴 공헌을 알고자 노력하고 있다.

그러나 이런 모든 비판에도 불구하고 위에서 언급한 세 가지 기준과 더불어 가톨릭교회가 신학의 체계와 구조를 창조했으나 초창기의 자유와 다양성은 희생되었다는 사실을 간과할 수 없다. 오랜 시간 뒤에 종교 개혁은 세 번째 기준인 감독 제도에 도전하게 되고, 계몽주의는 두 번째 기준인 성경의 정경성과 궁극적으로 첫 번째 기준인 신앙의 규칙에 대한 질문을 던지게 된다.

오늘날까지 위의 세 기준은 모두 비록 그 의미는 다를지라도 일정한 형태의 보편성을 주장하는 모든 교회에 있어 중요한 역할을 차지해 왔다. 하지만 종교 운동에서 그 제도나 헌법보다 훨씬 더 중요한 것은 물론 그 정신적, 도덕적 능력인데 초기 시대의 교회 또한 이 능력을 상실하지 않고 있었다.

처음 수세기 동안 기독교인들이 노예 제도와 같이 깊게 자리 잡은 사회

관습들을 문제시하지 않았던 것이 사실이며 '단순히' 형제의 사랑으로 대할 것을 환기시켰을 뿐이었다. 노예들은 사제, 집사, 그리고 칼리스투스Callistus의 경우처럼 자유를 얻은 후 심지어 로마의 감독도 될 수 있었다. 처음에 교회는 군복무에 대해서도 유보적이었기 때문에 개종한 이들은 군대를 떠날 필요가 있다고까지 말하지는 않았으나 무엇보다 목회자들은 검투사, 배우 등과 같이 불쾌감을 주는 직업과 마찬가지로 군인 직업을 기피했다.

그러나 오직 기독교에 대해 무지하거나 악의를 가진 사람들만이 기독교가 세상을 개선하는 데 도움을 주지 않았다고 주장할 것이다. 첫째로 국가에 전적인 충성을 보이면서도 한 분 하느님에 대한 확고한 신앙을 유지했던 기독교인들은 마침내 정치 세력의 절대화의 위험과 지배자에 대한 신격화를 극복할 수 있었다. 로마 제국이 몰락해 가던 시기에 대도시에서 도덕과 윤리가 붕괴될 때 교회는 용감하게 이스라엘 하느님의 기본적인 명령을 설교했다. 따라서 기독교는 오랜 변화를 겪는 동안 사회를 깊게 형성해 가는 도덕적 힘이 될 수 있었다.

피터 브라운P. Brown의 저술 등 최근 연구서들은 어떻게 새로운 윤리적 이상이 초대 교회에서 구현되었는지를 잘 보여 주고 있다. 윤리적 행동은 단순히 법, 관습, 계급 윤리 등에 맞추어 행하는 것이 아니라 그리스도와 동료 형제와 자매를 향한 순수하고 진실하고 순전한 마음에서 우러나오는 행동이라야 한다. 이방 종교에서는 상류층 사람들이 '그들의' 도시와 자신들의 영광을 위해 이른바 '빵과 서커스panem et circenses'로 축제일에 엄청난 돈을 낭비하는 것이 미덕이었다. 그러나 이제 기독교에서는 다른 사람보다 조금 여유 있는 사람들이 가난하고 고통받는 이들을 지속적으로 유대감을 가지고 돕는 것이 매일매일의 도덕이 되었다. 고대 후기 사회에서 이와 같은 도움이 필요한 사람들은 끊이지 않았다.

수많은 외부인들이 놀라며 흥미 있어 한 것은 특히 예배에 나타난 기독교인들의 사회적 일치감이었다. 즉, 계급, 인종, 교육의 차이를 무시하고 기독교인 '형제와 자매들'은 함께 성만찬에 참여했고 놀랄 만큼 엄청난 선물들을 예배 중에 자발적으로 바치기도 하였다. 감독의 지도와 분배에 따라 기독교인들은 가난한 자, 병든 자, 고아, 과부, 나그네, 죄수, 노약자들에게 구호의 손길을 나누어 주었다. 이런 점에서 공동체의 구체적인 일상생활에서 올바른 삶과 행동orthopraxis은 올바른 가르침orthodoxy보다 더욱 중요한 것이었다. 여하튼 바로 이 점이 기대치 않던 기독교 성공의 으뜸가는 이유였다.

로마 제국의 마음을 사로잡은 이러한 부드러운 혁명 속에 헨리 채드윅H. Chadwick이 '기독교의 역설paradox of Christianity'이라고 말한 것이 드러난다. '밑에서부터' 시작된 혁명적인 종교 운동은 정치적 이념을 의식적으로 동반하지 않으면서 마침내 모든 단계에서 사회 전체를 점령했으나 계속해서 이 세상의 권력 균형에는 무관심함을 보여 주었다는 지적이다.

그러나 세상은 변하여 3세기 후반 데키우스Decius 황제와 발레리안Valerian 황제 치하에서 기독교인들은 더 이상 지역적이고 산발적인 박해가 아니라 총체적인 박해를 받았다. 감독(주교), 장로, 집사뿐만 아니라 기독교인 상원의원과 기사들까지도 사형을 선고받았으며 모든 교회 건물과 묘지는 압수되었다. 하지만 4세기 초 디오클레티아누스Diocletianus 황제 때의 마지막 박해를 포함하여 모든 박해는 대실패로 끝나고 말았다.

피비린내 나는 희생물, 신상, 방향제, 사원 등을 배제하고 더 영적이고 철학적인 형태로 신에게 예배드리는 기독교 방식은 교육 수준이 높고 부유한 사람들 사이에서, 그리고 왕궁과 군대에서도 점차 인기를 얻어 갔다. 많은 사람들에게 가르침을 준 사람은 누구보다도 오리게네스였다. 신앙과 이성, 신학과 철학을 겸비한 그는 기독교와 그리스 문화의 결합이라는 문화적 변화를 달성하여 신학적 변화를 이룩하는 공로를 세웠다. 그리고 그가 기초한 문화적 변화는 나아가 교회와 국가의 제휴라는 정치적 변화를 촉진시켰다. 그 어느 누구도 오리게네스가 체포되어 고문당한 지 50년 만에 (이 유명한 학자는 화형당할 것이라고 위협받았으나 목숨을 건졌다) 세계사에 새로운 혁명이 일어날 것이라는 사실을 짐작조차 하지 못하고 있었다.

3

제국적 가톨릭교회

통일 제국을 위한 통일 종교

4세기에 세계사에서 가장 위대한 혁명 가운데 하나가 나타나는데 그것은 바로 로마 제국이 기독교를 공인하게 되는 사건이었다. 비록 콘스탄티누스Constantinus 황제 자신은 기독교인이 아니었으나 제국의 왕좌를 차지하게 했던 결정적인 전투의 승리가 그 전날 꿈에서 보았던 기독교인의 하느님과 십자가 상징 덕분이라고 생각했다.

기독교인들에게 커다란 기쁨을 준 소식은 현실정치realpolitik의 명석한 대가였던 콘스탄티누스 황제가 공동 섭정을 했던 리키니우스Licinius와 함께 313년 전 제국에 무한한 종교의 자유를 선포한 사실이다. 315년 십자가 처형이 금지되었고, 321년 일요일을 공식 휴일로 도입했으며, 교회는 유산을 기부받을 수 있게 되었다. 325년 로마 제국의 유일한 통치자로 군림하게 된 콘스탄티누스 황제는 최초의 교회 공의회를 소집했다. 제1차 공의회는 비잔틴 동쪽 니케아Nicaea에 있던 황제의 왕궁에서 개최되었다.

어떻게 모든 예상과 반대로 기독교는 고대 후기 세계에서 자신을 내세울 수 있었으며 마침내 확고한 위치를 구축할 수 있었을까? 이 질문에 대한 유일한 대답 대신 다음과 같은 여러 요인들을 제시할 수 있다.

- 가난하고 힘든 사람들에 대한 여러 형태의 구호 활동과 튼튼한 기반을 갖춘 포괄적인 교회 조직.
- 풍부한 신화를 지닌 다신교에 대항하여 진취적이고 계몽적 입장을 주장했던 기독교 유일신관 사상.
- 고행 수도사들 및 죽음까지 불사하는 순교자들을 통해 이방인 도덕심보다 우월함을 증명했던 고결한 윤리.
- 수치, 속죄, 사망, 불멸 등의 문제에 관한 분명한 해답.
- 이 모든 것들 이외에 헬라-로마 사회에 대한 폭넓은 동화.

오랫동안 고대하던 종교의 자유가 주어지자 그동안 내재했던 기독교 내의 종교적 긴장이 명백히 드러나기 시작했다. 그 긴장은 무엇보다도 헬라적 개념들로 해석된 기독론 논쟁과 관련이 있었다. 유대계-기독교적 패러다임과 반대로 아들 성자로서의 예수를 아버지 성부 하느님과 같은 차원으로 끌어올리고, 성부와 성자의 관계를 자연주의적 헬라 개념과 그 범주로 설명할수록 유일신과 그 아들의 관계를 정리하는 것이 힘들어졌다. 아무리해도 하나가 아닌 두 명의 신을 말하는 것 같았기 때문이다.

알렉산드리아의 장로였던 아리우스Arius는 성자 그리스도가 모든 만물 이전에 창조되었던 것이 사실이지만 성자 역시 피조물이라고 주장했다. 아리우스의 주장은 처음부터 동방 교회를 뒤흔들어 놓을 만큼 엄청난 갈등을 유발시켰다. 자신이 유일한 통치자로 군림하면서 정치적 통일을 달성했던 콘스탄티누스 황제는 이러한 신학적 분열이 제국의 일치를 저해할 수도 있다고 판단하고 니케아 공의회(325년 고대 도시 니케아, 곧 지금의 터키

이즈니크에서 동서 교회가 함께 모여 개최한 세계 교회 회의—역주)를 소집했다. 모든 감독들과 주교들은 제국의 우편 연락망을 이용하여 참석할 수 있었다.

그러나 이 공의회의 결정권은 바로 황제 자신에게 있었으며 로마의 감독은 초청조차 받지 못했다. 황제는 회의를 소집하고 자신이 임명한 감독과 대표를 통해 회의를 진행시키고 공의회의 결정 사항을 받아들여 국가법으로 승인하였다. 이와 동시에 콘스탄티누스 황제는 공의회 기간을 교회 조직과 국가 조직을 동화시키는 기회로 삼아 국가 행정구역과 교회 행정구역이 일치하도록 조정했으며, 각 지역 교구$_{dioceses}$는 도시위원회와 지방위원회 하나씩을 설치하여 감독을 선출하였다. 콘스탄티누스 황제에게 이념적 도움을 제공했던 사람은 일종의 '정치 신학'을 내세웠던 황실의 주교 카이사리아의 유세비우스$_{Eusebius}$였다.

이 모든 것이 의미하는 바는 곧 콘스탄티누스 황제가 이제 황제의 교회를 갖게 되었다는 사실이다. 그리고 이 최초의 범교회 공의회에서 황제 교회는 고백, 교리, 신조를 갖추게 되었다. 이 교리는 교회와 제국의 법이 되어 모든 교회에 적용되기 시작했으며 점차 '한 분 하느님, 한 황제, 한 제국, 한 교회, 한 신앙'이라는 표어가 모든 일에 적용되었다.

이 신앙에 따르면 예수 그리스도는 니케아 공의회에서 저주받았던 아리우스의 주장처럼 모든 시간 이전에 창조된 피조물이 아니었다. 오히려 '아들'로서('아들'이라는 보다 자연스러운 단어가 요한복음에 나오는 그리스 철학의 의미를 지닌 '로고스'라는 개념을 대신했다) 예수는 '아버지 하느님으로부터 태어난, 그러나 만들어지지 않은 신 중의 신, 빛 중의 빛, 참 신 중의 참 신'이다. 콘스탄티누스 황제 자신이 성부와 성자는 '동일한 실체(of the same substance, 그리스어 homoousios, 라틴어 consubstantialis)'라는 단어를 니케아 신조에 덧붙였는데 후에 이 단어가 큰 논란을 야기하게 된다.

이전 세대에 오리게네스와 다른 신학자들이 말했던 것처럼 성자가 유일한 하느님인 성부에 종속된다는 생각은 이제 성자가 성부와 본질적으로 동일한 실체consubstantial라는 개념으로 바뀌었기 때문에 앞으로는 '성자 하느님'과 '성부 하느님'을 말하는 것이 가능하게 되었다. 그러나 유대인은 물론이고 유대계-기독교인들도 그리스 철학의 배경을 가진 이 '동일한 실체'라는 개념을 이해할 수 없었다.

국가 교회

그의 생애 마감 무렵에서야 비로소 세례를 받았던 콘스탄티누스 황제는 337년 사망할 때까지 화합과 융화의 관용 정책을 추구했다. 그러나 그의 아들들은 이와 달랐고, 특히 동방의 군주였던 콘스탄티우스Constantius는 더욱 그러한 경향이 심했기 때문에 비기독교 이방인들에 대해 광신적인 정책을 실시하여 미신과 제사 행위를 계속하면 사형시키겠다고 위협하였다. 이방 사원들은 폐쇄되고 제사는 중단되었다. 이제 기독교는 모든 정치 기관, 종교적 신념, 철학적 사고, 예술과 문화 전반에 널리 퍼지게 되었다. 동시에 다른 종교들은 종종 무력 사용을 통해 근절되었고 예술 작품들도 파손되었다.

4세기 말에 모든 이방 종교와 제사를 전면적으로 금지하고 누구든지 이 불경죄lèse-majesté, laesa maiestas에 해당하는 법을 범하는 자는 고발하겠다고 선포했던 황제는 아주 독실한 정통 스페인 기독교 신자 테오도시우스 대제Theodosius the Great였다. 이제 기독교는 공식적으로 국가 종교가 되었고 가톨릭교회는 국가 교회가 되고, 기독교 이단은 국가에 대한 범죄가 된 것이다. 그러나 아리우스 이후 새로운 이단들은 끊임없이 등장하였다.

이는 얼마나 대단한 변화였던가! 불과 1세기도 되지 않아 박해받던 교회가 이제 박해하는 교회로 변한 것이다. 교회의 원수인 '이단들heresies(어원 그대로 가톨릭 신앙의 전체에서 부분을 '발췌한' 자들)'은 이제 국가의 원수로 간주되어 이에 상응하는 벌을 받게 되었다. 처음으로 기독교인들이 신앙에 대한 견해가 틀리다는 이유로 다른 기독교인을 죽이게 된 것이다. 이것이 바로 285년 트리어Trier에서 일어난 사건이다. 많은 반대가 있었음에도 고행 수도자이며 열성적인 평신도 설교가였던 스페인 출신 프리스킬리아누스Priscillianus와 그의 여섯 명의 동료가 이단으로 처형되었다. 사람들은 이내 이단 처형이라는 생각에 익숙해지기 시작했다.

무엇보다 유대인들이 가장 큰 압박을 받았다. 자랑스러운 로마 헬라 국가 교회는 이제 더 이상 자신의 유대적 뿌리를 기억하지 못하게 되었다. 기독교 국가가 되기 이전에 이미 존재했던 반유대주의에서 독특하게 기독교적인 반유대주의가 나타났다. 이런 상황 전개에는 다음과 같은 여러 가지 이유가 있었다. 교회와 유대인 회당과의 대화 단절, 상호 고립, 『히브리 성경』을 『구약』이라고 일컫는 교회의 일방적 주장, 일반적으로 유대인이 책임져야 한다고 간주되던 예수의 십자가 처형, 신과의 신성한 계약을 깨뜨린 인간들에게 신의 정당한 저주가 내린 것으로 간주되었던 이스라엘의 멸망과 이스라엘 백성들의 유랑 생활 등이 그것이다.

콘스탄티누스의 서거 이후 꼭 1세기 뒤에 테오도시우스Theodosius 2세가 공포한 특별 국가-교회법에 의해 유대교는 오직 성례전 곧 세례를 통해서만 접근할 수 있었던 성례 영역에서 제외되었다. 처음 억압 조치는 혼합 결혼, 공직 임명, 회당 건축, 새로운 개종자 모집을 금지하는 것들이었다. 유대교 율법에 근거한 종교적 이유로 랍비들이 실시했던 분리 정책과 정치적, 신학적 이유 때문에 기독교인들이 도입했던 차별 정책은 서로 영향을 미치게 되었고, 나중에 로마 제국에서 유대교의 완전한 소외로 이어졌다.

　기독교 국가 종교의 금자탑은 바로 삼위일체Trinity의 교리였다. 테오도시우스 대제가 381년 소집했던 콘스탄티노플 공의회에서 성령도 성부, 성자와 동일한 실체를 가진다고 결정한 이후부터 '삼위일체'라는 단어를 제대로 사용할 수 있었다. 이 공의회에서 보완된 '니케아-콘스탄티노플 신조Niceno-Constantinopolitan Creed'라고 불리는 신앙 고백은 오늘날까지도 간략한 '사도신경Apostles Creed'과 함께 가톨릭교회에서 사용되고 있다. 아주 오랜 시간이 흐른 후에 이 신조는 바흐, 하이든, 모차르트, 베토벤 등 기독교의 위대한 작곡가들에 의해 미사곡으로 작곡되며 마침내 모두에게 당연한 진리로 받아들여지게 된다.

　콘스탄티노플 공의회 이후 소아시아 지방의 카파도키아Cappadocia 출신인 '세 명의 카파도키아 교부', 즉 위대한 바실리우스Basilius, 나지안주스의 그레고리우스Gregorius, 닛사의 그레고리우스Gregorius 세 사람은 삼위일체는 '성부, 성자, 성령의 세 인격 안에 하나의 신적인 존재(실체, 본성)'라는 정통 교리로 받아들여지는 공식을 작성하였다. 451년의 제4차 칼케돈 공의회Council of Chalcedon에서 위의 공식은 고전적인 기독론 공식을 통해 보강되었다. 그것은 예수 그리스도는 '하나의 신성과 하나의 인성 두 본성을 가진 하나의 (신적인) 인간'이라는 것이다.

　그러나 로마의 감독이던 레오Leo 1세가 제안한 이 기독론 공식을 수락했던 칼케돈 공의회는 동시에 레오로 하여금 교만하지 말고 자기 본연의 위치를 깨닫도록 만들기도 했다. 왜냐하면 옛날 위대한 비잔틴 시가 있었던 장소에 콘스탄티누스가 제국의 새 수도로 330년에 건설한 콘스탄티노플 시의 교회에도 이제 엄숙한 교회법을 통해 전통 도시 로마와 똑같은 우위성 혹은 지상권primacy이 주어졌기 때문이다.

콘스탄티노플은 '새 로마New Rome'라고 알려지게 되었다. 어떤 경우에도 로마와 콘스탄티노플이 누렸던 우위성의 근거는 신학적인 것이 아니라 정치적인 것으로 제국의 수도라는 상황과 관련되어 있었다. 381년과 451년 사이에 지금까지 존재하는 다섯 개의 고전적 총대주교 관할 교구patriarchate가 설립되었다. 이들 다섯 개 관구는 서방의 총대주교인 로마, 새 로마인 콘스탄티노플, 알렉산드리아, 안티오크, 그리고 예루살렘 순서로 서열을 이루고 있다.

로마 감독의 지상권 주장

395년 테오도시우스 대제의 서거 이후 로마 제국은 동로마 제국과 서로마 제국으로 분리되었다. 제국의 오래된 수도였던 로마가 지니는 모든 역사적, 상징적 중요성에도 불구하고 가톨릭교회의 중심은 분명히 수적으로 우월한 인구 이외에도 경제, 문화, 군사적으로 월등하던 동로마 제국에 있었다. 사도들이 설립한 이른바 '사도' 교회들 대부분은 동로마 제국에 속해 있고 모든 교회 공의회가 이곳에서 열렸다. 또한 총대주교 관구와 학문연구기관과 수도원이 이곳에 집중되어 있었다. 4세기 중반 무렵에 서방 라틴 기독교는 당시 정신적 지도자였던 동방 로마 비잔틴 기독교의 부속물에 불과한 것처럼 보였다.

역사적으로 보스포루스Bosphorus 해협 근처로 제국의 수도를 옮긴 지 천년이 넘어서도 동방 제국은 초기 교회의 범교회적 패러다임을 계속 전수했다. 1453년 동로마 제국의 몰락 이후 이 전승은 슬라브 민족에게 전해졌다. '제2의 로마'였던 콘스탄티노플 이래 모스크바는 마지막으로 '제3의 로마'가 되었다. 지금까지도 러시아 정교회의 문학, 신학, 성상화, 신앙심, 헌법 등의 구체적 모습에는 아직도 깊이 새겨진 비잔틴 영향이 남아 있다.

이제 서방 기독교에게 독일 부족들의 이동은 중요한 사건으로 작용하기 시작하였다. 이들은 4세기부터 점점 강한 세력으로 로마 제국을 침입하기 시작하다가 410년 12월 31일에 드디어 얼어붙은 라인 강을 건너 한 번도 점령되지 않았던 '영원한 로마'를 처음으로 정복하였다. 이 사건은 로마 감독의 시대를 알리는 포문이었다. 왜냐하면 서방에서 고전 문화와 문명이 전반적으로 몰락하고 있을 이 시점에 로마 감독들은 힘의 진공을 이용하기 시작했던 것이다. 그들은 동로마 제국에서 자신들의 독립을 쟁취하고자 투쟁했다기보다 슬쩍 그 치하에서 빠져 나와 자신들의 독재 통치를 확립하고 활용하기를 원했다. 그렇다면 로마 감독들의 통치 주장에 대한 역사적, 법률적, 신학적, 혹은 성경적 근거가 있는 것이 아닐까?

언제나 훌륭한 조직과 구호 활동으로 대변되던 황제의 교회가 영지주의와 다른 이단들을 막아 주는 정통 교회의 보루라는 사실은 의심할 여지가 없었다. 이미 언급한 대로 이 사실은 가톨릭교회의 세 가지 기준, 즉 세례 교리 정립과 신약성서 정경 선포 그리고 사도 전통과 후계자 계승 확립(베드로와 바울로에 대한 기념비는 160년에 이미 건립됨)에서 중요한 역할을 담당하였다. 로마 교회는 언제나 높은 도덕적 권위를 지니고 있었다.

그러나 처음 수세기 동안 로마 교회 공동체와 로마 감독이 법적인 우월성, 혹은 성경에 근거한 탁월성을 가졌다는 점에는 의심의 여지가 있다. 특별히 로마에는 원래 군주적 감독 제도가 존재하지 않았고 처음 2세기 동안은 감독들 이름 이외에는 거의 알려진 것이 없었다(교황 역사가 시작된 확실한 날짜는 222년 우르바누스Urbanus 1세의 교황 즉위 때부터라고 간주된다).

마태복음 16장 18절에 나오는 베드로에 대한 예수의 약속, 곧 "너는 베드로라 내가 이 반석 위에 나의 교회를 세우리니"라는 말은 오늘날 로마 교황에게 너무 중요한 어구로 성 베드로 성당 내부의 화려한 금박 배경 위에 커다란 검은 글자로 수놓아 있지만, 사실 이 말은 초대 기독교의 어떤 문헌에도 그 전문이 제대로 나타나 있지 않다. 다만 2~3세기 아프리카 교회 교부였던 테르툴리아누스Tertullianus의 저술에 언급되어 있을 뿐인데 이것도 로마와 연관해서가 아니라 베드로와 연관해서 인용되고 있다.

3세기 중반이 되어서야 비로소 스테파누스Stephanus라고 하는 로마의 감독이 과연 어떤 교회가 더 훌륭한 전통을 가지고 있는가를 다른 교회들과 논쟁하던 중에 이러한 베드로의 약속을 떠올리게 되었다. 그러나 그도 50년 전에 빅토리우스Victorius 감독이 했던 것 이상의 성공을 거두지는 못했다. 빅토리우스는 다른 교회의 특성과 독립성을 고려하지 않고 로마가 지키던 부활절 축제일에 맞춰 부활절 일자를 강압적으로 통일하려 했으나 동·서방 여러 주교들, 특히 대단히 존경받던 감독이자 신학자였던 리옹의 이레나이우스로부터 자기 분수를 지키라는 교훈을 얻었을 뿐이다. 그 당시만 해도 어느 한 교회가 다른 교회들 위에 군림한다는 생각은 심지어 서방에서도 거부되었음을 보여 주는 사례이다.

콘스탄티누스 황제 때 교회 내에서 과연 누가 법적 우월성을 갖는가에 대해서는 분명한 답이 있었다. 그것은 곧 황제였다. '최고의 사제pontifex maximus'로서 황제는 교회 문제ius in sacris의 법적 독점권과 최고의 재판 권위를 가졌다. 콘스탄티누스가 가톨릭교회를 국가에 편입함에 따라 다른 모든 기독교 공동체처럼 공적인 법적 단체로 변했던 로마 공동체에 대한 최고의 행정 권한도 황제에게 있었다. 다른 어떤 주교와 상의할 필요 없이 그 자신의 권위만으로 콘스탄티누스는 최초의 공의회를 니케아에 소집했고 교회법을 인준하였다. 후대에 서방에서는 로마 시와 로마 제국의 서쪽 영토 절반이 이른바 '콘스탄티누스의 기증서Donation of Constantinus'를 통해 로마 감독에게 양도되었다는 소문이 널리 유포되었다. 그러나 이 문서는 역사에 나타난 대담한 위조 문서 가운데 하나로 판명되었다.

350년 이후의 시대에는 로마 공동체와 로마 주교가 서방 세계에서 군주적 통치의 위치를 향해 천천히 상승하는 것을 볼 수 있다. 황제는 멀리 떨어져 있고 이들은 주로 동방의 문제에 관여하였다. 황제는 로마 성직자들의 세금을 면제해 주었고 신앙과 시민법의 문제에 관해서 자치적인 재판권 행사를 허락하였다.

물론 교황의 로마가 하루아침에 이루어지지 않았음은 인정해야 한다. 그러나 목적 의식을 가지고 자신들의 권력을 의식한 4세기, 5세기 로마 감독들은 전체적인 우월성을 획득하는 방향으로 자신의 능력을 개발했다. 그들이 내세웠던 주장은 성경적, 신학적 근거가 희박했었는지는 몰라도 세월이 흐르면서 하나의 인정된 사실로서 교회법으로 자리 잡았다.

따라서 4세기와 5세기 로마 감독들이 자신들의 권력을 더욱 의식하면서 스스로에게 펼쳤던 주장들은, 오늘날 가톨릭교회 내부와 외부 모두의 많은 사람들에게 마치 원래부터 가톨릭교회에 있던 고유한 것처럼 생각되고 있다.

- 율리우스Julius 1세(재위 337~352) 감독의 지도 아래 로마 교회는 자기가 모든 탄원을 심사하는 곳이라고 주장했다(그 근거는 의심의 여지가 많은 343년 사르디카Sardica에서 열렸던 서방 교회의 반쪽 감독 총회였고 나중에는 니케아 공의회 근거가 된다고 잘못 주장했다).

- 무모한 성격의 로마 감독 다마수스Damasus 1세(재위 366~384)는 마태복음의 반석에 대한 이야기를(그는 이것을 법률적 의미로 이해했다) 권력에 대한 주장을 옹호하기 위해 처음으로 사용하려 했던 사람이다. 그는 마치 다른 감독들의 자리는 안중에도 없다는 듯 자신의 자리만이 '사도 전승의 보좌apostolic seat, sedes apostolica'라고 칭했다. 라틴어 비문을 새긴 아주 화려한 장식의 로마 묘지와 교회 건물, 그리고 당대 최고의 성서학자인 히에로니무스Hieronymus(또는 제롬Jerome)에게 더 쉽게 이해할 수 있는 성경 번역(후에 『불가타 성서Vulgate』라고 불리게 된다)을 의뢰한 것은 로마의 권력을 강화하기 위한 문화 정책의 하나였다.

- 처음으로 '교황pope'이란 호칭을 사용한 사람은 시리키우스Siricius (재위 384~399) 감독이었다. 사랑스러운 아버지, 곧 '아버지'를 의미하는 그리스어 '파파스pappas'에서 나온 '파파Papa'는 원래 동방의 모든 주교들이 오랫동안 사용해 온 호칭이었다. 그러나 이제 많은 교회와 다른 주교들이 애용하던 이 단어를 오직 로마 주교만 독점하는 과정이 시작된 것이다. 시리키우스는 자기가 만든 법을 '사도 전승'의 법이라 명했으며 로마 관리와 관청의 양식을 도입하였다. 마치 황제가 지역 총독들과 공문서를 주고받듯 그 또한 다른 교회의 질문과 요청에 간략한 답서rescript, decreta, responsa로 답했다.

- 인노켄티우스Innocentius 1세(재위 401~417) 감독은 모든 중요 사항을 감독 회의에서 검토한 다음 최종적으로 로마 감독이 결정할 것을 요청하였다. 통일된 전례를 강요하기 위한 기초 작업으로 그는 오로지 로마 교회의 복음만이 서쪽 지역 여러 곳에 전해질 수 있다고 주장했는데 이는 사실 북아프리카, 프랑스, 스페인의 의미를 반감시키는 말이었다.

- 마지막으로 보니파키우스Bonifacius 1세(재위 418~422) 감독은 그의 판단과 결정이 영원한 효력을 가진다고 주장하면서 더 이상 항소하는 것을 금하려 했다.

그러나 위에서 말한 이 모든 것이 처음엔 단순히 로마 교회의 일방적 주장이었음을 강조할 필요가 있다. 특히 몰락한 로마를 한심한 옛 수도라고 경멸하던 동로마 제국에서는 아무도 이런 주장들을 귀담아 듣지 않았다. 동방에서는 황제와 더불어 오직 황제만이 소집할 수 있었던 교회 공의회가 최고의 권위라고 간주되었다.

따라서 4세기와 5세기에 성경의 베드로와 반석을 말하는 구절에 대한 강조, 전체 교회에 대한 로마의 재판권이 신의 뜻이라는 주장, 그리고 이런 주장들을 실행에 옮기는 일 등은 모두 실패하고 말았다. 그리고 다마수스, 시리키우스, 인노켄티우스, 보니파키우스 감독들과 동시대인이었으며 서방에서 가장 중요한 신학자였던 아우렐리우스 아우구스티누스A. Augustinus(354~430)는 로마 교회의 진정한 친구였지만 로마 감독의 보편적 법적 우위성을 일체 고려하지 않았다.

서구 신학의 아버지

오랜 유예 기간을 거친 뒤 360년과 382년 사이에 라틴어가 예배에 전반적으로 그리고 결정적으로 도입되었다. 서방 교회, 신학, 법의 공식 언어가 된 라틴어는 20세기 후반 제2차 바티칸 공의회에서 변화를 시도하기 전까지 공식 언어로 유지되었다.

특히 라틴 신학은 2세기 후반 북아프리카에 살았던 변호사이면서 평신도 신학자였던 테르툴리아누스에서 시작되었다. 그와 함께 이미 라틴 기독교와 그리스 기독교의 차이가 분명히 드러나고 있었다. 라틴 신학의 주요 관심사는 더 이상 기독론과 삼위일체에 대한 형이상학적, 사변적 문제가 아니라 죄, 속죄, 용서, 참회 등의 규정에 관한 심리적, 도덕적, 규율적 문제들 및 교회 구조, 직책, 성례전 등의 문제였다. 이 모든 관심사 가운데 의지에 대한 강조, 그리고 정치적 단체로서 교회와 공동체를 향한 관심, 즉 사회적 차원을 향한 강조가 숨어 있었다.

서방의 모든 중요한 감독들과 신학자들은 모두 비슷한 경향을 따르고 있었으며, 특히 3세기 때 북아프리카의 영적 지도자이며 로마에 대항하여 감독 자치권을 수호했던 카르타고의 감독 키프리아누스Cyprianus가 그 대표적 인물이었다. 4세기경 밀라노의 지사로 일했던 암브로시우스Ambrosius도 키프리안의 뒤를 이어 적극적으로 그리스도교 신학자들에게서 배우려고 노력했고, 특히 알렉산드리아 학파 오리게네스의 주석서와 바실리우스, 나지안주스의 그레고리우스, 닛사의 그레고리우스 등 세 명의 카파도키아 교부가 남긴 조직 신학을 연구하였다.

그러나 4세기 말에 서방 라틴 교회를 동방 그리스 교회와 비슷한 신학 방향으로 움직이게 했던 가장 큰 원인을 말한다면 그리스어를 배우는 것은 싫어했지만, 라틴어를 구사하는 데는 탁월한 대가였으며, 라틴 신학의 가장 중요한 신학자로 자리 잡게 되는 아우렐리우스 아우구스티누스의 평생에 걸친 저술들이었다.

가톨릭교회를 이해하기 원하는 사람이라면 당연히 아우구스티누스를 이해할 필요가 있다. 바울로와 마르틴 루터M. Luther가 활동했던 기간보다 지금의 알제리에서 태어난 이 사람만큼 더 큰 영향을 가톨릭교회에 남긴 사람은 없었다. 지적 천재, 화려한 필체의 저자, 재능 있는 심리학자였던 그는 원래 아주 세속적인 사람이었으나 많은 방황과 우여곡절 끝에 매우 열정적인 기독교인이자 신부 및 주교가 되었다.

아우구스티누스는 지금의 알제리 항구인 히포레기우스Hippo Regius의 주교로 35년간 재임하였다. 주교로 일하면서 그는 행복을 추구하는 인간 열망에 관한 명석하고 심오하며 화려하고 감동적인 글뿐만 아니라 시간과 영원, 인간 영혼과 신에 대한 헌신의 무수한 글을 저술하는 동시에 지칠 줄 모르는 설교가로, 성경 주석가로, 신학 서적의 저술가로 활약했다. 그리하여 아우구스티누스는 아프리카 교회를 동요시켰을 뿐 아니라 사실상 유럽 전체 교회의 미래를 결정짓게 된 두 개의 큰 위기, 즉 도나투스파 논쟁과 펠라기우스 논쟁의 핵심 인물이기도 하다.

진정한 교회란 과연 어떤 것인가? 바로 이 질문이 도나투스Donatus 주교에 의해 창시된 강경 노선의 도나투스파 교회가 촉발시킨 첫 번째 큰 위기의 핵심이었다. 수십 년 동안 도나투스파는 일반 대중의 교회가 너무 세속화되었다는 판단하에 그로부터 등을 돌리고 있었다. 도나투스파는 특히 박해 기간에 '배교'했던 주교와 감독이 베푸는 세례와 예전은 효력이 없으며 그들의 후계자들의 경우도 마찬가지라고 주장하였다.

이 문제는 처음부터 '위대한 교회'에서 논란이 되어 왔던 것이다. 테오도시우스 황제에 의해 선포된 국가 종교의 구실 아래 도나투스파는 예배 모임이 금지되고 재산 압수와 추방의 위협을 받아야 했다. 오직 '가톨릭 교회'만이 국가의 인정을 받았기 때문이다. 감독으로서 교회의 일치에 강한 관심을 가졌던 아우구스티누스는 도나투스파 논쟁이 전개되는 것을 지켜보면서 모든 신자들의 '어머니'가 된다고 생각하는 보편적 가톨릭교회를 열심히 옹호하였다. 평신도 신학자 시절에 그는 이미 다음과 같이 논한 바 있다.

> 우리는 기독교 신앙에 충실하며 가톨릭교회의 성도 교제에 충실해야 한다. 가톨릭교회라는 이름은 그 신자뿐만 아니라 반대자들도 부르는 이름이다. 그들이 원하든 원하지 않든 간에, 심지어 이단들과 분파주의자들일지라도 자기들끼리만 말하는 것이 아니라 타인들과 이야기하려면 역시 가톨릭교회를 가톨릭교회라고 부를 수밖에 없다. 왜냐하면 그들 또한 세상 모든 사람들이 부르는 이름으로 불러야 자기 말을 이해시킬 수 있기 때문이다(「참된 종교De vera religione」 7:12).

여기서 '가톨릭교회'는 더 이상 모든 교회를 포함하는 정통으로만 이해된 것이 아니라 전 세계에 전파되고 가장 많은 숫자를 차지하는 교회로 이해되었다. 이 구절과 마찬가지로 다른 구절들을 통하여 아우구스티누스는 서구 신학 전체에 논증, 범주, 해결, 표어 등을 통해 특히 차별적인 교회론과 성례전 이론을 제공하였다. 그러나 참된 신자들로 이루어진 '보이지 않는 교회'에 대한 강조에도 불구하고 논쟁적이고 방어적 태도에서 출발했던 아우구스티누스는 제도적이고 위계 질서적인 교회관을 특별히 강조하게 되었다.

따라서 기관인 교회에 개인이 종속되는 모습을 여기서 발견할 수 있다. 물론 아우구스티누스는 진정한 교회란 알곡과 독보리를 분리하는 일을 최후의 심판관인 신에게 남겨 놓는 순례자와 같이 겸허한 교회가 되어야 한다고 경고했다. 그러나 거듭 새로운 이단들과 대결하게 되고 조잡한 정책 결정에 영향을 받게 되자 그는 마침내 이단과 분파들에 대한 폭력조차도 신학적으로 정당화될 수 있다고 생각하게 되었다. 그는 예수의 '잔치의 비유'에 나오는 말을 인용하며 이를 논증하려 했다. 라틴어 성경에 나오는 '강권하여 데려오라Coge intrare'는 구절을 특히 강조하면서 교회 밖에 있는 자들을 단순히 초청하는 데에만 그치면 안 된다고 역설하였다.

결과적으로 하느님의 사랑과 인간의 사랑에 대하여 그토록 확신 있게 잘 설명할 수 있었고, 심지어 신을 '사랑 그 자체'라고 정의했던 아우구스티누스가 역설적으로 강압적 개종, 종교재판, 모든 종류의 이단들에 대한 성전holy war의 신학적 정당화를 제공하는 가장 중요한 인물로 후세 사람들에게 부각되었다. 그러나 이와 같은 일은 동방 기독교에서는 일어나지 않았으며 동방과 서방 기독교 사이에는 다른 중요한 차이점들이 있었다.

과연 구원은 어떻게 이루어지는가? 교회가 대면해야 했던 두 번째 큰 위기는 바로 이 문제에 얽혀 있었다. 이 문제는 영국 출신으로 로마에 살았고 대단히 존경받던 고행 수도사 펠라기우스Pelagius에서 시작되었다. 로마의 부유층 사회의 느슨한 이름뿐인 기독교인들을 접하게 되자 펠라기우스는 도덕, 인간 의지, 자유, 책임감, 실천적 행동의 중요성을 강조해야 할 필요성을 느꼈다. 도덕적 경고와 용서를 강조했던 예수의 예를 본다면 하느님의 은총도 물론 중요하지만 외적인 구실에 치우칠 뿐이라고 펠라기우스는 생각했다. 그는 테르툴리아누스와 아우구스티누스가 생각했던 신의 은총 개념, 즉 인간의 내면 속에서 활동하는 거의 영적인 연료와도 같은 '힘(라틴어 vis)'으로 뒤에 중세 신학자들이 하느님 자신의 자비심에 대비하여 '창조된 은총'이라고 부르게 될 은총 개념과는 다른 인식을 가지고 있었다.

아우구스티누스는 펠라기우스가 자기 삶의 약점, 자기 신앙의 핵심을 건드렸다고 생각하였다. 회심하기 이전의 진저리치던 시절 동안 아우구스티누스는 자기에게 아들을 낳아 준 여인과의 관계를 통하여 인간의 의지가 얼마나 나약한 것인지, 성적 쾌감에서 절정에 이르는 '육체적 욕망 concupiscentia carnis'이 얼마나 강렬한 것인지, 그래서 회심을 위해서 처음부터 마지막까지 인간이 얼마나 신의 은총을 필요로 하는지를 뼈저리게 경험하였다.

그의 내면을 시적으로 털어놓은 『고백록Confessions』에서 그는 죄인을 위해 전적으로 신이 내려 주지 않으면 안 되는 은총에 관하여 서술하고 있다. 여기서 아우구스티누스는 죄를 범한 인간이 율법을 준수해서가 아니라, 오로지 믿음의 은혜에 의해서만 하느님과 화해할 수 있다는 바울로의 주장을 새로운 방법으로 다시 역설하고 있다. 이 메시지는 유대 기독교인들의 퇴조와 인간의 신격화에 대한 그리스적인 강조 덕분에 어느 정도 관심에서 벗어나 있었는데 이제 아우구스티누스가 다시 은총 개념을 서구 신학의 중심 주제로 정립시키게 되었다.

펠라기우스주의자들과의 싸움은 중요한 결과를 가져왔다. 열심히 논쟁을 벌이면서 아우구스티누스는 죄와 은총에 관한 그의 신학을 체계적으로 가다듬을 수 있었던 것이다. 그는 이제 아담의 죄에 관한 성경 구절— '그 안에서in whom 모든 사람이 죄를 범하게 된(로마서 5:12)'—을 통해 각각의 사람들의 죄를 설명하려 했다. 그러나 이 구절은 명백히 번역이 잘못된 것으로 원본에는 '그의 예를 따라서after whose example'라는 의미를 지니고 있다.

여하튼 이런 방법으로 아우구스티누스는 아담의 원죄를 역사적으로, 심리적으로, 성적으로 해석했다. 바울로와는 전혀 상반되게 아우구스티누스는 원죄란 곧 성적으로 결정되는 죄라고 생각했던 것이다. 그는 이 원죄가 성행위 및 이와 결부된 자기 중심적 욕구, 곧 육체의 욕망을 통해 새로 태어나는 모든 사람에게 전염된다고 이해했다. 따라서 이 신학에 의하면 모든 신생아는 세례를 받아 죄를 씻기 이전에 이미 영원한 사망에 이르는 죄를 범한 희생자들인 것이다.

이 모든 것의 결과로 어떤 고대의 저술가보다도 더 날카롭고 분석적인 자아 반성의 능력을 보여 주었던 아우구스티누스는 서구 전체 가톨릭교회에 동방 기독교는 알지 못하던 '원죄' 교리의 유산을 남겨 주게 되었고, 동시에 성적 리비도로서의 성욕을 결정적으로 비방하게 되었다. 자녀 생산을 위해서가 아니라 성욕 그 자체를 위한 성욕은 죄악이며 금지되어야 한다는 생각이 아직까지 로마 교황의 해로운 가르침으로 남아 있다.

이와 동시에 아우구스티누스는 이원론적 분파인 마니교Manichaeism에서 유래한 사악한 신화와 대결해야 했다. 그 자신이 젊은 시절 잠시 가담하기도 했던 마니교는 육체를 죄악시했고 천사들의 타락으로 벌어진 간극을 다시 메우기 위하여 오로지 적은 수의 사람만이 완전한 기쁨과 즐거움 그리고 축복을 받을 수 있도록 예정되어 있다고 주장하였다. 즉, 다른 대부분의 사람들은 '지옥으로 떨어질 대중'이라는 것이다.

어떤 이는 축복으로, 다른 이는 지옥의 길로 예정되어 있다는 이 잔인한 이중예정설 이론은 종말에 있을 만인의 구원과 화해를 희망했던 오리게네스의 만인구원설 가르침과 정반대되는 주장이었다. 서구 기독교에서 이 주장은 미처 인식하지도 못하는 사이에 젖어들어 음침한 결과를 낳게 되면서, 구원과 악마의 위협에 관한 끝없는 불안감은 종교 개혁자 루터와 칼뱅 시대까지 계속 확산되었다. 이들 종교 개혁자들 역시 이 문제와 죽을 때까지 씨름할 수밖에 없었던 것이다.

삼위일체의 재해석

오랫동안 말년의 아우구스티누스는 이단에 의한 자극 때문이 아니라 확실함에 대한 내면적 요구 때문에 중요한 저술을 완성하기 위해 줄기차게 노력해 왔다. 그의 관심은 삼위일체에 대한 더 심오하고 더욱 설득력 있는 재해석을 제공하는 것이었다. 그의 해석은 서구 라틴 기독교에 대단한 영향력을 행사하게 되어 사람들은 삼위일체에 대한 다른 견해가 있는 줄도 거의 모를 정도가 되었다. 그러나 오늘날까지 그리스 신학자들은 그의 견해를 단호하게 거부해 왔는데 그 이유가 무엇일까?

그리스 교부들은 언제나 아버지이신 한 분 하느님으로부터 시작하였고 그들에게 있어 이분이야말로 신약성서에서 말하는 '하느님the God, ho theos'이었다. 그리스 교부들은 따라서 바로 이 아버지 하느님의 견지에서 성부, 성자, 성령의 관계를 정의했다. 이는 마치 하나의 별이 있어 그 별이 두 번째 별에게 빛을 전해 주고('빛 중의 빛, 신 중의 신') 마지막으로 세 번째 별에게 전해 주는 것과 같다. 그러나 우리 인간의 눈에는 차례차례 나타나는 세 별 모두가 마치 하나의 별처럼 보이는 것이다.

그러나 아우구스티누스는 전혀 다르게 생각했다. 한 분 아버지 하느님에서 시작하는 대신에 그는 성부, 성자, 성령 모두에게 공통적인 신의 본성 혹은 신의 실체에서 시작하였다. 즉, 라틴 신학자들에게 삼위일체 통일의 원칙은 아버지 하느님이 아니라 하나의 동일한 신적 본성 혹은 실체인 것이다. 앞에서 말한 예를 다시 발전시킨다면 세 별은 차례차례 빛나는 것이 아니라 삼각형의 한 변씩을 맡아 동등한 차원에 위치해 있다. 단 첫 번째와 두 번째 별이 모아져 세 번째 별에게 빛을 준다는 것이다.

더 정확히 설명한다면 아우구스티누스는 심리학적 범주를 새로운 방식으로 사용하였다. 그는 삼위일체 신관과 인간 정신의 세 측면 사이의 공통점에 착안하여 성부와 기억, 성자와 지성, 성령과 의지의 유사점을 말하였다. 이 유사성의 관점에서 볼 때 삼위일체는 다음과 같이 해석될 수 있다. 성자는 '지성에 의해' 성부에서 '태어나게' 된다. 성부는 성자를 알며 성자 안에 성부 자신의 말씀과 형상을 부여한다. 그러나 성령은 '의지에 의해' 성부와 성자에서 '나오게' 된다. 성령은 성부와 성자 사이의 사랑이 인격이 된 것으로 곧 성령은 성부(사랑하는 사람)와 성자(사랑받는 사람) 모두에게서 '나오게' 된다(성령이 '성자에게서도 나온다'는 사실을 말해 주는 라틴어 표현인 '필리오케filioque'는 그리스인들에게 큰 걸림돌이 되었다. 그들의 견해는 성령이 오로지 성부에게서 나온다는 것이었다).

이렇게 아우구스티누스는 철학적, 심리학적 개념들을 통해 극도의 미묘한 방식으로 신의 자기 구현에 따른 삼위일체에 대한 지성적인 '작품'을 만들어 냈다. 여기서 '그리고 성자로부터도filioque'라는 생각은 너무나 중요한 것으로 6, 7세기 이후 서구 기독교에서 이 구절은 차츰 신조에 삽입되었다. 샤를마뉴 대제 이후 독일 황제들도 자주 이것을 지지하다가 1014년 로마에 의해서 결정적으로 이 말을 사도신경 등 고대의 신앙 고백에 삽입시키게 되었다.

그러나 오늘날까지도 동방 기독교는 이 필리오케 구절이 전통 신앙 고백에 위배되는 분명한 이단이라고 간주한다. 이와 비슷하게 오늘날까지 기독교의 '중심 교리'라고 생각되는 것을 모든 근대적 방법과 새로운 논증을 동원하여 현대인들에게 이해시키려고 노력하는(대부분 실패하지만) 오늘날의 가톨릭 신학자와 신교 신학자들도 성부, 성자, 성령의 관계에 대한 자신들의 해석이 신약성서의 관점에서가 아니라, 아우구스티누스의 관점을 따르고 있음을 거의 자각하지 못하고 있다.

신의 나라

아우구스티누스는 말년에 다른 종류의 위기 상황을 맞게 되었다. 이것은 교회의 문제가 아니라 로마 제국에 관계된 세계사의 위기였다. 410년 8월 28일 스스로 '영원하다'고 자랑하던 로마가 서고트족의 왕인 알라리크Alaric의 군대에 함락당하고 약탈당했다. 여인들을 능욕하고 상원의원들과 부자들을 학살, 살육하고 정부와 행정부 건물들을 파괴한 잔인한 이야기가 아프리카에도 전해졌다. '영원한' 로마가 이렇게 몰락한다면 과연 무엇이 안전할 수 있단 말인가? 패배주의가 널리 퍼지기 시작하였다. 이 모든 것이 기독교 때문이 아니던가? 역사에 아직 무슨 의미가 남아 있는가?

이런 상황에 대해 아우구스티누스는 위대하고 극적인 작품 『신국De civitate Dei』으로 그 대답을 대신했다. 이 책에서 그는 하나하나 모든 문제를 반박하였다. 그는 비잔틴의 새 로마에 대해서는 일절 언급하지 않고 세계사의 7단계를 관통하는 웅대한 스타일의 신정론theodicy을 전개하였다. 곧 큰 틀에서 역사를 해석할 때 모든 수수께끼와 참변에도 불구하고 신의 정당함을 밝히려는 시도였다.

세계 역사의 기초와 의미는 과연 무엇인가? 아우구스티누스의 답변은 인류의 전 역사는 궁극적으로 이 세계 시민들로 구성된 지상의 왕국civitas terrena과 하느님의 사람들로 이루어진 신의 나라civitas Dei 사이의 격렬한 투쟁이라는 것이다. 즉, 지상 왕국의 배경에는 신의 나라에서 타락한 잡종 천사들의 악마적 왕국이 있다고 생각했다.

모든 가능한 유사성, 알레고리, 유형론, 대비 등을 동원하여 아우구스티누스는 최초의 시간에서 현재에 이르기까지, 나아가 신의 영원한 나라 곧 평화의 왕국이 도래하는 마지막 종말의 시간까지 인류의 역사는 그 가장 깊은 의미에서 신앙의 존재 여부, 겸손과 교만, 사랑과 권력욕, 구원과 멸망 사이의 거대한 충돌이라고 역설한다.

모든 것을 놓고 볼 때 이 작품은 고대에 최초로 쓰인 기념비적인 역사 신학서이며, 서구 중세를 거쳐 종교 개혁과 근대에서 역사가 세속화되기 직전까지 광대한 영향을 미친 작품이다.

만약 로마 교회와 교황을 '신의 나라'로 찬양하고, 독일 제왕들과 왕국들을 '세상의 왕국'으로 간주한다면 이 위대한 작품을 오해하고 있다고 아우구스티누스는 생각할 것이다. 그는 국가, 제도, 사람들에게 관심을 가지지 않았고 '신의 나라'를 결코 정치가들이나 성직자들과 연결시키려고 하지 않았다. 교황은 신의 나라에서 아무런 할 일이 없다.

어쨌거나 그에게 모든 감독들은 근본적으로 동등하다. 비록 로마가 제국과 교회의 중심이라고 생각하긴 했어도 아우구스티누스는 교황주의를 지지하지 않았다. 로마 교회가 통치나 재판권의 우위성을 가진다고는 결코 생각하지 않았다. 왜냐하면 교회의 기초가 되는 것은 베드로 자신이나 그의 후계자들이 아니라 바로 그리스도와 그에 대한 믿음이기 때문이다. 교회의 최고 권위는 로마의 감독이 아니라 동방 기독교 전체가 주장하는 것처럼 바로 공의회였다. 아우구스티누스는 공의회조차도 교황무류성의 권위를 가질 수 없다고 보았다.

이 '위대하고 지극히 어려운 작품'인 『신국』을 저술한 지 2년도 채 안 되어 아우구스티누스는 헝가리와 실레지아부터 스페인과 지브롤터에 이르기까지 전 유럽을 돌아다니던 반달족의 아리안인들이 마우리타니아 해변을 따라 약탈과 방화를 거듭하며 진격해 오고 있다는 끔찍한 소식을 듣게 되었다. 430년 히포 시는 반달족들에게 석 달 동안 포위되었다.

이제 일흔다섯 살의 아우구스티누스는 고열에 시달리며 다윗의 참회하는 시편을 외우면서 임종을 준비하였다. 반달족이 방어선을 무너뜨리기 바로 전날인 8월 28일, 로마가 고트족에 의해 20년 전에 함락당했던 바로 그날에 아우구스티누스는 숨을 거두었다. 그는 북아프리카의 탁월한 정신적, 신학적 지도자였다. 비록 북아프리카는 로마 가톨릭의 영향권에서 영원히 멀어졌지만 아우구스티누스의 신학은 다른 대륙인 유럽에서 새로운 세계 역사를 만들어 가게 되었다.

그의 여러 잘못에도 불구하고 오늘에 이르기까지 누구와도 비교할 수 없을 이 위대한 가톨릭 신학자 아우구스티누스는 『신국』의 마지막 구절을 통해 신이 창조를 완성할 때 그 표현 불가능하고 정의할 수 없는 제8일을 상상하면서, 우리에게 세계 역사의 의미뿐만 아니라 인간 생명의 의미를 일깨워 주고 있다.

"그때 우리는 안식을 얻고 우리는 보게 될 것이다. 우리는 알게 되며 우리는 사랑하게 될 것이다. 우리는 사랑하며 우리는 찬양할 것이다. 과연 무엇이 끝나고 무엇이 끝나지 않을 것인지 보라. 우리의 종말이란 결국 종말이 없는 하느님의 왕국에 도달한다는 것 이상이 아니지 않겠는가?"

4

교황의 교회

최초의 진정한 교황

그 당시 세계 전체에 전파된 가톨릭 제국 교회는 고대에서 중세 초기에 이르는 수세기에 걸쳐 천천히 우리가 말하는 서구 가톨릭교회가 되어 갔다. 특별히 신학의 기초를 제공해 준 아우구스티누스의 라틴 신학과 더불어 이미 오랫동안 준비되어 왔던 로마 교황제는 이제 교회를 다스리는 중심 기관이 되었다. 앞으로 전개될 교회의 새로운 위상이나 패러다임으로 교회 정치의 기초를 형성하게 된 것이다.

탄탄한 신학자이면서 탁월한 법률가, 열정적인 설교가, 목회자인 동시에 능력 있는 정치가였던 레오 1세는 역사가들이 진정한 의미에서 '교황'의 칭호를 붙이는 인물이다. 그 이유는 교회사에서 '위대한 레오'라고 불리는 그가 로마 교회를 선교하는 열정에 가득 차 있었을 뿐만 아니라, 신학적 명쾌함과 법률적 민첩함을 가지고 수세기 전부터 준비되어 왔던 성서적, 역사적, 법률적 요소들을 하나로 묶어 로마 교황제에 대한 고전적 개념을 수립하는 데 성공했기 때문이다.

각 요소별로 레오의 주장을 분석해 보면 다음과 같다.

1. 성경적 요소 : 레오는 모든 다른 사도들보다 베드로가 으뜸이라는 사실이 이미 신약성서에 잘 나타나 있다고 주장하였다. 베드로에 연관된 유명한 성경 구절을 '전권fullness of power, plenitudo potestatis'이라는 기본적인 법률 의미로 해석하면서 이는 곧 전 교회의 지도자로서 우월성을 베드로에게 부여함을 뜻한다고 강조하였다.
2. 역사적 요소 : 레오는 클레멘스 감독이 예수의 형제였던 예루살렘의 야고보에게 보낸 편지에 로마의 대주교를 베드로의 후계자로 확정지었다고 생각했다. 이에 따르면 베드로는 그의 마지막 유언에서 클레멘스를 그의 유일한 합법적인 후계자로 인정하였다. 그러나 이 편지는 2세기 말에 만들어진 가짜였으며, 4세기 말부터 5세기 초에 이르러서야 겨우 라틴어로 번역되었을 뿐이다.
3. 법적인 요소 : 레오는 로마 유산법의 도움을 받아 베드로의 후계자로서 교황의 위상을 더욱 공고히 했다. 즉, 후계자는 베드로의 개인적 성격이나 장점들을 물려받는 것이 아니라, 그리스도에 의해 전수된 공적인 권위와 기능을 계승받는 것이기 때문에, 심지어 적합치 않은 교황이라고 할지라도 합법적으로 교황의 자리를 위한 계승자가 될 수 있다고 보았다. 따라서 교황으로 선출된 사람이 아직 평신도이고 서품받은 신부가 아니라는 사실은 문제가 되지 않았고, 오직 기본적인 문제는 교황으로 선출됨과 동시에 즉시 발효되는 교황의 직위였다(이것은 현재까지도 유효하다).

"교황을 통해 베드로가 직접 말씀하신다"라면서 교황직에 대한 높은 자의식을 가지고 레오는 서구 교회를 이끌었고, 서로마 제국의 황제로 하여금 교황의 우위성을 인정하도록 설득하기도 했다. 레오는 비잔틴 황제가 사용하다가 중지한 '최고의 사제pontifex maximus'라는 이방 종교 제사장의 칭호를 스스로에게 붙였던 최초의 교황이었다. 451년 레오는 로마 대표들을 이끌고 훈족의 수장이던 만토바의 아틸라Attila를 만나 협상을 벌인 결과 훈족이 로마를 약탈하지 않도록 저지하는 데 성공하였다. 그러나 4년 뒤에 다시 침입한 훈족이 로마를 점령하고 약탈하는 것은 막지 못했다.

바로 같은 해인 451년에 레오는 그리스도의 인성과 신성의 관계에 관한 중요한 정의가 내려졌던 칼케돈 공의회에서 쓰라린 패배를 경험했다. 그가 보낸 세 명의 특사는 다른 대의원들에 비해 우선권을 주장했으나 보기 좋게 거부당하고 말았다. 그의 분명한 반대에도 불구하고 공의회는 레오가 기독론 문제에 관해 보냈던 편지가 과연 정통 기준에 합당한지를 먼저 철저히 검증한 후에야 레오의 기독론적 의견에 동의를 나타냈다. 또한 공의회는 레오에게 모든 교회를 초월하는 특권을 허락하지 않았을 뿐만 아니라 각 도시의 교회 위상은 그 법적 위상에 종속한다고 결정하였다. 따라서 새로운 로마인 비잔틴의 대주교와 옛 수도 로마의 대주교는 동등한 지상권을 가진다고 결정하였다.

600명의 대의원이 참가했던 이 위대한 공의회에서 로마 특사들이 제기했던 반대의 목소리는 묻혀 버리고 말았고, 이어서 레오의 반대도 마찬가지 운명에 처하고 말았다. 레오가 칼케돈 공의회의 결과를 승인하는 데 2년이나 지체했던 일은 결국 팔레스타인과 이집트에 있던 그의 반대자들을 도와준 셈이었다. 그들로부터 이집트의 단성론자 콥트 교회, 시리아의 네스토리우스 교회, 아르메니아 교회와 그루지야 교회 등 칼케돈 신조에 반대하는 교회들이 생겨나 오늘날까지 활동하고 있다.

그러나 로마에 있던 사람들은 레오가 로마를 보호하는 것에 감사할 충분한 이유가 있었다. 레오는 성 베드로 사원에 안장된 최초의 로마 대주교였다. 더욱 중요한 것은 그의 후계자들이 그와 똑같은 신학적, 정치적 사고의 끈을 이어나갔다는 사실이다. 로마 교황의 권세에 관한 주장이 일시적으로 절정에 이른 시기는 5세기 말 겔라시우스Gelasius 1세 교황 때였다. 동고트족의 왕이던 테오도리쿠스Theodoricus의 막강한 통치 아래 겔라시우스 1세는 비잔틴 제국과 독립적으로 활동하는 데 성공하였다. 그리고 아우구스티누스의 두 왕국 이론에 힘입어 그는 황제의 권위에서 완전히 독립한 전체 교회에 관해 무제한의 사제적 최고의 권위 주장을 무난히 발전시킬 수 있었다.

황제와 교황은 하나의 동일한 사회에서 다른 두 가지 기능을 갖는 것으로서 황제는 세상의 권위와 관계할 뿐이고 교황은 세속적 권위를 가질 뿐이다. 그러나 성례전을 책임지며 또한 세속적 권력을 행사하는 사람들에 대해 신 앞에서 책임을 지는 교황의 영적 권위는 황제의 세속적 권위보다 우월하다고 간주되었다. 레오 및 1세기 뒤의 겔라시우스에 의해 발전된 이 주장은 성직자를 세속적 법령과 질서에서 완전히 분리시켰다. 이런 의미에서 발터 울만W. Ullmann은 이 교리가 중세 교황제의 대헌장Magna Carta이라고 명하였다. 세상 권력 위에 군림하려는 교황의 요청에 대한 이론적 근거는 여기서 이미 마련된 셈이었다. 그러나 다음 여러 세기를 통해 알 수 있는 것처럼 로마 교황의 이러한 주장은 오랜 세월 동안 희망 사항일 뿐이었다.

잘못된 교황들, 교황의 위조 문서와 교황 재판들

6세기에 유스티니아누스Justinianus 1세는 수도 콘스탄티노플에서 로마 제국을 새롭게 만들었다. 그는 기독교 전체에서 가장 웅장한 교회인 소피아 성당을 건축하였고 정치적으로, 법적으로, 문화적으로 교회를 비잔틴 제국의 교회로 완벽하게 구축하였다. 모든 이단과 이방 종교 신봉자들은 국가 공직, 명예 호칭, 가르칠 권리, 급여 등을 박탈당했다. 제2의 로마인 콘스탄티노플은 옛 로마와 동등한 위상을 가질 뿐만 아니라 정치적으로도 우위에 있었다. 로마의 주교들은 다시 한 번 황제의 법적 우위성을 실감하지 않을 수 없었다.

동방의 대주교들과 감독들은 아직도 교황을 옛 수도 로마의 감독이자 서방 교회의 유일한 대주교로 인정하였다. 그러나 로마 교황은 여러 동등한 대주교들 중 첫째일 뿐이었다. 그가 첫 번째인 이유는 특별한 성경적인 '약속'이나 법적인 '권위' 때문이라기보다는 오로지 두 명의 으뜸가는 사도인 베드로와 바울로의 묘지가 로마에 있었기 때문이다. 물론 그 당시 아무도, 심지어 로마에서조차도 로마 교황이 절대로 오류를 범하지 않는다고 생각하지는 않았다.

4세기와 5세기에 걸쳐 확장되었던 교황 권력은 6세기와 7세기에 결정적으로 약화된다. 무엇보다 잘못된 교황 두 사람에 관한 유명한 사건이 로마 교황이 지니는 권위의 한계와 실수의 가능성을 잘 보여 주고 있다(이 두 사건은 1869~1870년에 열렸던 제1차 바티칸 공의회에서도 비록 결론적으로는 대다수가 무시하고 말았지만, 열띤 논의를 벌인 주제였다).

모든 황제들 중 유스티니아누스 재임 기간 중 교황 비길리우스Vigilius(재위 537~555)는 553년 콘스탄티노플에서 열렸던 제5차 공의회에서 이단적 유일신론에 대항하기 위해 너무나 모순되는 신학적 견해를 피력했다가 모든 신용을 잃고 말았다. 나중에 그는 성 베드로 성당에 안장되지도 못했고 심지어 서방에서조차 무시되어 왔다. 교황 호노리우스Honorius 1세의 경우는 더 나쁜 상황이었다. 681년 콘스탄티노플에서 열렸던 제6차, 7차, 그리고 8차 공의회에서 그는 이단으로 정죄받았으며 그의 후계자였던 레오Leo 2세와 다른 교황들이 이 사실을 승인하였다.

특히 이브 콩가르Y. Congar의 역사 연구는 12세기까지 로마 외부에서 로마 교회의 중요성은 법적인 의미의 교도권(敎導權, magisterium)에서 진정으로 권위 있는 가르침이라고 이해된 것이 아니라 베드로와 바울로의 순교와 무덤 때문에 부여된 종교적 권위로 이해되었음을 잘 보여준다. 처음 천 년 동안은 그 누구도 교황의 결정이 오류로부터 자유로운 무류성을 가진다고 생각하지 않았던 것이다.

역사 연구는 또한 특히 5세기부터 교황들이 명백한 위조 문서들을 통해 자신의 권력을 확대시켜 왔음을 증언하고 있다. 거룩한 교황 실베스테르Sylvester에 관해 마음대로 조작된 '전설'은 5~6세기 경에 만들어졌다. 8세기가 되자 이 전설은 다시 대단한 영향력을 가졌던 '콘스탄티누스의 기증서'라는 위조 문서(15세기에 위조라고 판명되었다)와 연결된다.

이 문서에 따르면 콘스탄티누스 황제는 로마와 제국의 서쪽 절반을 교황 실베스테르에게 증여하며 교황이 황제의 표장, 자색 도포 및 궁정을 소유할 수 있도록 하고 교황에게 모든 교회, 특별히 안티오크, 알렉산드리아, 콘스탄티노플, 예루살렘 교회에 대한 지상권을 허락했다는 것이다. 실제로는 콘스탄티누스 황제가 실베스테르 교황에게 기증했던 것은 라테란 궁정, 성 베드로 성당 및 라테란 성당의 새 예배당뿐이었다.

5~6세기는 또한 바울로의 가짜 제자라고 생각되는 아레오파가이트의 디오니시우스Dionysius the Areopagite의 저서들이 등장한 시기이기도 했다. 그는 '위계 질서'라는 단어와 더불어 천상의 천사들과 지상의 사제들의 전체 위계 질서를 소개한 사람이었다. 마지막으로 이 시기에 겔라시우스

교황의 두 번째 후계자였던 심마쿠스 교황Symmachus을 중심으로 한 무리의 성공적인 위조 문서들이 나타나게 되는데 이들은 무엇보다도 'Prima sedes a nemine iudicatur'라는 명제, 즉 첫 번째 교황직prima sedes은 황제를 포함한 어떠한 권위에도 판단받지 아니한다a nemine indicatur는 말을 유행시켰다.

그러나 현실은 전혀 반대였다. 아마 아리안족 기독교인이었을 동고트족의 테오도리쿠스 대제는 교황 요한네스Johannes 1세를 콘스탄티노플에 협상 책임자로 파견했다가 요한네스 1세가 임무 달성에 실패하자 그를 감옥에 가두어 결국 옥사시켰다. 유스티니아누스 황제의 40년간 절대 통치 기간에 그는 필요할 때마다 로마 교황들을 수시로 자기 궁정에 소환하여 그들의 정통성을 검증하기도 했다. 그가 555년에 공포한 칙서 이후 로마 교황의 선출을 위해서는 '그렇게 행할지라Let it be done'로 시작되는 황제의 칙령imperial fiat을 반드시 첨부해야만 했으며, 이 규정은 카롤링거 왕조 때까지 준수되었다. 실제로 6세기와 7세기에는 교황 선출에 황제 혹은 로마의 사제들과 백성들이 참여하여 검증하는 일련의 과정이 뒤따랐다. 검증 과정의 결과 교황이 폐위당하는 일도 흔했고 이러한 관습은 15세기까지 이어졌다.

독일계 부족들과 기독교

아우구스티누스의 라틴 신학과 교회 통치의 중심 기관으로 발달한 로마 교황제와 더불어 중세 가톨릭교회에서 빼놓을 수 없는 세 번째 요소는 바로 독일계 부족들이었다. 아직 대부분이 개종하지 않았고 야만적이었으나 상당히 활기에 넘쳤던 독일계 부족들은 비록 스스로 그 어떤 보편적 전망을 가지고 있지는 않았지만, '보편적 가톨릭교회'가 로마 제국의 몰락과 더불어 멸망할 수 없음을 보장하는 힘이 되었다.

남부 러시아 초원지대에서 이동해 온 훈족에 내몰린 반달족, 알란족, 수에비족들이 로마 제국에 쏟아져 들어올 때 독일계 부족들은 서고트족, 알라만족, 부르군트족, 프랑크족 등과 함께 로마 제국에 침입하여 로마법을 유린하고 정부 건물, 도로, 교량, 관개 시설 등의 고도로 발달된 사회 기반 시설을 황폐화시켰다. 이들의 침입은 전례가 없는 경제적, 사회적, 문화적 퇴보를 몰고 와 도시의 인구 감소, 저술 능력의 저하, 고등 교육의 쇠퇴 등을 초래하였다. 이 손실은 수세기가 지난 후에야 겨우 보충이 될 만큼 심각한 것이었다. 한때 백여 만의 주민이 살았던 세계적 도시인 로마는 6세기에 불과 2만 명 남짓의 시민만 남은 지방 도시의 수준으로 침체되고 말았다.

모든 혼란, 전쟁, 파괴와 더불어 고대 문명이 붕괴되는 가운데 가톨릭교회는 처음에는 이 야만적인 독일 부족들을 피하려고 하였다. 프랑크족들이 차지했던 쾰른, 마인츠, 보름스, 스트라스부르 등의 도시들과 북 골에서부터 발칸 반도에 이르는 다른 도시들에서는 한 세기가 넘도록 한 명의 신부도 찾아볼 수 없었다. 이와 같은 시간이 지난 다음에야 기독교가 다시 돌아올 수 있었다. 고딕 글자체, 문학, 성경 번역 등을 고안한 울피라스Ulfilas 주교의 활동을 통해 오늘날 불가리아에 거주하는 동고트족을 시작으로 서고트족, 마지막으로 거의 모든 독일 계통 부족들에게 기독교가 전해졌다. 이제 모든 곳에서 기독교는 독일의 아리안주의로 각인된 기독교가 되어 갔다.

이제 독일 세계를 기독교화하는 동시에 기독교의 독일화가 이루어지게 되었다. 서쪽 영토의 로마인들의 영향으로 라틴어가 프랑스어, 이탈리아어, 스페인어 등 각 나라의 언어로 발전하는 가운데 서구의 가장 중요한 왕국인 프랑크 왕국을 건설한 독일 민족은 이제 가톨릭 신도가 되었다.

프랑크 왕국의 왕 클로비스Clovis 1세는 498~499년에 세례를 받았다. 비잔틴의 황제는 이 신세력을 인정하였고, 그로부터 불과 300년 뒤에 비잔틴 제국 사람들의 분개를 자아내는 새로운 서방 '야만족' 제국이 출현하여 경쟁자로 등장하게 된다. 프랑크 왕국에서는 잘 훈련된 로마 관리들 대신 귀족들이 주도권을 잡게 되고, 국가 재산과 부는 왕과 귀족들의 소유가 되었으며, 그들은 교회에 대한 주권과 사제를 임명하는 권리를 차지하였다.

이러한 근본적인 혁명 가운데 가톨릭교회는 연속성을 보장하는 결정적 요소로 작용하였다. 고트족의 테오도리쿠스 대제, 프랑크의 샤를마뉴 대제, 혹은 색슨족의 오토Otto 대제 등 어떤 통치자도 글을 읽거나 쓸 줄 몰랐고 오직 사제들만이 글을 알았다. 또한 사제들만이 고대 문헌들을 전수하였고 때때로 새로운 문자 문화를 창조할 수 있었다. 문자 문화는 서방에서 점차 증가하기 시작한 수도원들을 통해 전수되었다.

사제들과 여러 교구의 계층 구조적 조직과 더불어 콜룸바누스Columbanus가 주도한 아일랜드와 프랑크 왕국의 수도원 운동의 결과 엄청난 수도원 체계가 형성되어 골 지방 한 곳에만 500개가 넘는 수도원이 건립되었다. 중세 내내 사제들은 교육의 독점권을 소유하고 유지했다. 주교 제도 또한 강화되어 주교들이 때로 한 도시의 정치적 통치를 맡아 다양한 세속적 임무를 감당했던 탓에 주교 직분이 중요 가문의 권리가 되기도 하였다.

중세의 신앙심

기독교의 본질은 분명 잘 보존되었다. 즉, 기독교인이 된 독일인들도 한 분 하느님과 그의 아들 예수 그리스도와 성령을 믿었으며 똑같은 세례와 성만찬을 시행하였다. 그러나 전체적으로 볼 때는 모든 것이 바뀌었다고 할 수 있었다. 성인 세례 대신 거의 모든 곳에서 수동적이고 무의식적인 유아 세례가 행해졌다. 또한 초기 교회에 교인들이 참여하던 예배 의식 대신에 사람들이 알아들을 수 없는 성스러운 언어인 라틴어로 의식을 집도하는 사제들의 예배로 바뀌었고 사람들은 멍하니 구경만 할 뿐이었다. 초기 교회에서 단 한 번이자 마지막인 공개 참회 대신에 아일랜드와 스코틀랜드 수도사들이 전파한 것처럼 귀에 대고 말하는 비밀 참회auricular confession가 등장하여 언제라도 참회할 수 있었으나 아직은 정식 신부에게 고백하는 참회는 아니었다. 초기 교회 시절 보통 순교자의 묘지에 존경을 표하던 것에 비해 성인과 성물relics에 대한 광범위한 숭배 운동도 일어났다. 아울러 고도의 사변적, 반성적 신학 대신에 알고 있는 것 이상의 독일 미신이 덧붙여졌으며, 특히 어느 부족 종교에서나 찾아볼 수 있는 강한 정령 신앙이 첨가되었다.

교육 대신에 독신 생활에 더욱 많은 중요성이 덧붙여졌다. 사제들의 결혼이 여전히 통상적이었으나 수도사 교단에 속한 사제뿐만 아니라 사무직 사제들에게도 독신 생활을 강조하였다. 여자들을 신부보다 한 단계 아래인 부제副祭로 임명하는 일은 5세기 때에 흔하였으나 이 시기에는 폐지되었다. 이는 여성들에 대한 비성경적 적대감이 교회 내에서 증가하는 한 형태를 보여준다.

라틴 교회의 마지막 교부이자 동시에 첫 번째 중세 교황은 바로 그레고리우스Gregorius 대교황(재위 590~604)이다. 그레고리우스의 저서는 읽기 쉽고 인기가 높아 그의 스승인 아우구스티누스의 저서들보다 훨씬 광범위하게 읽혔다. 비판적 학자들에 의하면 무엇보다 그레고리우스의 『이탈리아 교부들의 삶과 기적에 관한 대화Dialogues on the Life and Miracles of the Italian Fathers』가 기적, 환상, 예언, 천사, 악마 등에 관한 조잡한 이야기들을 유포시킨 책임이 있다고 한다.

그레고리우스가 대중적인 성자 숭배와 유물 숭배는 물론 연옥과 영혼을 위한 미사를 신학적으로 뒷받침한 책임이 있다는 점에도 의심의 여지가 없다. 희생 제의, 속죄 의식, 죄의 종류와 처벌 등에 대단한 관심을 가지고 있던 그는 영원한 형벌에 대한 두려움과 선한 행위에 대한 보상의 희망을 지나치게 강조하였다. 604년에 사망한 그레고리우스 이후에 라틴 신학은 11세기 안셀무스Anselmus(1033~1109, 중세의 대표적 철학 사상인 스콜라 철학의 창시자―역주)가 등장할 때까지 거의 완전히 침묵하게 된다.

그러나 아무리 비판적 학자일지라도 부유한 귀족 가문 출신인 이 현명한 금욕주의자 그레고리우스가 유능한 정치가였으며 영혼을 사랑한 자상한 목회자, 즉 한마디로 로마의 탁월한 대주교였다는 사실을 인정하지 않을 수 없다. 그는 교회의 군주 혹은 '정치적 교황'이라기보다 마음속 깊이 금욕적 수도사의 위치를 고수하였던 사람이다. 많은 실제적인 현안들을 다루어야만 했던 그레고리우스는 자신이 행정 조직을 철저히 장악하여 북아프리카에서부터 시실리와 골에 이르는 교황 영토에서 불이익을 당하는 로마 시민들에게 이로움을 줄 수 있도록 노력하였다. 전쟁의 혼란 속에서 그가 백성들의 복지, 재정, 행정에 대한 책임을 짊어지게 된 것과 그런 과정에서 교황의 세속적 권력에 대한 초석이 놓여진 것은 그리 놀랄 일이 아니다.

그러나 자기 자신을 언제나 '하느님의 하인 중의 하인servus servorum Dei'이라고 생각했던 그레고리우스는 무엇보다 교회의 영적 쇄신에 심혈을 기울였다. 따라서 그는 수도원 운동을 장려했으며 수비아코Subiaco와 몬테카시노Monte Cassino 수도원의 창시자로만 희미하게 알려져 있던 성 베네딕투스St. Benedictus의 삶에 관한 그의 저서를 통해 베네딕투스를 모범적인 수도원장이자 수도사들의 아버지로 제시하였다. 나아가 베네딕투스 수도회는 오랜 수도원 전통과 로마의 군인 정신을 결합시켰다.

당시 행려 수도사들이 무수하던 때에 베네딕투스 수도회는 수도사들을 '고정된 장소stabilitas loci', 즉 한곳에 머물면서 수도원장에게 복종하는 것을 비롯하여 모든 재산과 결혼 생활의 포기, 농사와 수공예 혹은 고대 문헌과 기독교 서적의 필경 등과 같은 노동 작업에 종사하도록 하는 규칙을 만들었다. 사무직 신부들에게 그레고리우스의「목회 규범Regula pastoralis」은 영혼을 돌보는 목회자의 이상을 제시하였다. 또한 그레고리우스는 라테란 왕궁의 도서관 및 예배 음악 같은 문화적인 업적에도 큰 공을 세웠다. 그러나 그가 이른바 '그레고리오 성가Gregorian chant'를 고안했다는 이야기는 근거 없는 전설에 불과하다.

'다스리는 자가 그의 형제들에 비해 자신의 결점을 더욱 잘 통제할 수 있다면 높은 지위에서 알리는 규칙이 더욱 유효할 수 있다.' 그레고리우스 교황의「목회 규범」II, VI, 22조는 이처럼 그의 특징적 언사를 잘 보여 준다.

레오 대교황이 교황직에 대한 자신감 있는 위압적인 이해를 강조했다면 그레고리우스Gregorius 1세(일명 그레고리우스 대교황)는 겸손하고 평등한 이해를 옹호하였다. 만약 이후 세대의 교황들이 교황직에 대해 레오를 따르기보다 그레고리우스를 본받았더라면 중세의 가톨릭교회는 좀 더 초대 교회의 방향에 맞추어 발전했을 것이고, 교회는 민주적인 평등한 기구, 봉사의 수장으로서 로마를 말하는 진정한 가톨릭 공동체가 될 수도 있었을 것이다.

그러나 이후의 교황들은 레오 교황의 방향으로 더욱 기울어졌고 로마 황제들을 본받아 전제 군주적인 헌법, 그리고 통치의 수장으로서 로마를 내세우는 계급적인 교회를 구축하기 원했다. 결국 교황의 로마 제국 imperium Romanum은 필연적으로 소외와 분열로 치닫게 되었고, 서방 교회와 동방 교회의 분열로 종지부를 찍고 말았다. 아직까지 황제와 공의회가 최고의 권위를 가졌던 동방 기독교 세계에서는 그 누구도 로마 교황의 야망, 독자적인 군림을 위한 신학적·법적 합리화에 귀를 기울이지 않았다.

이슬람

콘스탄티노플에 특사로 파견되어 활동했던 까닭에 동방에서 교황의 지배권을 행사하는 일이 얼마나 힘든지를 잘 알고 있었던 그레고리우스 대교황은, 독일 부족들의 잠재적인 창조 능력을 감지한 최초의 교황으로 자신의 활동 반경을 북으로는 독일, 서로는 프랑스와 서고트족의 스페인 왕국까지 넓힌 최초의 교황이었다. 특히 영국은 교황에게 가장 충성스러운 나라 중 하나가 되었다.

영국 역사가 에드워드 기번E. Gibbon은 카이사르가 영국을 정복하기 위해 여섯 개 군단을 동원했던 반면 그레고리우스는 불과 40명의 수도사로 영국을 얻었다고 말하였다. 이미 존재하고 있던 옛 영국 교회와 아일랜드 수도사 교회와는 대조적으로 그레고리우스가 파견한 선교사들은 뚜렷하게 로마의 체취를 풍기는 기독교 신앙을 전파했다. 또 6~8세기 동안 아일랜드-스코틀랜드, 앵글로색슨 수도사들은 다시 이런 기독교 신앙을 독일과 중부 유럽에 전하였다. 바로 이런 의미에서 그레고리우스 대교황은 유럽의 영적, 문화적 통일성을 위한 주춧돌을 놓았다고 할 수 있다. 그러나 그가 통일한 유럽은 동쪽의 그리스가 빠진 서, 남, 북만의 유럽이었다.

그러나 바로 이 7세기에 이른바 이슬람이라고 하는 기독교의 전혀 새로운 적수가 등장하여 전례가 없는 약진을 보이기 시작했다. 이슬람의 팽창은 기독교에 엄청난 규모의 재앙을 의미하는 것이었다. 북아프리카에서 이집트의 콥트 교회만을 제외하고 기독교는 거의 완전히 사라지게 되었다. 테르툴리아누스, 키프리안, 아우구스티누스가 섬겼던 위대한 교회들이 모두 없어진 것이다. 알렉산드리아, 안티오크, 예루살렘 교회의 막강한 교부장들도 몰락하고 말았다.

한마디로 말해 기독교는 자신이 태어나고 초기에 번성했던 팔레스타인, 시리아, 이집트, 북아프리카를 모두 상실하고 말았으며 십자군 운동 동안에 잠깐 다시 차지하게 될 뿐이었다. 알라와 그의 예언자 무함마드를 고백하는 이슬람 신앙의 단순 명료함에 비해 기독론과 삼위일체론 교리의 지나친 복잡화, 기독교 내부의 분열 등의 문제들이 기독교의 몰락을 가져왔다.

이슬람의 승승장구는 세계 정치사의 초점을 바꾸는 결과가 되었다. 이슬람에게 남쪽과 동남쪽 영토를 뺏긴 후 동로마 제국은 서방에 비해 현저히 약화되었다. 동시에 지중해 지역에 걸친 초기 교회의 일치감은 영원히 사라지고 말았다. 프랑크 왕국은 이제 새로운 기독교 제국 Imperium Christianum 을 건설할 수 있는 기회를 갖게 되었다. 그런 점에서 앙리 피렌H. Pirenne이 말했던 것처럼 다름 아닌 무함마드가 샤를마뉴의 등장을 가능하게 했다고 할 수 있다. 기독교에 있어 이런 새로운 사태는 지리학적 의미의 서쪽뿐만 아니라 북쪽 중앙 유럽을 향한 초점 전환을 의미하는 것이었고, 이는 특별히 로마 교회에 전혀 새로운 가능성을 예고하는 일이었다.

교황을 위한 국가

이제 서방에서 교육 유산과 고대 문명을 계승할 수 있는 유일한 문화 세력은 오직 가톨릭교회뿐이었다. 교회만이 교황의 지도력과 수도원, 특별히 베네딕투스 수도사들의 도움을 받아 오랜 기간에 걸쳐 여러 면에서 미개하던 독일과 로망스 민족들을 위한 문화, 도덕, 종교를 개발할 능력을 가지고 있었다.

독일인들 가운데 교회를 건설하는 데 주도적 역할을 한 인물은 앵글로색슨 계통의 수도사 보니파키우스Bonifacius(본명은 윈프리드Wynfrid)로서 로마의 대주교로 서품받은 뒤 게르마니아Germania에 파견된 교황 특사로 프랑크 왕국의 교황 통치를 준비하는 역할을 담당한 사람이었다. 이후 수세기 동안 가톨릭교회는 문화 생활 전체를 주도하는 기관이 되었다.

그러나 아직 통일된 서구 기독교는 형성되지 못했다. 왜냐하면 부족 교회, 지역 교회, 혹은 통치자 '자신'의 교회로 구성된 독일 교회들에서 발언권을 가진 사람은 교황이 아니라 왕과 귀족들이었다. 8세기에 발흥하여 아랍인들에 의해 서고트족의 스페인 왕국이 점령당한 후 피레네 산맥과 엘베 강 사이의 서유럽 대륙의 유일한 국가로 자리 잡게 되는 프랑크 왕국에서도 이런 상황은 마찬가지였다.

교황들은 정치 상황에 민첩하게 대처하면서 세계 정치의 중요한 전환점을 이끌어 냈다. 즉, 성상을 숭배하는 이들과 성상을 파괴하기 원하는 이들 사이에 벌어진 이른바 성상 논쟁으로 이미 세력이 마비되고 말았던 비잔틴 황제와 결별을 고하고 프랑크 왕국의 지배자들과 결탁하면서 교황은 자신의 독자적인 왕국을 차지하기를 꿈꾸었다. 그리고 한 세기가 지난 다음 이 꿈은 실현되었다.

732년 투르 전투(또는 푸아티에 전투)에서 아랍의 진격을 물리치고 프랑크 왕국의 심장을 사수하였던 카를 마르텔C. Martel 총사령관은 로마를 위협하던 북부 이탈리아의 랑고바르드족(롬바르드족)의 침입 저지를 거부하였다. 반면 퇴폐적인 메로빙거 왕조의 허수아비 왕들을 제거하는 군사 혁명을 꾀하고 있던 그의 아들 피핀Pippin은 '왕의 혈통'이 아니었던 탓에 고차원적인 정당성을 필요로 하고 있었다. 오로지 교황만이 피핀이 원하는 것을 제공해 줄 수 있었다. 교황은 아예 자기 스스로에게 왕을 임명하는 역할을 부여하고 보니파키우스 대주교를 시켜서 구약성경에 나오는 것처럼 피핀의 머리 위에 성유를 부어 왕으로 임명하였다. 이 사건으로 서구에서 왕은 오직 '하느님의 은총에 의해서', 즉 교황에 의해서만 즉위할 수 있다는 기독교 관념의 기초가 자리 잡았다.

이에 피핀은 감사한 마음으로 보답하였다. 두 번의 원정을 통해 그는 랑고바르드족을 점령한 다음 북부와 중부 이탈리아 지역을 '거룩한 베드로'인 교황에게 기증했다. 그러나 이미 50년 전에 '콘스탄티누스의 기증서'를 위조했던 로마의 입장에서 본다면, 피핀의 기증은 콘스탄티누스 황제 이후부터 교황에게 이미 속해 있었던 것을 다시 '돌려준' 것에 불과하였다. 어찌되었든 간에 신학적, 이념적 기초를 마련한 다음 이제 드디어 교회 국가church state를 수립하기 위한 경제적, 정치적 기초를 마련한 셈이었다. 이제 바티칸 교회 국가는 앞으로 1870년까지 무려 11세기나 지속되게 된다.

비잔틴 제국을 겨냥한 두 번째 큰 충격은 피핀의 아들인 샤를마뉴 대제에 의해 일어났다. 당시 비잔틴의 통치자는 비잔틴 황제 레오Leo 4세의 아내인 이레네Irene였던 탓에 황제 자리가 공석이라는 핑계 아래 800년 크리스마스 날 성 베드로 성당에서 교황 레오Leo 3세는 처음으로 황제의 즉위를 손수 집전하는 행사를 거행하였다.

교황에 의해 '로마 제국의 황제'라는 귀중한 칭호를 부여받게 된 샤를마뉴는 자동적으로 서로마 제국뿐만 아니라 동로마 제국을 포함하는 제국의 황제가 된 것이다. 이것은 비잔틴 제국에 대한 엄청난 도발이었다. 갑자기 두 명의 기독교 황제가 생겨난 셈이었으며, 서방의 독일계 황제는 교황 자신에 의해 '기름 부음'을 받았기 때문에 유일하게 정당한 황제라는 인식이 점차 증가하게 되었다.

서방의 공식 : 기독교 = 가톨릭 = 로마

새로운 제국과 관련하여 서방에서는 기독교=가톨릭=로마라는 유해한 공식이 보편적으로 점차 자리 잡아 갔다. 그러나 이 공식은 유럽의 일치가 아니라 분열의 기초가 되었다. 이제 로마를 훨씬 넘어서서 슐레스비히 홀슈타인Schleswig-Holstein 지방과 에브로 강에서 엘베 강까지 확장된 샤를마뉴의 통일 왕국에서조차도 통일된 교황의 교회는 아직 존재하지 않았다. 서방에서 법 집행에 교황 지상권이 인정된 흔적은 없었고 아직 황제의 법이 득세했다.

왜냐하면 제국의 군주인 샤를마뉴 대제는 그 자신이 교회의 군주라고 이론적으로 느끼고 있었다. 황제 정치가 곧 교회 정치이고 교회 정치가 곧 황제 정치였다. 더군다나 샤를마뉴는 아무런 도덕적, 종교적 거리낌없이 자기 나름대로의 기독교를 백성들에게 강요했으며 잔인하고 손실이 많은 전쟁을 전혀 두려워하지 않았다. 30년간 계속된 색슨족과의 전쟁에서 수천 명이 살해되고 추방되었다. '제국의 통일'은 먼저 그 자신을 위한 것이었다. 프랑크 왕국은 교황을 사도 전승의 수호자로 존중하였으나 오로지 신앙과 전례의 문제 등 순전히 영적인 기능에 국한된 의미의 수호자였을 뿐이었다.

샤를마뉴는 로마 제국의 신화, 언어, 문화 등에 너무 매혹된 나머지 아헨Aachen에 있던 그의 왕궁에 재능 있는 여러 국적의 학자들을 모아서 고대 문학의 '문예 부흥'을 불러일으켰다. 동시에 그는 교회 개혁을 위한 열성적 활동을 벌여 특히 주교의 책무, 교구의 설립, 성당의 수사회 조직, 모든 신자의 예배 참석 등에 힘썼다.

그러나 모든 기독교인들에게 주기도문과 교리를 각자의 모국어로 외울 것을 샤를마뉴가 권장했음에도 정작 본인은 라틴어로 공식 전례를 시행하기 원했다. 제국의 이익을 위해 그는 로마식 전례를 프랑크 왕국에 이식하였다. 교회사에서 처음으로 각 지방어 대신 오직 사제만이 알아들을 수 있는 외국어인 라틴어로 전례가 거행된 것이다. 이 상황은 종교 개혁 때까지 계속되며 로마 가톨릭교회의 경우 제2차 바티칸 공의회 직전까지 계속된다.

프랑크 왕국에 채택된 전례는 로마의 개별 교회에서 행하던 단순한 전례가 아니라 고도로 의식화된 교황의 전례였다. 이와 결부하여 십자가 성호, 방향芳香의 사용, 무릎 꿇기(궤배) 등이 엄청나게 증가하였다. 이와는 반대로 신자들 없이 사제들만이 참석하는 '침묵 미사'도 생겨나서 나직한 목소리로 예배를 보기도 하였다. 더욱더 많은 성당의 개별 제단에서 개별 미사가 점차 더 많이 행해졌다. 제단과 청중이 서로 소외되기 시작했고 신부는 신도들에게 등을 돌리고 서 있게 되었다. 그리고 이제 아무도 라틴어로 즉시 기도를 드릴 수 없었기 때문에 모든 것을 받아 적어야 했고 그것들은 철저히 지켜져야 하는 전례 규범이 되었다. 공동체 전체의 성만찬 의식은 이제 거의 행해지지 않았다(훨씬 뒤에 1년에 한 번씩 성만찬 참여를 의무화하게 된다). 이전의 공동체 성만찬은 신도들의 역할이 단지 사제들이 행하는 성례전을 지켜보는 것에 국한된 '전형적인 가톨릭 미사'로 대체되고 말았다.

가톨릭의 도덕성

중세 때부터 가톨릭의 도덕성은 근본적으로 고백 성사의 도덕성이었다. 무제한으로 얼마든지 계속될 수 있는 개인의 고백 성사는 로마 교회가 아니라 켈트Celtic 수도원 교회에서 유래했으며 놀라운 속도로 매우 빠르게 전 유럽에 퍼져 나갔다. 초기 교회의 특징이던 주교에게 청하던 고백 성사는 더 이상 시행되지 않았고 이제는 어떤 신부라도 개인적으로 사면을 발할 수 있게 되었다. 이미 샤를마뉴 때에 죄를 고백하지 않으면 성체를 받을 수 없다고 했기 때문에 성만찬은 아주 드물게 시행되는 중요한 일이 되었다.

참회 의식을 행하는 데 신부들은 주로 아일랜드의 성 패트릭St. Patrick과 성 콜롬반St. Columban이 작성했다고 전해지는 참회 지침서에 의거해 처벌

등급을 결정하였다. 참회의 고행 혹은 보속補贖 없이는 참회도, 죄의 사면도 불가능하였다. 그러나 9세기 이후 참회는 고백 성사와 사면 이후로 미루어졌고, 결국 돈을 지불하는 것으로도 대체할 수 있게 되어 어쩔 수 없이 사회적 부정의와 무수한 오용으로 치닫게 되었다.

참회 지침서는 특별히 성적인 죄에 주의를 기울였다. 그 당시 사회가 샤를마뉴와 그의 무수한 후궁들을 비롯하여 성적인 부도덕이 난무하던 시대였음을 고려한다면 이 점을 이해할 수 있다. 그러나 이는 성에 대한 아우구스티누스의 부정적 평가가 그동안 중세의 참회적 도덕성에 완전히 뿌리내린 탓이기도 하다. 즉, 부부 생활의 성적인 쾌락을 통해 원죄가 옮겨진다는 생각이다.

성적 도덕심에 대한 근엄한 태도는 광범위하게 적용되었다. 사제들에게는 금욕 생활이 요구되었고 일반인들은 성직자들과 접촉하지 말 것을 요구받았다. 월경과 출산 때 흘리는 피와 마찬가지로 남자의 정액도 부정을 유발한다고 생각하여 이런 것들과 관계된 사람들은 성사에 참여하지 못하도록 하였다. 또한 결혼한 사람들은 매주 일요일, 성 축제일 하루 종일, 그 전날 밤 철야 기도vigil 기간, 축제일 이후 제8일octave, 특별한 금요일, 강림절Advent과 사순절Lent에는 성적 접촉을 금해야만 했다. 이처럼 당시의 결혼 성생활은 엄격히 규제되었고, 이는 상당 부분 널리 유포되던 오래된 주술적 관념에서 기인한 것으로 보인다.

이제 전형적인 중세 신앙심이 자리 잡으면서 기도, 성사, 종교 관습 등을 통해 요람에서 무덤까지, 새벽부터 밤늦게까지 사람들의 생활 전체를 확실하게 사로잡기 시작하였다. 비단 일요일뿐만 아니라 점점 더 늘어나는 축제일에도 중세의 신앙은 끊임없이 가동하였다.

그러나 환영받았든 받지 않았든 간에 모든 중세 초기의 발전들, 특히 카롤링거 시대의 개혁과 변화들 — 가령 성직자들에 국한된 전례, 미사 예배, 평미사private mass, 미사 비용mass stipend, 감독 권한, 신부 독신 제도, 고백성사, 수도승 서약, 수도원 제도, 만성절All Souls 신앙, 성인 숭배, 성물 숭배, 축귀와 축복 의식, 연도litanies와 순례 — 은 기독교의 변하지 않는 요소들이 아니라 중세의 가변적 요소들로서 더욱더 로마의 노선을 따라 통제되고 형성되고 발전되어 갔다는 사실에 주목할 가치가 있다.

미래의 로마화를 위한 법적인 기초

샤를마뉴 제국은 오래 유지되지 못하고 그의 아들 때에 베르 조약(843)을 통해 프랑스, 이탈리아, 독일의 중요한 세 국가군으로 분할되었다. 그러나 로마 가톨릭교회 구조는 그대로 유지되었다. 그리고 바로 카롤링거 왕조가 몰락하는 9세기 중반 즈음에 다시 한 번 결정적으로 로마 교황의 교권을 강화할 수 있는 중요한 위조 문서가 고안되었다.

교회 국가가 설립되기 한 세기 전에 니콜라우스Nicolaus 1세(재위 858~867)가 즉위하면서 교황직이 지닌 정통 '베드로' 정신에 입각하여 교리나 실행에 관한 교황의 결정을 준수하지 않는 이들을 파문하겠다고 처음으로 선포하였다. 대담하게도 그는 이전에 각 나라의 교회가 자치적으로 운영하던 관습을 타파하고 로마의 중앙집권적 운영을 시도했다. 그는 주교, 대주교, 총대주교들뿐 아니라 왕과 황제들에게도 마치 그의 신하인 양 거만하게 대했다. 결혼 문제가 힘들어졌다는 단순한 이유만으로 니콜라우스는 프랑크 왕국의 왕을 예기치 않게 파문하겠다고 위협하기도 했으며, 쾰른과 트리어의 막강한 대주교가 왕을 지지했다는 이유로 갑자기 해임시키기도 하였다.

이 특별했던 교황은 '콘스탄티누스의 기증서'를 인정했음은 물론이고 (과연 선한 믿음으로?) 프랑크 왕국에서 준비되었던 훨씬 더 흉측한 위조 문서들도 인정하였다. 이 위조 문서는 대단한 위조 전문가들 (아마도 신부들) 집단이 만든 것으로 잘 알려지지 않은 이시도루스 메르카토르Isidorus Mercator가 썼다고 믿게 만든 것들이었다. 이것이 바로 그 유명한 혹은 악명 높은 '거짓 이시도르 교서Pseudo-Isidorean Decretals'로서 공개된 사본은 무려 700쪽에 달한다. 그 내용은 초기 교회때부터 로마 대주교들의 이름으로 완전히 날조한 115개의 문서 및 첨삭을 거쳐 변조한 125개의 진짜 문서로 구성되어 있다.

그렇다면 과연 무슨 목적이었을까? 내부적으로는 막강한 대주교에 대항하여 주교들의 입장을 강화시키기 위함인데, 과연 어떻게 가능했던 것일까? 위조 문서들은 초기 교회의 상세한 생활까지 모두 교황의 교서에 따라 결정된 듯한 인상을 주고 있다. 그렇다면 과연 누가 이익을 얻었을까? 결국 주교들이 이익을 얻었다기보다 위조 문서를 통해 '모든 교회의 수장'으로 지칭되고 그 권위가 전례 없이 강조된 교황이 이익을 얻었다고 볼 수 있다. 보다 구체적으로 말한다면 이전에 왕이 행사했던 공의회를 개최하고 확증된 권한을 오로지 교황만이 가질 수 있도록 했으며, 고발당한 주교들이 교황에게 탄원할 수 있으며, 일반적으로 모든 '중차대한 문제들'을 교황이 결정하도록 남겨 놓았다고 할 수 있다. 결국 교황의 기준과 법규에 반하는 국가법은 무효라고 간주되었다.

공식적인 거짓 이시도르 문집이 곧 전 유럽에 유포되었다. 종교 개혁 때가 되어서야 드디어 로마에 반대하는 역사가들이 『마크테부르크 시대 Magdeburg Centuries』를 편찬하면서 이시도르 교서가 거짓임을 증명할 수 있었다. 교황청 사무국은 위조 문서를 판별해 낼 능력이 물론 있었을 것이다.

그러나 교황청은 왜 자기에게 이익이 있을 때에만 판별하려 하는가? 그들은 교황을 옹호하는 중요한 위조 문서들에 대해서는 절대로 조사하는 것을 원하지 않았다. 심지어 오토Otto 3세 황제가 10세기 말에 오랫동안 존경받아 왔던 '콘스탄티누스의 기증서'가 위조 문서라고 발표했을 때도 그러하였다.

9세기부터 출현한 거의 모든 위조 문서들은 사실상 5세기 중반 이후부터 개진되었던 교황의 주장들이 이미 아주 오래전부터 전해진 것으로 곧 하느님의 뜻이라는 인상을 주고 있다. 이 위조 문서들은 권력에 대한 주장에서 이전에 결여되었던 신학적, 법적 정통성을 교황에게 부여하고 있다.

이제 교회와 교회법은 전적으로 로마의 권위에 집중되었다. 심마쿠스의 위조 문서는 '콘스탄티누스의 기증서'가 등장할 길을 터 주었고, 이 두 위조 문서는 이제 제3의 가장 엄청난 거짓 이시도르 위조 문서라는 최고의 경지로 이어졌다. 이들 세 위조 문서들은 함께 서구 교회를 앞으로 완전히 로마화시키며 동시에 더 이상 '유럽'이라고 간주되지 않는 동방 교회를 파문할 수 있는 법적 기반을 제공하였다.

이 모든 위조 문서들은 교황에게 우호적인 교황청 역사가들이 설명하기를 원하는 것처럼 '그 시대의' 진기한 유물에 불과한 것이 아니라 교회 역사에 지속적인 영향을 준 문서였다. 차례대로 모두 교황들에 의해 '합법화된' 이 대부분의 문서들은 교황청의 감독 아래 개정되고, 1983년 교황 요한네스 파울루스(요한 바오로)Johannes Paulus 2세에 의해 공포된 『교회법전Codex Iuris Canonici』에 아직도 수록되어 있다.

사실을 제대로 보기 원하는 사람이라면 누구나 중세적 교황의 권력 구조가 신약성서와 초기 기독교의 공동 전승에 기초하고 있지 않음을 알 수 있다. 대신에 그 권력 구조의 기반은 시간이 갈수록 권력을 계속 새롭게 도용한 것과 법적 정당성을 제공하는 위조 문서에 근거하고 있는 것이다. 예를 들면 제2차 바티칸 공의회까지 유효했던 『교회법전』에는 오로지 교황만이 공의회를 합법적으로 소집할 수 있다는 법적 원칙이 (만약 교황이 원하지 않으면 아무도 반대할 수 없다) 거짓 이시도르 위조 문서의 세 구절, 다른 위조 문서의 두 구절, 모두 다섯 군데의 구절에 근거하고 있다. 어찌되었건 9세기 당시에는 이 위조 문서들만큼 그럴듯해 보이는 것도 없었다.

5

교회의 분열

위에서부터의 혁명

거짓 이시도르의 위조 문서와 권력에 굶주린 교황 니콜라우스 1세의 음모를 통해서도 교황제의 완전한 승리는 아직 확보되지 않았다. 니콜라우스의 후계자들은 나약하고 부패한 교황들이었다. 사실 교회사 사료 편찬의 입장에서 볼 때 10세기는 암흑의 세기saeculum obscurum로 간주된다. 이 시기는 교황과 대립교황antipope들 사이의 끊임없는 음모와 전쟁, 살인과 폭력의 시대였다.

가령, 이미 서거한 교황 포르모수스Formosus에 대한 재판을 거행하고자 그의 시신을 파헤쳤던 끔찍한 사건을 상기하는 것만으로도 충분할 것이다. 포르모수스의 정적들은 그의 시신에 형량을 부과하기 위해 그가 축성할 때 사용했던 오른손을 절단한 뒤 시체를 티베르 강에 내던져 버렸다. 또는 교황 세르기우스Sergius 3세의 정부이자 교황 요한네스Johannes 10세의 살해자이며, 사생아였던 교황 요한네스Johannes 11세의 어머니라고 전해지는 '여자 상원의원senatoress' 마로치아Marozia의 공포 정치를 연상해 볼 수도 있다. 자기 아들을 카스텔산탄젤로Castel Sant' Angelo(거룩한 천사의 성)에 감금

했던 그녀는 자기의 세 번째 결혼식 날 양아들 알베리쿠스 2세에게 체포 구금되었다. '로마의 공작과 상원의원dux et senator Romanorum'으로 로마를 20년간 다스렸던 알베리쿠스 2세에게 그 당시 교황은 나약한 도구에 불과했다.

아우구스티누스가 말한 '객관적' 사제 직무와 '주관적' 사제와의 구분, 즉 사제직은 존경스러운 것이지만 그 직을 맡은 사람은 존경스럽지 않을 수도 있다는 생각이 교황 제도의 존속에 도움이 되었다. 그러나 교황들은 자신들만의 힘으로 진흙탕에서 빠져 나올 수 없었고, 동프랑크 왕국의 왕들의 힘을 빌려야만 겨우 교황 제도를 살릴 수 있었다. 우선 그의 이상형이었던 샤를마뉴 대제를 본받은 오토 대제는 16세에 교황이 되었던 부도덕한 교황 요한네스Johannes 12세를 폐위시키고, 그의 후계자로 평신도인 레오Leo 8세를 선발한 다음 하루 만에 모든 수도회에서 서품을 받도록 하였는데, 이런 절차는 적어도 이론적으로는 오늘날까지도 아직 합법적이라고 할 수 있다. 이처럼 교황과 대립교황들의 폐위와 즉위, 교황의 살해 등은 계속 빠르게 진행되었다.

마침내 프랑스 수도원에서 시작되고 독일 군주들이 실행에 옮겼으며 마지막으로 교황들 자신이 완성시킨 효율적인 교황 제도 개혁이 이루어졌다. 다음 세 단계의 역사적 과정을 따라 교황 제도가 근본적으로 재구성되었다.

1. 클뤼니 지방의 부르고뉴 수도원은 옛 베네딕투스 수도회의 이상을 따라 로마를 지향하는 수도원 개혁의 요람이 되었다. 즉, 수도원이 지방 주교들의 감독에서 벗어나 교황의 직접 감독 아래 놓이게 된 것이다. 사실상 니케아 공의회 선언과 어긋나는 이런 '감면 조치'는 이른

바 교황의 '특권'에 근거하여 정당화되었다. 그 답례로 수도원들은 매년 '재산 평가census' 보고서를 로마에 보내야만 했다. 이 제도는 교황에게 상당한 수입을 보장했고 동시에 유럽 전체의 잘 정비된 지지 거점의 네트워크를 제공했다.

2. 정치적 음모로 로마 귀족 가문 출신인 세 명의 부패한 교황이 동시에 즉위하여 다투고 있을 때, 1046년 수트리와 로마에서 열렸던 교회 회의에서 독일 왕 하인리히Heinrich 3세는 이 세 사람을 모두 폐위시켰다. 그런 다음 그는 로마의 사제들과 백성들이 선출했다고 전해지는 밤베르크의 수이드거Suidger를 클레멘스Clemens 2세 교황으로 임명하였다. 수이드거의 후임들은 거의 모두 독일의 왕실 출신들이었다. 바로 이 교황들이 교황제를 강화시킨 이들로 황제의 막강한 적수로 등장하게 되었다.

3. 하인리히 3세의 친척이었던 로스링기아 출신의 교황 레오Leo 9세(중세 라틴 교회의 수장, 재위 1049~1054)의 재임 기간에 일어난 개혁 운동은 드디어 교황 자신에게까지 적용되었다. 레오는 5년 동안 분주하게 로마의 사제들을 개혁하여 로마 교회를 대표하는 '추기경(cardinal : '핵심, 경첩'의 의미인 cardines에서 유래)'으로 만들어 일종의 교황청 상원의회를 구성하였다. 그는 또한 알프스 산맥 너머 개혁 운동을 주도했던 드높은 지성과 동기로 무장한 대의원들도 추기경 회의에 포함시켰다.

그중에서도 손꼽히는 인물은 실바 칸디다의 추기경 주교로 임명된 로스링기아 출신의 훔베르트Humbert로서 그는 교황의 절대적 통치권을 옹호하는 박식하고 꾀 많은 이론가였다. 그를 보좌하는 직책에 임명된 부주교 힐데브란트Hildebrand는 때때로 교황을 대신하여 순회 여행을 하는 특사의 임무를 부여받았다. 역사상 처음으로 교황이 이탈리아, 프랑스, 독일 등지를 여행하면서 사제들과 주교 회의에 공개적으로 모습을 나타내기도 하였다.

여러 저술을 통해 교회 정책 전반을 제시하고 수많은 교황 교서와 칙서를 통해 실행을 주도한 인물이 바로 위에서 말한 교황의 가장 절친한 친구이자 역설적이고 냉소적인 글의 대가이며 법률가이자 신학자였던 실바 칸디다의 추기경 훔베르트였다. 훔베르트는 로마의 원칙을 옹호하는 빈틈없는 인물이었다.

교황은 모든 법의 원천이자 기준이며 그 최고의 권위이므로 다른 모든 법을 판단할 수 있지만, 자기 자신은 어느 누구에게도 판단받지 않는다는 로마 교황 제도의 기본이 이제 형성되었다. 교회에 대한 교황의 위치는 마치 건물의 기초, 문의 경첩, 강의 기원, 가족의 어머니와 같은 것이 되었다. 나아가 훔베르트는 교회와 국가의 관계는 해와 달, 영혼과 육체, 머리와 팔다리 및 몸의 관계와 같을 수 있다고 주장하였다.

이와 같이 설득력 있는 교리와 이미지는 비록 신약성서에 나오는 교회의 규약이나 처음 천 년간 교회의 모습과는 별 관계가 없을지라도 새로운 세계 질서를 위한 공격적인 유세를 의미하였다. 특히 로마의 선동 전략은 다음 두 가지 사실에 집중되었다. 그 하나는 평신도에 의한 '성직 수여investiture' 반대이며, 다른 하나는 사제들의 결혼 전통에 대한 반대로서 성직자의 결혼은 '축첩제도concubinage'라고 비난받았다.

전체적으로 볼 때 이 개혁은 위조 문서들의 도움을 통해 로마 교황의 옹호자들을 내세워 초기 교회의 질서를 회복하고자 하는 위에서부터의 과감한 혁명이었으며 이는 동방에도 영향을 미치게 되었다. 이러한 상황을 고려해 본다면 교황을 깊이 신뢰하고 로마의 원칙을 그토록 지칠 줄 모르게 강변했던 정책 수립가이자 교황 특사였던 훔베르트가 1054년에 콘스탄티노플 교회와 숙명적인 결별을 주도하여 오늘날까지 아물지 않는 상처를 남겨준 장본인이 되었다는 사실은 놀랄 만한 일이 아닐지도 모른다.

동방 교회와 서방 교회와의 분열은 오랜 세월에 걸쳐 점진적인 소외와 분리를 통해 준비되어 왔다. 교황의 권위가 점진적으로 증가하는 것에 대해 초기 교회의 전통을 고수하던 동방 교회가 정면으로 반대하면서 분열은 더욱 고조되었다.

물론 양쪽 교회의 소외에는 다른 여러 요인들이 관계되어 있었다. 이질적 언어(로마 교황들은 더 이상 그리스어를 알지 못했고 동방 교부장들은 라틴어를 몰랐다), 이질적 문화(라틴인들은 그리스인들이 건방지고 현학적이고 사악하다고 생각했고, 그리스인들은 라틴인들이 무식하고 야만적이라 여겼다), 이질적 전례(예배 의식, 의례뿐만 아니라 실질적으로 신학, 신앙심, 교회법, 교회 구조 등 신앙과 삶의 모든 형태의 차이) 등이 관계되어 있다. 더군다나 그리스인들은 자신들이 군림하던 모든 곳에서 비그리스인들에게 그리스어를 강요함으로써 스스로를 소외시키는 계기를 제공하였다.

그러나 그러한 문화적, 종교적 이질감이 반드시 분열로 이어질 필요는 없었다. 오히려 교회 내부와 정치적 요인들, 특히 교황의 세력이 위협할 만큼 강화된 것에서 분열의 원인을 찾을 수 있다. 오늘날까지 325년 제1차 니케아 공의회에서 787년 제2차 니케아 공의회까지 이른바 '일곱 개의 공의회'만을 인정하는 정교회Orthodox Church의 관점에서 보면 교황의 지상권 주장이야말로 교회 화합을 회복하는 데 유일한 걸림돌이 되었다.

우리는 동방 교회 전통에서 '교회'는 근본적으로 '모임 공동체koinonia,

communio'로 이해되고 있음을 기억할 필요가 있다. 교회는 신자와 지역 교회와 주교들의 신앙 공동체로서 공동 성례전, 예배 의식, 신앙 고백에 기초한 민주적 질서의 교회 연합이다. 동방 교회는 로마 교회법과 교황 칙서에 기초하여 군주적, 절대적, 중앙집권적, 법률적 용어로 이해된 단일화된 교회에 대해 전혀 생소할 수밖에 없었다. 한마디로 교황이 중심이 된 단일화된 교회는 동방 전체에 용납될 수 없는 새로운 생각이었다. 교황의 칙서와 답신을 청하는 일, 수도원에 교황의 '사면'을 구하는 일, 교황이 임명한 주교가 신자들을 억압하는 일, 모든 주교와 신자들 위에 군림하는 로마 대주교의 절대적이고 직접적인 권위를 인정하는 일은 동방 기독교인들이 결코 원하지 않던 일들이었다.

 그러나 로마는 그 모든 교회법, 정치, 신학을 앞세워 전통적 교회 헌장을 은폐하고, 동방 교회를 포함한 모든 교회에 대한 로마의 법적 우위성을 확립하고, 전적으로 로마와 교황에 맞추어 재단한 중앙집권적 교회 헌장을 구축하기 위하여 지칠 줄 모르는 노력을 계속하였다. 그 결과는 우리가 이미 살펴본 바와 같이 세 번의 주요 국면을 거친 양쪽 교회의 상호 소외로 나타났다.

- 4~5세기에 이방 민족들의 침략의 소용돌이 속에서 로마 교황들은 서방 세계의 힘의 진공을 자신들의 세력으로 채우기 위해 모든 노력을 기울였다. 레오 1세와 겔라시우스 교황은 황제가 으뜸이 되는 황제적 교회에 반대하여 교회 전체에 무제한적인 최상의 사제 권위를 황제로부터 독립한 교황이 가지는 교황적 교회의 원칙을 수립하기 위해 노력하였다.
- 7~8세기에 교황 스테파누스는 이전에 비잔틴 제국의 영토였던 땅을

교회 국가로 하사받기 위하여 프랑크 왕국의 왕에게 찾아갔다. 그리고 교황 레오 3세는 자신의 권위를 이용하여 샤를마뉴에게 예전에 비잔틴 제국의 황제에게 한정되었던 '카이사르(Caesar: 황제, 라틴어에서 유래— 역주)'의 칭호를 부여하겠다고 약속하였다. 따라서 유일하게 정당한 비잔틴 황제 이외에 교황의 은혜로 즉위한 새로운 서방의 독일 황제가 탄생하게 되었다.

마지막으로 오만 방자했던 교황 니콜라우스 1세는 존경받는 신학자이며 목회적 관점에 입각한 사고를 펼쳐 동방에서 성인으로 추앙받는 비잔틴 대주교 포티우스Photius를 파문하였다. 포티우스는 동로마 제국의 전통적 교부 자율성을 옹호했으며, 또 성령이 성부에서뿐만 아니라 성자에서도 나온다는 이른바 '필리오케' 조항을 전통적 공의회 고백서에 삽입하는 것에 반대한 인물이었기 때문이다.

- 그리고 이제 11~12세기에 오만함과 신학적 편견을 가진 훔베르트가 신학적으로 무지하고 비슷하게 건방진 동방 대주교 미카일 케룰라리우스Michael Cerularius와 대면하게 된 것이다. 콘스탄티노플에 도착하자마자 훔베르트는 케룰라리우스의 '범교회 대주교Ecumenical Patriarch' 직함을 인정하기 거부하고 공개적으로 그의 사제 서품의 정통성을 부정하는 등 아주 드러내 놓고 그의 심기를 어지럽혔다. 마침내 1054년 7월 16일 훔베르트는 콘스탄티노플의 '주교'와 소피아 성당 제단에서 그를 도와 섬기는 자들에 대한 파문 칙서를 알렸고, 이에 대해 케룰라리우스 대주교는 훔베르트와 그의 시종들을 다시 파문하였다.

이때부터 동방 교회와 서방 교회의 분열은 화해 노력이 있었음에도 치유되지 않았다. 11세기 말에 시작된 십자군 운동이 이 분열을 아물게 할 수도 있었다. 십자군을 통해 로마는 이슬람을 퇴각시키는 것뿐만 아니라 최종적으로는 말을 듣지 않는 '분파적인' 비잔틴 교회를 교황의 통치 아래 놓기를 희망했던 것이다. 이제 교황은 교회뿐 아니라 세계의 주인이라고 느낄 만한 권력의 충만함을 차지하였다.

로마화된 가톨릭교회

수많은 시행착오와 실패 끝에 아우구스티누스와 로마 감독들이 5세기에 그 초석을 쌓고, 레오 1세와 겔라리우스 교황이 계획했던 대로 '로마적' 가톨릭교회를 실현하는 데 무려 600년가량의 시간이 걸렸다. 이 계획의 목표는 교회와 세계를 교황만이 통치하는 것으로 사도 베드로에 의해, 아니 예수 그리스도 자신에 의해 그 기초가 제공되었다는 주장이었다.

이제 교회는 철저하게 로마가 중심이 되었다. 로마 교회는 모든 교회들의 어머니mater이자 머리caput로 알려지고 존경과 복종이 요구되었다. 지금까지도 가톨릭교회에서 부분적으로 지속하는 로마적 '복종의 신비주의'의 근원은 여기서 찾을 수 있다. 신에 대한 복종은 반드시 교회에 대한 복종이며 교회에 대한 복종은 곧 교황에 대한 복종이라는 것이다.

왜 아니겠는가? 이제 로마에는 역사와 교리를 보장하고 법과 발달된 조직으로 보강된 교황의 통치 지상권을 한 단계씩 실행시키기 위한 문서, 교서, 효율적인 선전기구 등이 그 어느 때보다 많았다. 레오 9세의 후계자 교황은 독일 왕에 의해 임명된 마지막 교황이었다. 또 그다음 후계자였던 니콜라우스Nicolaus 2세는 왕과 황제들처럼 스스로 교황의 보좌에 오른 최초의 교황이었다. 그는 추기경 회의만이 교황을 선출할 수 있는 유일한 기관이라고 선포하고 (사제들과 백성들은 단지 선거 결과만을 승인할 수 있었다) 추기경 회의를 교황의 자문기구consistory로 임명하였다.

이 시점에 이미 교황의 특사로서 정치 무대 뒤에서 주역을 담당했던 부주교 힐데브란트가 세계 무대에 등장하게 된다. 니콜라우스 2세의 장례식이 진행되는 동안에 힐데브란트는 교황 선출을 위한 제반 요건 규정을 완전히 무시한 채 요란스럽게 교황으로 선출되어 스스로를 그레고리우스Gregorius 7세(재위 1073~1085)라고 명하게 된다. 다이아몬드처럼 강인하며 격정적 신념의 소유자였던 그를 동료 추기경인 페트루스 다미아누스Petrus Damianus(1007~1072)는 '거룩한 사탄'이라고 불렀다. 그레고리우스는 전격적으로 '그레고리우스식 개혁'이라고 말할 수 있는 변화를 주도하면서 독일 황제 하인리히Heinrich 4세와 역사적인 '성직 수여 논쟁'에 휘말리게 된다.

그레고리우스 7세에게 교황의 모든 법적 권한들은 레오 1세가 말한 바와 같이 신에 의해 베드로의 후계자들에게 주어진 '전권'에서 논리적으로 도출되는 것이었다. 그레고리우스 7세는 교황이야말로 모든 신자, 사제, 주교, 교회, 공의회, 세상의 지고한 군주 등 이들 모두 위에 군림하는 교회의 유일하고 제한받지 않는 통치자라고 선언하였다. 심지어 모든 군주와 황제들도 '죄 많은 인간 존재'인 까닭에 교황에게 굴복하지 않으면 안 되었다. 교황은 베드로의 공로에 힘입어 교황직을 맡음과 동시에 의심할 여지없이 거룩한 존재가 되고 신 자신에 의해 설립된 로마 가톨릭교회는 결코 오류를 범하지 않았고 또 범할 수도 없다고 선언했다.

이렇게 성별과 축성, 법률 제정, 교회 행정, 치리 문제에서 무제한의 역량이 교황에게 있다고 강조되었다. 동방 교회와 분열한 지 20여 년이 지난 1077년에 교황의 이러한 입장은 유럽에서 가장 중요한 왕이었던 독일의 하인리히 4세 황제와의 피할 수 없는 역사적 갈등을 일으키게 된다.

초기 교회의 모든 법과 상반되게 신부들의 결혼을 광적일 정도로 반대했던 그레고리우스 7세는 결혼한 사제들의 모든 활동을 무효라고 선언하였다. 사실 그는 평신도들이 결혼한 신부들에게 반기를 들라고 부추겼다. 그는 매우 엄격한 어조로 당시 널리 퍼져 있던 평신도의 성직 수여를 금지하였고 젊은 하인리히 4세에게 심각한 경고를 보냈다.

그러나 하인리히는 평신도 주교를 임명하는 일을 중단할 의사가 전혀 없었다. 문제의 핵심은 과연 기독교 세계에서 왕과 교황 중 누가 지존의 권위를 가지고 있는가 하는 것이었다. 그레고리우스는 하인리히를 파문하겠다고 위협하였다. 잘못된 자문을 받은 하인리히는 의회에서 교황을 폐위시키겠다고 엄포를 놓았으나 지리적으로 멀리 떨어진 상태에서 이를 관철시킬 수 있는 방법이 없었으므로 거의 신빙성이 없는 조치였다. 결국 훔베르트와 다른 사람들의 적극적인 홍보 활동에 힘입어 새로운 상황은 교황에게 유리하게 전개되었다.

그러자 그레고리우스는 왕을 파문하는 한편, 왕을 지지했던 모든 주교들을 정직시키고 신하들에게 왕에 대한 충성서약을 해제시켜 세계를 경악케 했다. 결국 하인리히가 백기를 들고 말았다. 주교와 왕족들이 그를 외면함으로써 곤경에 빠지게 되자 하인리히는 젊은 아내, 두 살 된 아기, 가신들을 이끌고 매섭게 추웠던 1077년 겨울에 알프스를 넘어 교황을 방문하였다. 교황이 있던 아펜니노 산맥의 언저리에 있는 카노사Canossa 성문 앞에서 하인리히는 참회의 복장으로 맨발로 서서 용서를 구했다. 처음에 그레고리우스는 단호했으나 하인리히의 참회가 3일씩 계속되고 카노사 성의 여주인이면서 클뤼니 지방의 대수도원장이었던 마틸다Matilda의 간청이 이어지자 하인리히의 복직을 승인하였다.

그러나 카노사에서 그레고리우스가 거둔 승리는 오래가지 않았고 그 시간 이후 그의 통치는 실패투성이었다. 독일에서 왕에 반대하는 새 왕을 임명한 일은 내란으로 이어졌고 하인리히에 대한 두 번째 파문은 아무 효과도 없었다. 로마는 하인리히의 군대에 의해 포위되고 새로운 교황이 임명되었으며, 그레고리우스는 카스텔산탄젤로로 도망쳤다가 노르만족에 의해 구출되었다. 그러나 '해방자'인 줄 알았던 노르만족들은 로마를 3일 동안 불지르며 약탈하였다.

결국 그레고리우스와 노르만족들은 남부 이탈리아로 퇴각하였고, 1085년 살레르노Salerno에서 그레고리우스는 모든 세상 사람들에게 버림받은 채 죽고 말았다. "내가 정의를 사랑하고 불의를 미워했기 때문에 이제 망명 중에 죽노라"가 그의 마지막 유언이었다.

그레고리우스 7세가 힘들게 추구했고 마침내 약간이라도 얻을 수 있었던 교황직에 대한 세속적, 황제적 야망은 인노켄티우스Innocentius 3세(재위 1198~1216) 재임 중에 거의 완전하게 달성될 수 있었다. 아마 역대 교황 중 가장 탁월한 교황이었다고 할 수 있는 인노켄티우스 3세 재임 기간 중 교황의 이상과 현실은 완벽하게 하나가 되었다. 37세의 나이에 교황으로 선출된 이 영민한 법률가이자 유능한 행정가이며 세련된 외교관은 또한 훌륭한 신학자인 동시에 현란한 웅변가였으며 타고난 군주였다. 그가 교황제의 절정을 의미함과 동시에 중세 교황제의 전환점이 된다는 사실에는 논란의 여지가 없다.

인노켄티우스 교황이 2천 명이 넘는 주교, 수도원장, 세속 군주들의 전권대사 등을 소집했던 1215년 제4차 라테란 공의회Lateran Council는 교황의 권세가 얼마나 대단하며 주교단의 힘이 얼마나 나약한지를 잘 보여준 완전한 교황의 공의회였다. 처음 천 년 동안 여러 공의회를 소집했던 사람은 황제였으나 이제 공의회를 소집하고 주재하며 교황청Curia이 준비한 70개의 교령을 인준하는 사람은 바로 교황이었다. 모든 사제들에 대한 교황세 부과, 부활절 때 고백 성사와 성만찬을 의무화하고 유대인에 대한 결의 사항을 제외하고는 인준된 70개 교령 대부분은 서류상으로만 통과된 것들이었다.

유대인에 대한 결의는 여러 면에서 후대의 반유대인 조치를 예고하는 것으로, 가령 유대인들은 식별이 가능하도록 특별한 옷을 입어야 하며, 공직을 가질 수 없고, 성 금요일Good Friday에는 외출할 수 없으며, 지역 기독교 사제에게 의무세를 바쳐야 하는 내용을 담고 있다. 이미 그레고리우스 7세 때와 마찬가지로 인노켄티우스 3세 치하에서도 교황주의와 반유대주의는 좋은 협력 관계를 이루었다.

인노켄티우스 3세 통치 아래 로마화는 그 정점에 이르렀고 중앙집권화, 법제화, 정치화, 군사화, 교권주의화라는 다섯 개의 상호 중복되는 과정은 현재까지 유효한 로마 가톨릭교회 제도의 특징이 되었다.

1. 중앙집권화 : 절대적인 교황적 교회는 스스로를 어머니라고 선언하였다. 초기 교회와 비잔틴 교회는 모든 교회 위에 군림하는 중심 권위 대신에 상호 친교, 즉 코이노니아koinonia 혹은 콤뮤니오communio를 강조하였다. 이에 반해 그레고리우스 7세와 인노켄티우스 3세 이후 서방의 가톨릭교회는 그 신앙, 법령, 규율, 조직 등이 완전히 교황에게 향하는 교회가 되어야 함을 제시했다. 유일한 통치자로서 교회에서 지상권을 갖는 절대 군주를 확정한 것이다. 이는 더 이상 본래 신약성서에서 말했던 교회의 모습과 아무런 관계가 없음이 분명했다.

인노켄티우스 3세는 12세기까지 모든 주교와 신부들이 사용해 왔던 '베드로의 대리인'이라는 칭호 대신에 '그리스도의 대리인vicarius Christi'이라는 칭호를 선호하면서 교황으로서 자기가 신과 인간과의 연결 고리라고 생각하였다. 그에게 사도 베드로, 곧 교황은 '아버지'이고 로마 교회는 '어머니'였다. '어머니'라는 호칭은 이제 모든 신자들의 어머니로서 전 보편적 교회에, 또 모든 교회들의 '머리'이자 '여왕'으로서 로마 가톨릭교회에 사용되었다. 실제로 보편적 교회와 로마 교회는 사실상 일치하는 개념이었다. 현재 라테란 성당에 큰 글자로 새겨져 있는 것처럼 '모든 도시 교회와 지구상의 교회들의 어머니이자 머리'라는 주장이었다.

2. 법제화 : 법령에 의해 통치되는 교회는 교회법에 관한 학문이 필요하였다. 시작부터 초기 교회와 비잔틴 교회는 세속 왕국의 법을 채택하고 유지했다. 이와 반대로 중세 때부터 서방의 가톨릭교회는 계속해서 그 자신의 교회법과 교회법에 관한 학문을 발전시켰다. 그 복잡성과 섬세함에서 교회법은 국가법 못지 않았으나 기독교의 절대 군주이자 입법자, 재판관이 되는 교황에 전적으로 집중되어 있었기 때문에 심지어 황제조차도 그에게 복종해야 했다.

그레고리우스 대교황의 개혁은 로마의 정신에 입각한 전문적 법령집이 드러나기 시작한 시점에 이루어졌다. 12세기의 교황들은 이전의 모든 교황들이 발령했던 모든 법을 합친 것보다 더 많은 법령을 선포하였다. 이런 법이 너무나 많아서 이해할 수도 없을뿐더러 불분명하고 상호 모순되기까지 한 까닭에 볼로냐 대학에서 가르치던 카말돌리 수도회Camaldolese 출신 수도사였던 그라티아누스Gratianus가 요약본 교재인 『그라티아누스 교령집Decretum Gratiani』을 출판했을 때 모두가 진심으로 환영했다(그러나 처음 4세기 동안 교황들이 선포했다는 법령 가운데

324개 문단은 '거짓 이시도르 교서'에서 발췌한 것이며 그중에서 313개는 명백한 가짜다). 로마 및 수많은 유럽 궁정과 대사관에서 전문적인 '교회 법학자canonists', '교회 변호사', 사실상 '교황 변호사'들이 로마 가톨릭교회 제도를 위해 더없이 귀중한 이념적 수호자들이 되었던 사실에 놀랄 필요가 없다.

『그라티아누스 교령집』을 기초하여 세 개의 공식적인 교황 법령 편찬서와 한 개의 비공식적 편찬서가 만들어졌다. 이 네 권이 합해져 『구로마교회법전Corpus Iuris Canonici』을 이루었고, 1917~1918년의 『교회법전Codex Iuris Canonici』도 여기에 기초하고 있다. 이러한 법적인 지식과 더불어 교황 군주제는 모든 교회의 일상생활에 교황청의 주장을 관철시킬 수 있는 도구와 인원을 확보할 수 있었다.

물론 권한의 분리에 대해서는 아무 언질도 없었기 때문에 교황은 교회의 최고 군주이자 절대적 입법자인 동시에 모든 문제에 대해 탄원할 수 있는 최고의 심판관이었다. 그러나 심지어 인노켄티우스 재위 기간에도 자의적, 편파적으로 운용된 이 탄원 제도는 법적 권리를 사고 파는 등의 흉악한 남용의 온상이 되었다.

3. 정치화 : 이 막강한 교회는 전 세계를 지배한다고 주장하였다. 초기 교회와 비잔틴 교회에서 교회 권력은 세속 권력과 협주와 화음을 이루고 있었으나 실상은 세속 권력이 종교적 권력을 지배하는 관계였다. 이에 반해 중세 이후 서방 교회는 교황제를 통해 철저하게 독립적인 최상의 지배 세력임을 표방했으며 때로는 세속 권력에 대한 완전한 장악력을 자랑하기도 했다.

교황의 관점에서 볼 때 '죄인'인 황제와 왕들은 교황에게 굴복해야만 했기에 이후 교황들은 계속해서 직·간접적으로 세속 정치에 간섭할 수 있었다. 그러나 성직 수여 논쟁을 통해 타협이 이루어졌다. 이제 사제들과 교구의 귀족들이 주교를 선출하게 되었고 13세기 이후에는 성당 헌장을 거쳐 선출하게 되었다. 하지만 로마가 원하지 않는 주교가 선출될 가능성은 거의 없었다.

평형 감각이 부족했던 그레고리우스 7세와는 달리 인노켄티우스 교황은 정치가의 지혜, 대담성, 결단성과 더불어 전략적 융통성을 갖춘 인물이었다. 영토 '회복'을 위한 교묘한 반독일 정책을 통해 그는 이전보다 거의 배의 영토를 가진 로마 교회 국가의 제2의 창시자가 되었다. 인노켄티우스 재위 시절 로마는 명실공히 유럽 정치의 가장 중요하고 분주한 중심으로 자리 잡았다. 절대 통치라는 의미라기보다 최고의 정치 협상가이며 최대의 봉건 군주라는 의미에서 인노켄티우스는 세계를 실질적으로 지배했다고 말할 수 있다.

4. 군사화 : 호전적 교회는 '성전'을 수행했다. 동방의 정교회도 비잔틴 제국의 대부분의 정치적, 군사적 갈등에 연루되어 전쟁을 신학적으로 합리화하였고 때로는 선동하기도 하였다. 그러나 영적인 목적을 달성하기 위해서 궁극적으로는 기독교의 확장을 위해 폭력을 사용해도 합당하다는 아우구스티누스의 이론은 서방 교회에서만 발견된다. 초기 교회의 전통과는 대조적으로 개종을 강요하기 위한 전쟁, 이방 교도에 대한 전쟁, 이단들을 처벌하기 위한 '성전'들이 이어졌다. 마침내 십자가 정신을 완전히 변질시킨 십자군 운동이 일어나 심지어 동료 기독교인에 대한 전쟁을 벌이기도 했다.

그레고리우스 7세 때 이미 동방 원정의 거대한 계획에 몰두했던 교황을 만날 수 있었다. 그레고리우스는 비잔틴 제국에 대한 로마의 지상권을 확립하고 교회 분열을 종식시키기 위해 그 자신이 장군이 되어 십자군 운동을 지휘하기 원했다. '성전'의 수호자로서 그는 '베드로의 군기' 혹은 '베드로의 축복'을 그가 아끼던 부대에 하사하여 성스러운 전쟁에 임하는 것을 축복하였다. 그레고리우스의 사망 이후 10년이 되었을 시점에 드디어 우르바누스Urbanus 2세는 승리의 십자가 기치를 높이 들고 나아가는 거룩한 전쟁인 제1차 십자군을 소집하였다.

십자군 운동은 그리스도 자신이 승인한 것으로 서방 기독교 전체가 힘쓸 임무라고 생각하였다. 그리스도의 대변자로서 교황은 십자군들에게 개인적으로 소집을 청했다. 기본 식량도 없이 말로 형언할 수 없는 긴장 속에 수천 리를 행군하면서 적진을 관통해야 했던 십자군 운동은 진정한 종교적 정신과 열정, 혹은 때때로 집단 정신병적인 헌신이 없었더라면 불가능했을 것이다.

돌이켜 볼 때 특히 인노켄티우스 3세의 십자군 운동은 비극적으로 잘못된 것이었다. 제4차 십자군 운동(1202~1204)을 일으켜 콘스탄티노플을 점령하고 3일간 약탈한 후 라틴 교회기구와 라틴 왕국을 설치하여 비잔틴 교회를 예속시켰을 때만 해도 콘스탄티노플에 로마의 지상권을 확립하려던 교황의 목표가 마침내 달성된 것처럼 보였다. 그러나 사실은 그 정반대로 콘스탄티노플의 능욕은 동서 교회의 분열을 공고히 한 셈이었다.

인노켄티우스 3세는 1215년에 열렸던 제4차 라테란 공의회에서 서방의 기독교인들에 대한 최초의 전면 전쟁을 선포하기도 하였다. 이번 성전의 대상은 신마니교 카타리파neo-Manichaean Cathars 교도라고도 불리는 프랑스 남부의 알비파Albigenses 신자들이었다. 양쪽 모두 동물적인 잔인함으로 20년간 계속된 잔인무도한 알비파 전쟁은 주민의 대다수가 학살되고 기독교 정신을 훼손한, 십자가를 부끄럽게 한 전쟁이었다. 이 시기를 전후하여 복음적 성격을 지닌 반대파들 가운데 교황이 반그리스도Antichrist라는 생각이 퍼지기 시작하면서 과연 비폭력과 원수에 대한 사랑을 선포했던 산상 보훈山上寶訓의 예수가 이처럼 잔인한 전쟁과 학살을 승인하겠는가에 대한 의문이 점차 고개를 들기 시작한 것은 우연이 아니었다. 나자렛 예수의 십자가가 기독교인으로 하여금 매일매일 십자가를 메고 예수를 따르는 삶을 고무시키는 것이 아니라 십자가 표시를 갑옷에 새겨 넣은 십자군 기사들로 하여금 피비린내 나는 전쟁을 자행하게 하고 정당화시켰다면 십자가의 의미는 정반대로 변질된 것일 수밖에 없기 때문이다.

5. 교권주의화 : 독신주의 남자들로 구성된 교회는 결혼을 금지시켰다. 동방 교회는 주교 이외의 사제들의 결혼을 허락하였고, 그 결과 사회구조와 더욱 친밀하게 융화될 수 있었다. 이에 비해 서방의 사제 독신 제도는 성직자들을 철저히 분리시키는 결과를 가져왔다. 무엇보다도 결혼 생활을 하지 않는다는 높은 도덕적 '완벽성' 때문에 성직자들은 현저하게 월등한 사회적 지위를 보장받았고, 원칙적으로 어느 평신도보다도 우월하며 오직 로마 교황에게만 전적으로 복종할 뿐이라고 간주되었다. 더군다나 교황은 이제 처음으로 잘 준비되고 기동성이 좋으며 중앙 조직을 갖춘 독신자들의 후원 세력을 곳곳에 거느리게 되었으니 탁발 수도회mendicant orders가 바로 그들이었다.

수도승 훔베르트와 힐데브란트의 영향 아래 로마 교황청은 일종의 '범수도원 운동pan-monasticism'을 벌여 모든 성직자들에게 무조건적인 복종, 결혼의 포기, 공동생활을 요구하였다. 그레고리우스 7세는 여기에서 한 걸음 더 나아가 기독교 세계의 모든 평신도들에게 결혼한 사제들을 배척하라고 요청하였다. 사제들의 집에서 그들의 부인들을 마녀사냥 하듯 뒤지는 반란이 일어나기도 했다.

1139년 제2차 라테란 공의회 이후 성직자의 결혼은 원칙적으로 무효가 되었으며 모든 사제들의 부인들은 첩으로 간주되고 그들의 자녀들은 공식적으로 교회의 자산, 즉 노예라고 간주되었다. 특히 북이탈리아와 독일에서 격분한 사제들이 집단적으로 항의했지만 소용이 없었다. 이후부터 독신 제도는 일반적이고 강제적인 법이 되었다. 그러나 실제로 종교 개혁 당시까지 독신 제도는 로마에서조차 이런저런 예외를 인정하면서 힘들게 지켜질 수 있었다.

다른 어떤 것보다도 바로 중세의 사제 독신 제도야말로 '성직자', '성직 계급', '사제직'을 '평신도'인 일반 '사람'들에게서 분리시키고 철저히 우위를 확보하게 한 주범이었다. 권력의 평형이라는 관점에서 볼 때 이것은 평신도가 교회로부터 소외되었음을 의미했다. 성직자만이 신의 은총을 전하는 관리자로서 '교회'를 구성하며 이런 성직자들만의 계급적, 군주적 조직을 가진 교회는 교황제라는 정점에 이르게 되었던 것이다.

인노켄티우스 3세 아래에서 제2의 성직 집단인 여러 수도회 단체의 성직자들이 더욱더 중요하게 부각되었다. 인노켄티우스 3세는 교회 내에서 일어나기 시작한 청빈 운동을 솜씨 좋게 길들여 가난한 예수의 제자도를 그 존립 원칙으로 삼았던 프란체스코 수도회 Franciscans 와 도미니쿠스 수도회 Order of Dominicus 라는 신생 탁발 수도회, 걸식 수도회를 인준하였다.

그러나 그의 모든 성공에도 불구하고 인노켄티우스 3세의 영광스러운 교황 재임 기간은 바로 교황의 세속적 권력이 마지막 절정에 도달했음을 보여준 셈이었다. 그는 자신이 우려했던 것보다 훨씬 더 많은 권력 정치, 영적인 강압, 파문과 성사 수여 금지, 책략, 기만, 탄압 등의 전력을 통해 성 베드로의 보좌인 교황에게 보여 주었던 사람들의 사랑을 훼손시켰다. 이미 그의 통치 때부터 나중에 종교 개혁자들의 중요 비난의 대상이 되며 오늘날까지도 부분적으로 교황 제도의 특징으로 남아 있는 교회 몰락의 어두운 징후들이 명백히 드러나기 시작하였다.

가령 교황의 친척, 관리, 추기경들을 중용하는 근친주의, 탐욕, 부패, 범죄의 '사면'과 은폐, 교묘하게 고안된 헌금과 세금 제도로 교회의 재정을 횡령하는 것 등이었다. 실제로 제4차 라테란 공의회에 참석했던 사람들은 항상 새로운 재정 조달의 방법을 고안했던 인노켄티우스 3세에게 '작별 선물'을 바쳐야 했었다.

정치적 관점에서 볼 때 중세 중기의 교황제는 상당한 결실을 거두었다고 할 수 있다. 평신도에 의한 성직 수여가 마침내 폐지되었고, 자기 고집을 강요하려던 독일 황제의 권력은 뿌리째 뽑히고 말았으며, 초기 교회의 성직자 회의 구조와 전통적 감독 제도와는 정반대로 라틴 교회에서는 그 통치 권력이 절대적 기관의 교황제로 완전히 확립되는 성과가 있었다. 국가로부터 교회가 독립되고 성직자 생활이 일반인의 생활로부터 분리되어 자율성을 갖게 되었다. 진실로 그 법제 조직을 통하여 교황은 유럽의 중심 기관으로 자리 잡게 된 것이다.

그러나 이러한 이득만큼 이에 상당하는 손실, 곧 내외적 곤경도 뒤따랐다. 시간이 가면 갈수록 십자군 운동은 실패작임이 드러났다. 이슬람은 여전히 기독교의 가장 강력한 적수로 건재하였고, 이와 동시에 동방 교부장의 파문, 제4차 십자군, 콘스탄티노플에 잠깐 동안 라틴 제국을 건설한 사건 등을 통해 절대 군주 교황은 동방 교회를 영원히 상실하고 말았다.

그리고 통일 독일 제국의 멸망과 더불어 교황도 통일 로마 교황으로 자신의 지위에 손상을 입게 되었다. 생각지도 않게 이러한 상황은 근대적 민족 국가를 형성할 수 있는 강력한 동기를 제공했으며, 이와 동시에 교황의 반독일 정책은 교황을 공개적으로 프랑스에 더욱 의존하게 만들었다. 정치적 혼란기에 프랑스는 점점 더 교황에게 영향력을 행사하게 되는데 처음에는 몰랐지만 이것이 교황제 자체에 큰 위협으로 떠오르게 된다.

이단과 종교재판

1170년대와 1180년대 이후 참회와 청빈을 강조하는 두 개의 중요한 교회 불순종 운동은 교회 내의 조직적인 반대 운동으로 로마 가톨릭 제도에 위협이 되었다. 교회법에 힘입어 부유해진 수도원, 사치스럽게 살면서 설교의 의무를 등한시하는 상급 성직자들로 가득 찬 기독교를 보면서 위의 두 운동은 '평신도 설교'와 '사도적 청빈'의 구호를 자신들의 목표로 내세웠다.

먼저 카타리파Cathars를 들 수 있는데 그 이름은 '순수한 사람들'을 뜻하는 그리스어 '카타로이katharoi'와 '이단'을 뜻하는 독일어 '케체르Ketzer'에서 유래한 것이다. 그들은 12세기 중반 발칸 반도에서 시작해 초기 사도들처럼 여행하고 설교하면서 확산되었다. 그들은 육식, 결혼, 군복무, 서약, 제단, 성인 숭배, 성상, 성물 등을 금지하는 철저한 금욕주의를 주장하였다. 남부 프랑스의 도시 알비Albi에서 성행했던 까닭에 알비파라고 불리기도 했던 그들은 시간이 지나갈수록 선과 악의 원칙을 중요하게 여겼던 마니교의 구조를 닮은 교리를 주장하였다. 결국 '신자'와 '완전한 자'로 구성되는 교회, 금욕주의의 특징을 가진 교회, 자체적으로 계급 구조와 교리를 갖춘 카타리 교회가 진정한 의미의 반교회로 완성되었다.

두 번째는 리옹의 부유한 상인이었던 발도Waldo를 중심으로 금욕주의적 평신도 형제회에서 발생한 발도파Waldenses였다. 프로방스 방언으로 번역된 성경에 근거한 산상 보훈을 읽으며 회심 체험을 갖게 된 발도는 그의 재산을 가난한 사람들에게 모두 나눠 주었다.

이외에도 평신도의 설교에 대해 성직자 계급들과 분쟁이 뒤따랐다. 많은 사람들이 교회에서 소외되었기 때문에 급진주의자가 되어 간 것이다. 나름대로의 예배 의식, 성례전, 평신도의 성만찬, 남녀 공동의 평신도 설교 등을 내세운 독특한 평신도 교회가 설립되었다. 카타리파와 마찬가지로 발도파도 서약, 군복무, 제단, 교회 건물, 십자가 숭배, 연옥, 사형 등을 거부하였다.

그렇다면 황제의 전적인 지지를 받았던 주교들과 교황의 공식적 교회의 반응은 어떠했을까? 의례적으로 교회는 처음에 평신도 설교를 금지하고 '이단'들을 저주하는 조치로 대응하였다. 그러나 이단들을 파문하고 법으로 통제하려는 조치는 오히려 이런 종교 운동이 지하로 숨어서 더 잘 알려지는 결과를 낳았다. 이들은 멀리 보헤미아까지 전파되었고 훗날 후스파Hussites와 보헤미아 형제단Bohemian Brethren이 카타리파의 교리 중 일부를 채택하였다.

이런 '이단'의 위협을 근절하겠다는 일념으로 무장한 교황, 주교, 황제와 왕들은 이제 종교재판Inquisition이라는 끔찍한 이름 아래 교회사의 가장 처참한 페이지를 장식하게 되었다. 종교재판은 교회 법정을 통해 조직적이고, 합법적으로 이단들을 박해한 것inquisitio haereticae pravitatis으로 세속 군주뿐만 아니라 일반인들의 폭넓은 지지를 받았다. 사람들은 이단들을 처형하는 장면을 학수고대하기도 하였다. 종교재판은 로마 가톨릭교회의 중요한 특징 가운데 하나로 자리 잡게 되었다.

종교재판의 발달에 결정적인 영향을 미친 사람 중의 하나는 이단들을 화형시켜 벌할 것을 자신의 즉위식 칙령에서 명시했던 프리드리히Friedrich 2세(프로이센의 왕, 재위 1740~1786) 황제였다. 프리드리히 2세 이외에 인노켄티우스 3세의 조카인 그레고리우스Gregorius 9세(재위 1227~1241)는 교회 헌법에 의거하여 이전에 주로 지역 주교들이 주도했던 이단 싸움을 전적으로 자신이 맡겠다고 나선 인물이었다. 그는 특별히 기동성이 뛰어난 탁발 수도사들을 이단 색출을 위한 교황청 심판관으로 임명하였다. 교황이 주도한 전반적인 종교재판은 중세 초기에 기원을 둔 주교들의 종교재판을 조정하고, 확대하고, 강화시키는 결과를 낳았다.

교회 당국에 의해 정죄된 이단들은 세속 판사에게 넘겨져 화형을 당하거나 최소한 혀를 잘리는 형벌을 받았다. 평신도의 경우 재판관들은 이단으로 의심되는 모든 사람들의 신앙을 개인적으로나 공개적으로 논의하지도 않고 무조건 단죄하였다. 오로지 교회 당국만이 신앙 문제를 결정할 수 있었고 평신도에게는 어떠한 사상이나 언론의 자유도 인정되지 않았다. 특히 위대한 법률가였던 인노켄티우스Innocentius 4세(재위 1243~1254)는 여기서 한 걸음 더 나아갔다. 그는 자백을 이끌어 내기 위하여 세속 관리들이 고문할 수 있도록 종교재판관들에게 권한을 부여하였다. 이 조치 때문에 종교재판의 희생자들에게 가해진 육체적 고통은 그 어떤 말로도 형용할 수 없을 것이다.

나중에 계몽주의에 이르러서야 야만적 고문 행위와 이단 화형식은 사라지게 되었지만, 로마의 종교재판Holy Office은 '신앙교리성성Congregation for the Doctrine of Faith'이라는 다른 이름으로 계속되고 있으며, 심지어 오늘날까지도 그 조사 과정은 중세의 원칙을 따르고 있다. 의심받거나 고발당한 사람에 대한 조사 절차는 비밀리에 진행된다. 어느 누구도 밀고자가 누구인지 알 수 없고 증인들의 대질 심문도 없고 전문가도 없다. 조사 과정이 공개되지 않기 때문에 이전 행동에 대한 어떤 정보도 차단된다. 고발자와 재판관이 같은 사람일 수도 있다. 조사 과정의 목적이 진실을 밝히는 것이 아니라 언제나 진리와 동일하다고 간주되는 로마 교회의 교리에 대한 무조건적인 복종을 강요하려는 것이기 때문에 다른 독립 법정에 항소하는 행위는 생각할 수 없거나 소용없는 짓일 뿐이다.

간단히 말해 그 목적은 아직도 사용하고 있는 공식, '그는 겸손하게 복종하였다Humiliter se subiecit'에 부합하는 가톨릭교회에 대한 '순응'이다. 이러한 종교재판이 인간 권리에 관한 여러 선언문들 가운데 나타나 있는 것과 같이 오늘날 일반적으로 인정되는 정의의 개념을 우롱한다는 사실, 그리고 무엇보다 복음을 조롱한다는 사실에는 의심의 여지가 없다.

그러나 아주 중요한 사항에 있어 인노켄티우스 3세의 이단 정책의 변화로 특별한 개인과 단체가 이단이라고 내몰리지 않고 교회 내에 머물게 되었는데, 이들이 바로 청빈에 기초를 둔 복음적이고 사도적인 운동을 벌였던 이른바 탁발 수도회 조직들이었다. 카타리파와 같이 완고하고 다스리기 힘든 이단들을 불과 검으로 전멸시키도록 조치했던 인노켄티우스는 대신 도미니쿠스Dominicus(도미니쿠스 수도회 창시자 — 역주)와 프란체스코Francesco(프란체스코 수도회 및 수녀회 설립자 — 역주)가 창시한 새로운 수도회 운동에 대해 교회 내에서 생존할 수 있는 기회를 허락하였다.

제4차 라테란 공의회가 열리기 6년 전인 1209년에 '가난한 작은 형제Poverello'인 프란체스코와 절대 군주인 인노켄티우스 3세의 진정한 역사적 만남이 있었다. 로마 가톨릭 제도를 위한 위대한 대안이 여기 프란체스코

디 피에트로 디 베르나르도네Francesco di Pietro di Bernardone라는 인물, 즉 아시시의 부유한 피복 상인의 낙천적이고 세속적인 아들이었던 프란체스코를 통해 준비되고 있었다.

　인노켄티우스 3세는 이미 교회 개혁의 시급한 필요성을 자각하고 있었기에 곧 공의회를 소집할 예정이었다. 그는 외향적으로 막강한 교회가 내면적으로는 취약하다는 사실, 그렇기 때문에 교회 내에서 '이단적' 경향이 강하게 번지고 있으며 이단들을 무력만으로 제압하는 것이 힘들다는 사실을 감지할 만큼 예민한 사람이었다. 그렇다면 프란체스코 형제단을 교회 내에 두어 그들이 원하는 대로 청빈의 사도적 가르침에 전념하도록 하는 편이 차라리 낫지 않겠는가? 원칙적으로 프란체스코는 인노켄티우스에게 반갑지 않은 사람이 아니었던 것이다.

　그러나 과연 이 '가난한 작은 형제'의 관심은 정확히 무엇이었을까? 스물네 살 된 청년 프란체스코가 1206년 십자가에 매달린 그리스도의 환상을 통해 깨달았다는 그의 소명, 곧 '무너진 교회를 다시 세우는 일'은 과연 어떤 의미였던가? 그것은 바로 자기 만족적인 상류층 생활을 마감하고 복음에 충실하여 청빈과 순회 설교를 행하는 진정한 그리스도 제자의 길을 시작하는 것, 진실로 그리스도의 삶과 고통을 같이하여 그리스도와 하나가 되어 '또 다른 그리스도a second Christ, alter Christus'가 되는 것이었다. 구체적으로 프란체스코 수도회의 이상은 다음 세 가지 요점으로 이루어져 있다.

1. 청빈Paupertas : 이전의 수도회에서 수도사 개인의 청빈을 강조한 것에서 더 나아가 수도회 전체가 아무것도 소유하지 않는 삶을 강조하였다. 돈, 교회 건물, 로마 가톨릭 신부의 권한 등이 금지되었다. 수도사

들은 열심히 노동해야 했고 오로지 위급한 상황에서만 구걸할 수 있었다. 프란체스코는 탁발 수도회를 원한 것이 아니었다.

2. 겸손Humilitas : 극단적인 형태의 자기 부정에 이를 정도까지 권력과 영향력을 포기하며 어떠한 상황에서도 금욕, 인내, 수치, 질시, 불행까지도 견뎌 낼 수 있도록 기본적으로 기쁨의 삶을 살 것을 강조하였다.

3. 소박함Simplicitas : 그리스도의 제자가 되는 데 있어 진정한 단순함으로 모든 것을 행하는 자세로서 지식과 교육은 여기서 오직 장애물이 될 뿐이었다. 그 대신 '해에게 드리는 노래'에서 잘 나타난 것같이 동식물은 물론 움직이지 않는 자연 현상까지도 모든 살아 있는 생물로서 형제와 자매로 간주하는 새롭게 정립된 창조 세계의 관계를 찾아볼 수 있다.

예수의 정신을 따르면서도 교회 고위층들과 충돌하지 않았고, 이단에 빠지지 않고 교황과 추기경들에게 복종했던 프란체스코와 다른 11명의 '작은 형제단fratres minores' 수도사들은 예수의 제자들과 마찬가지로 자신들의 이상을 구현하기 위하여 가는 곳마다 설교하며 복음의 이상을 선포하였다. 전설에 따르면 아주 보잘것없는 소수의 수도사들이 교황청 라테란 성당이 무너지는 것을 막아 주는 꿈을 꾼 다음에 교황은 마침내 프란체스코 수도회의 소박한 규칙을 재가하고 추기경 회의록에 기록하였다고 전하고 있지만 실제로 문자화된 것은 아무것도 없다.

그러나 이 모든 이야기는 교회에 부담스러워 보였던 프란체스코가 가톨릭교회에 헌신하기로 작정하였음을 의미한다. 프란체스코 자신이 교황에게 복종과 존경을 약속했을 뿐만 아니라 수도회 형제들도 그렇게 하도록 이끌었다. 심지어 그의 후원자였던 조반니 디 산 파울로Giovanni di San

Paulo의 희망에 따라 프란체스코와 11명의 동료들은 신부 삭발tonsure을 하고 성직자 신분을 획득하기도 하였다. 그럼으로써 그들의 설교 활동은 훨씬 수월해졌으나 동시에 신생 수도회였던 작은 형제단의 교권화도 빨라졌다.

신부들도 프란체스코회에 가입하기 시작하면서 프란체스코 수도회 운동의 '교회 제도화ecclesiasticization'가 시작되었고, 그 결과 청빈한 삶을 살면서 모든 것들로부터 격리되기를 원했던 프란체스코는 더욱더 '거룩한 어머니 교회'에 의존하게 되었다. 그 배경에는 프란체스코의 살아생전의 친구이며 후원자 역할을 했던 인노켄티우스 3세의 조카 우골리노 디 세니 Ugolino Di Segni 추기경이 있었다. 프란체스코 사망 후 1년 뒤 그레고리우스 Gregorius 9세 교황으로 임명된 우골리노는 프란체스코를 성인으로 추대하고 그의 희망과는 반대로 아시시에 호화로운 성당과 수도원을 짓게 하였으며 프란체스코 수도회 규약을 끊임없이 수정하면서 완화시켰다. 동시에 이미 살펴본 바와 같이 그레고리우스 9세는 로마가 주도하는 종교재판을 설립하였다.

복음에 충실히 따를 것을 바랐던 프란체스코는 원래 중앙집권적이고 법제화, 정치화, 군사화, 교권주의화되었던 로마 체제에 대한 대안이었다. 만약 인노켄티우스 3세가 프란체스코를 교회 체제에 끌어들이는 대신에 반대로 복음을 새롭게 심각하게 받아들여 프란체스코가 강조하던 중요한 요점들을 교회에 적용했다면 과연 어떻게 되었을까? 만약 제4차 라테란 공의회가 복음 정신에 입각하여 교회 개혁을 시도했더라면 어떤 결과를 얻었을까?

라테란 회의가 끝난 지 7개월 만에 인노켄티우스 3세는 갑작스레 서거하고 말았다. 1216년 6월 16일 밤 모두에게 버림받았던 그는 자신의 하인들에 의해 약탈당한 뒤 완전히 발가벗겨진 채 페루자 성당에서 죽은 모습으로 발견되었다. 그의 비범한 능력을 생각할 때 아마도 인노켄티우스 교황만이 교회에 근본적으로 다른 방향을 제시할 수 있었고, 그만이 교황의 분열과 귀양을 막을 수 있었으며 신교의 종교 개혁을 저지할 수 있었으리라 생각된다.

위대한 가톨릭교회가 프란체스코가 말하는 것처럼 종무 업무와 교회법에 관한 복잡한 문제들을 아예 무시할 수 있을 만큼 열정적이고 이상적으로 될 수는 없다 하더라도, 다시 말해 교회 법령을 정비하고 재정 거래를 시행하는 등 정상적인 교회 업무를 계속할 수밖에 없다 하더라도, 다음과 같은 중요한 질문이 아직 해결되지 않고 남아 있다.

과연 가톨릭교회는 인노켄티우스 3세와 프란체스코 가운데 누구의 정신을 닮은 교회가 되어야 할 것인가? 여기서 프란체스코가 가르쳐 주었던 세 가지 중요한 개념을 다시 되새겨 볼 필요가 있다.

1. 청빈 : 인노켄티우스 3세는 막강한 부와 위엄을 갖춘 교회이자 동시에 탐욕과 금융 횡령으로 얼룩진 교회를 대변하였다. 그렇다면 과연 투명한 재정 정책을 갖추고, 어떤 무리한 요구도 하지 않으며, 소유와 무관한 내면적 자유와 기독교 관용의 모범이 되며, 복음을 준수하는 삶과 사도적 자유를 억압하기보다 장려하는 그러한 교회도 가능할 수 있지 않았을까?

2. 겸손 : 인노켄티우스 3세는 권력과 통치, 관료기구와 차별, 억압과 종교재판으로 점철된 교회를 상징하였다. 겸손하고 친근하게 대화를 나누는 형제자매들로 구성되어 심지어 자기와 의견이 일치하지 않는 사람들에게도 친절하며 새로운 종교 관념과 단체들을 소외시키기보

다 유익하게 활용할 줄 알고 지도자들이 진심으로 헌신하여 공동체의 진정한 유대감을 구현하는 그러한 교회가 가능할 수는 없었던 것일까?

3. 소박함 : 인노켄티우스 3세의 교회는 엄청나게 복잡한 교리, 도덕적 견강부회, 법적 안전 장치, 모든 것을 다스리는 교회법, 모든 것을 알고 있는 듯한 스콜라 철학, 그리고 새것을 두려워하는 '행정관magisterium'들로 이루어진 교회였다. 그러나 이와 반대로 즐거운 소식과 기쁨, 순수하고 소박한 복음을 지향하는 신학을 자랑하며 강압적으로 교리를 학습시키고 주입시키기에 바쁜 '공식적 교회'보다 사람들의 소리를 들을 줄 알고 항상 새롭게 배워 가는 '백성들의 교회'가 가능할 수는 없었단 말인가?

위대한 신학적 종합

황제와 교황과 더불어 중세에는 대학들도 사회적 세력으로 자리 잡게 되었다. 13세기에 대학들은 수도원들을 대신하여 교육의 중심이 되었다. 황제나 교황에 의해 통제되지 않았던 대학은 궁극적으로 기독교의 진정한 새로운 패러다임을 이끌어 내게 되는 제3의 위대한 세력이었다.

순진한 도미니쿠스 수도사이며 전 생애 동안 신학 교수로 봉직하였던 명석한 토마스 아퀴나스Thomas Aquinas(1225?~1274)는 몬테카시노 혹은 나폴리의 대주교가 될 수 있었음에도 불구하고 교회 일에 아무 관심을 보이지 않고 오직 새로운 신학적 견해를 발전시키는 데 헌신하였다. 파리의 자연학자이자 아리스토텔레스 전문가였던 알베르투스 마그누스Albertus

Magnus의 제자였던 아퀴나스는 어린 시절부터 이방인 철학자인 아리스토텔레스를 탐독하였다. 아리스토텔레스는 위험한 사상가라고 간주되었기 때문에 교황들은 그의 저서를 읽지 못하게 하였으나 소용이 없었다. 기독교 신학보다 훨씬 발달했던 아랍과 유대 철학에서 배출된 아리스토텔레스 주석서들이 그를 더욱 유명하게 만들었다.

이전에 모든 사상을 지배했던 아우구스티누스주의는 위기를 맞고 있었다. 더 이상 이전의 권위였던 성경, 교회 교부, 공의회와 교황에 호소하는 것이 불가능하게 되었다. 이성과 개념 분석을 더 많이 사용하는 작업이 필요하게 된 것이다. 나중에 추기경이 되는 프란체스코 수도회 수도사였던 보나벤투라Bonaventura가 아우구스티누스에게 더욱 열중했던 반면 알베르투스 마그누스와 토마스 아퀴나스가 있던 대학을 중심으로 한 새로운 신학은 아리스토텔레스의 영향을 받아 자연 생물과 경험적 사물, 이성적 분석과 과학적 연구를 향한 결정적 전환을 이루게 되었다.

특히 토마스 아퀴나스는 그의 『신학대전Summa theologiae』과 『이교도에 대한 반론Summa contra gentiles』에서 이성과 신앙이라는 두 가지 지식 형태, 자연 진리와 계시 진리라는 두 가지 지식 종류, 철학과 신학의 두 학문 형태를 체계적으로 구분하는 새로운 신학적 종합을 시도하였다. 그가 제창한 것은 어떤 의미에서 신앙이 이성의 우위에 놓이는 지식의 계층 체계였다. 이런 방식으로 토마스는 중세 가톨릭 신학의 완숙하고 고전적인 형태를 창출해 냈다. 처음에 전통주의 신학자들에게 비난받았던 토마스의 신학은 한참 뒤에 인정받을 수 있었다. 그의 신학은 일반적으로 신앙에 반대되는 이성을 재평가했을 뿐만 아니라 성경의 알레고리적이고 영적인 의미에 반대되는 직설적 의미, 은총에 반하는 자연, 기독교 도덕과 대조되는 자연법, 신학에 대조되는 철학, 뚜렷하게 기독교적인 것에 대비되는 인간적인 것humanum 등을 재평가함으로써 모든 신학을 완전히 개편할 수 있게 하였다.

웅장하고 참신한 신학적 종합을 창출하고 지식과 날카로운 지성과 용기를 갖춘 토마스 아퀴나스였지만 정말로 새로운 신학과 교회의 형태를 제시하지는 못했다. 한마디로 토마스는 루터가 아니었던 것이다. 오히려 그의 신학적 구조물의 '최고 상층부'는 아우구스티누스의 문제점 많던 신앙 진리관, 삼위일체론, 원죄론, 기독론, 은총론, 교회론과 성례전 해석 등을 답습하고 있었다. 토마스는 아리스토텔레스 철학의 도움을 받아 아우구스티누스 신학을 가다듬고 수정하여 시대에 걸맞게 개정하였을 뿐 그것을 직접적으로 비판하거나 궁극적으로 대체하려고 하지 않았다.

과연 이성의 '자연적' 진리는 토마스의 생각처럼 '명백한' 것이며, 또 반대로 그가 신앙을 이성으로부터 보호하려는 시도를 통해 주장하듯 신앙의 '초자연적' 진리는 정말 '신비한' 것인가?

토마스는 또한 교황의 충실한 지지자였다. 교회 계급제에 대해 비판적이었던 오리게네스와 감독 중심제를 원했던 아우구스티누스와 다르게 토마스는 중앙집권적 교황제의 중요한 변호론자로 등장하였고 현재까지도 효과적으로 이용되고 있다. 이 점에서 그는 그레고리우스 7세와 인노켄티우스 3세의 정신과 아주 많이 일치하고 있다. 아리스토텔레스의 『정치학Politics』에 대한 주석서에서 토마스는 교회와 더불어 국가의 가치를 분명히 강조하였지만, 그의 교회관의 중심에는 교황의 통치 지상권이 자리 잡고 있었다. 토마스의 교회 이해는 전적으로 교황제에서 유래된 것이기 때문이다.

정교회와 재결합할 목적으로 협상을 위해 교황에게 위촉받았던 작품인 『그리스인들의 오류에 관하여Against the Errors of the Greeks』에서 (비록 그는 몰랐지만 이 책은 거짓 이시도르 및 다른 위작들에 너무 많이 의존하고 있다) 토마스는 '모든 주교들 가운데 가장 으뜸이자 가장 위대한' 로마의 대주교 교황이 '그리스도의 교회 전체에 대한 지상권' 및 '교회 내에서 절대적 권위'를 가진다고 분명하게 천명하였다. '로마 교황에 대한 복종이 구원을 위해 필요하다'라는 운명적 명제를 통해 토마스는 단 한 마디 문장으로 동방 교회 전체를 구원으로부터 제외시키고 말았던 것이다.

최근에 토마스 아퀴나스는 아우구스티누스의 여성 비하에 대한 사고를 약화시키는 데 실패했을 뿐만 아니라 오히려 여성 비하를 조장했다는 비난을 받게 되었다. 특히 아리스토텔레스의 영향 아래 토마스는 정액을 배출하는 남자만이 '자녀 생산'에서 능동적 역할을 하며 여자는 철저히 수동적 역할만 감당한다고 생각했다(여성 난자의 존재는 1827년이 되어서야 증명된다). 따라서 토마스는 여자를 '불완전하고 실패한' 존재, 정말로 예기치 않게 불완전한 '실패한 인간mas occasionatus'으로 묘사했다. 그는 또한 여성의 사제 서품에 강하게 반대하였다. 그러나 토마스는 그 당시 일반적으로 통용되던 생각을 대변하고 있을 뿐이라는 사실을 덧붙여 언급하는 것이 형평상 필요할 듯하다. 다행스럽게도 중세는 교황, 제국, 대학, 신학의 요소들로만 구성된 것은 아니었다.

기독교인들의 계속되는 삶

가톨릭교회의 간략한 역사를 서술하는 이 시점에서 우리는 하나의 제도, 정치 세력으로서 교회 설립 역사와 기독교인들의 올바른 삶의 역사는 별개의 것이라는 사실을 상기할 필요가 있다. 셀 수 없이 많은 기독교인들의 적극적인 구호 활동과 고통받거나 가난한 자들을 위한 기독교인들의 관심, 초기 교회 때부터 조직되었던 병든 자들에 대한 구제 활동과 여기에서 파생되어 오늘날까지 번성하고 있는 많은 병원들, 피비린내 나는 복수와 불화 속에서도 평화를 위한 염원, 즉 모든 거룩한 시간에 '신의 평화'를 추구하기, 공사를 막론하고 다양하고 화려하게 전개된 삶의 모습들, 마지막으로 끊임없는 기근, 질병, 재해, 전쟁의 배경 속에 꽃피웠던 죽음의 기술과 문화로서 '죽음 예술ars moriendi' 등에 관하여 서술할 내용이 무척 많다.

또한 기사도의 융성, 음유 시인minnesingers들과 대중적 서사시, 어느 것과도 견줄 수 없는 로마네스크와 고딕 양식의 성당들과 조각품 및 스테인드글라스 창문들, 성직자 복장과 경건한 의례와 평신도들의 내밀한 경험, 그리고 공주와 수녀와 성녀들의 특정 경험에 관해 서술할 수도 있을 것이다. 그 당시 기독교인의 삶이 교회 종소리를 귀로 듣고 다른 건물들보다 우뚝 서 있는 교회 탑을 눈으로 보는 등 실제적이고 구체적인 방법을 통해 '위에서부터' 교회에 의해 얼마나 통제되고 있었는지 몰라도, 과연 읽을 줄도 쓸 줄도 모르고 새로운 소식도 별로 접하지 못했던 '낮은 곳'의 일반 기독교인들이라면, 황제와 교황의 대규모 전쟁이나 교황 교서와 변증서 등에 어떻게 관심을 가질 수 있었을지 의문스럽다. 그 대신 지방 주교의 권력과 통치가 훨씬 직접적인 관심사였고 가끔 확신에 가득 찬 시민들의 반란 원인이 되기도 하였다.

물론 어떤 때는 유쾌하게, 어떤 때는 강압적으로 선행을 통한 구원을 주장하는 중세 경건성, 장대한 축제와 호화로운 예배, 셀 수 없는 순례 행진과 참회 행위들을 대하면서 우리는 그것들 가운데 과연 무엇이 진정으로 기독교적인 것이며 무엇이 아닌지, 무엇이 단순한 관습일 뿐이며, 무엇이 진정한 내면적 소신인가를 물어볼 수 있다. 과연 어떤 것이 그 시대의 외양이며, 어떤 것이 진정한 기독교적 실체란 말인가?

그러나 흔히 '암흑 시대'라고 일컬어지는 중세에도 의심할 여지없이 기독교적 실체, 곧 모든 오용, 변조, 모호함과 오류에도 불구하고 동일한 복음, 동일한 세례, 동일한 성만찬 공동체 의식, 그리스도의 제자라는 똑같은 윤리관이 보존되어 있었다. 특히 중세 때 그리스도의 제자가 된다는 관념은 명백히 오해의 소지가 있다. 십자가를 따르는 제자의 길이 십자가 장식을 섬기는 행위 혹은 고통받는 그리스도에 참여하는 신비적 합일과 혼동되고 말았다.

그렇지만 자기 동료 남녀들, 특히 약하고 소외된 자들, 굶주리고 병든 자들, 나그네와 죄수들에게 헌신하면서 매일매일 예수의 진정한 제자로서 잘난 척하지 않고 성실히 살아가기를 원했던 수많은 중세 남녀들이 존재하였다. 이웃 사랑을 매일같이 실천하면서 중세의 수많은 사람들은 실천적이고 자연적인 방식으로 그들의 기독교를 구현해 나갔던 것이다. 이러한 기독교 역사는 어느 교회 연대기에도 기록되지 않았고 어느 신학자의 책에도 기술되지 않은 보통 기독교인들의 역사일 것이다.

그러나 한 가지 사실은 인정되어야 한다. 비공식적 교회의 이상에서 볼 때 중세 세계는 신부, 수도사, 수녀와 금욕의 이상으로 다스려졌던 세계였다. 이들은 읽기와 쓰기를 독점했을 뿐만 아니라 결혼도 하지 않았고 아무런 개인 소유도 없었기 때문에 이 지상에서 이미 천국을 구현한 사람들로 여겨져 기독교인들의 위계 질서에서 가장 높은 위치를 차지할 수 있었다. 이런 사실이 결혼한 이들에게 의미했던 바는 곧 육체가 신성한 성전이기 때문에 오직 자식을 생산하기 위한 목적을 위해서만 다른 여성과 남성의 육체가 하나가 되어야 한다는 것이었다. 피임은 유산 혹은 어린이들의 생명을 유기하는 행위와 똑같이 취급되었는데 이런 태도는 현재까지도 일부 가톨릭 신자들에게 남아 있다.

여성들은 가정의 여주인으로서 중요한 역할을 담당했고 많은 귀부인들은 심지어 과부가 되어서도 상당한 정치적 영향력을 발휘하기도 했다. 그러나 중세의 절정기에도 사회 구조가 철저히 가부장적이었다는 사실을 벗어날 길은 없었다. 농노가 아니고 자유민이었던 여자라면 대부분 법정에서 충성 선서 혹은 서약을 할 필요가 없었다. 각자 집과 가정에서는 그 집주인의 의지가 가장 중요했다. 틀림없이 대도시는 여성들에게 대소 제조업이나 상업면에서 더 많은 전문적인 발전 가능성을 제공했지만 남성과 동등한 권리나 보상을 얻거나 정치에 참여할 수는 없었다.

결혼에 관한 신학과 실천을 통해 교회는 사회에서 여성들을 재평가하는 데 크게 공헌했다. 남녀 양쪽 모두 결혼하고자 하는 의사 표현과 동의가 이제 결혼의 중요한 부분을 차지한 것이다. 그러나 다른 한편으로는 권력과 기준 체계의 가부장화와 여성의 법적 억압이 이루어졌다. 자연법 논증을 통하여 교회법은 남성에게 종속되는 여성들의 지위를 명시했다.

교회에서 수녀는 이상적인 여자였다. 여자들은 모든 교회 공직에서 제외되었고, 여자들에게 호감을 갖고 있던 카타리파와 발도파의 매력을 걱정한 나머지 여자들은 심지어 설교도 들을 수 없게 하였다. 그러나 수도원과 교회의 공간은 결혼하지 않은 여자와 과부들에게 사회에서 찾을 수 없었던 숨 쉴 공간과 활동 가능성을 제공했다. 실제로 교회는 여자들에게 교육의 풍부한 가능성과 새로운 여성적 자아 확립을 제공함으로써 충만한 삶이 되도록 도와 주었다. 빙겐의 힐데가르트Hildegard, 스웨덴의 비르기타Birgitta, 시에나의 카테리나Catherina, 그리고 얼마 뒤 아빌라의 테레사Teresa 와 같은 특별한 수녀들은 교회 정치에서도 활동적이어서 전례가 없는 강력한 권위를 획득하기도 하였다.

여성들은 중세 후반기에 이탈리아, 베넬룩스 3국, 영국, 스페인, 프랑스, 독일 등지에서 자생적으로 발생했던 기독교 신비주의에서 특별한 역할을 하였다. 빙겐의 힐데가르트와 더불어 하케보른의 게르트루트와 메이트힐트Gertrud and Mechthild, 헬프타의 게르트루트Gertrud, 마그테부르크의 메이트힐트Mechthild 등이 중요한 여성 신비주의자들이었다. 그러나 그녀들의 중요성은 마이스터 에크하르트Meister Eckhart, 요한 타울러Johann Tauler, 하인리히 주조Heinrich Seuse, 얀 반 로이스부르크Jan van Ruys-broeck와 같은 남성 신비주의 대가들로 빛을 잃을 때가 종종 있다.

이러한 남녀들의 신비주의는 중세 후기에서 교회의 점진적인 세속화, 신학의 학술적 학문의 변화, 신앙심의 외향적 표현과 객관화 등에 대한 반작용으로 표출되었다. 내면의 구원을 추구하는 신비주의가 많은 사람들에게 영적인 대안으로 여겨질 수 있었다. 그 이유로는 바로 내면화와 영혼화를 향한 경향, 교회 기관과 경건 행위 및 교리의 강요가 아닌 내면적 자유의 강조, 신적인 임재와 직접적·직관적 합일 경험 속에 신과 교제와 일치를 추구함으로써 교리주의, 형식주의, 권위주의를 극복하게 한 점 등을 거론할 수 있다.

그렇다면 공식적인 교회가 신비주의를 의심스럽게 간주한 것, 종교재판소가 마이스터 에크하르트와 십자가의 요한John과 아빌라의 테레사를 고발한 사실, 그리고 신비주의자 마르그리트 포레테M. Porete가 화형으로 생을 마감한 일들은 모두 놀랄 만한 일도 아니다. 심지어 처음엔 네덜란드에서 수공업과 구호 활동을 하며 생활을 유지하려고 애썼던 '신에게 헌신한 처녀와 과부들' 모임처럼 세속적인 삶을 영위했던 여성 단체들도 이단으로 취급되었다. 아마도 이단을 뜻하던 '알비겐시스Albigensis'에서 그 이름이 유래한 듯한 이들 '베긴Beguines' 수녀들은 이와 병행하는 남자들의 모임이었던 '베가드파Begards'와 함께 1311년 비엔 공의회Council of Vienne에서 탄압받았다. 교회 외곽에 머물러야 했던 신비주의는 신학과 실행에 중요한 생명력을 행사하지 못했다.

간단하게 덧붙일 사항은 헬레니즘의 비잔틴 영토에서 처음 발생했던 예수의 어머니 마리아 숭배가 (431년 에페소스 공의회Councils of Ephesus는 '그리스도의 어머니'라는 단순한 칭호 대신에 '신의 어머니theodokos'라는 칭호를 사용했다) 1천 년 후반기부터 서구에서 자리 잡게 되었다는 사실이다. 마리아 숭배는 11세기와 12세기에 누구보다도 시토 수도회Cistercian 수도승이었던 클레르보의 베르나르두스Bernardus 영향력 아래 절정에 달하였다. 이제 무엇보다도 동정녀 성모와 천상의 여왕으로서 마리아의 우주적 역할에 그 초점이 맞추어졌다. 교황지상주의와 마찬가지로 이상화된 성모 마리아 숭배Marianism는 성직 수도원의 독신주의 이념과 상호 보완적 작용을 하였다.

다른 한편으로는 기독론이 발전시켰던 추상적 영역을 감안한다면 사랑스러운 인간의 모습을 한 여성인 마리아가 '망토를 입은 성모'의 형태에서와 같이 높은 인기를 끌었다는 사실을 쉽게 이해할 수 있다. 성모 마리아는 특별히 불쌍한 사람들, 억압받고 소외된 사람들을 도와주는 존재로 인기가 높았다. 신약성서에 나오는 '성모 기도문Ave Maria'은 '주기도문Our Father'과 더불어 중세에 가장 널리 전파된 기도문이었으며, 얼마 지나지 않아 '우리 죽음의 순간에In the hour of our death'라는 기도문이 덧붙여졌다.

그리고 서방과 동방 교회의 분열 원인은 마리아 숭배가 아니라 교황지상주의였으며, 마찬가지로 훗날 다시 서방 교회를 분열시킨 것도 성모 마리아 숭배가 아니라, 교황지상주의였음을 강조할 필요가 있을 것이다.

6

개혁, 종교 개혁,
반종교 개혁?

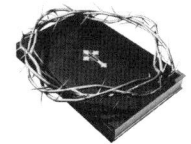

교황 통치의 종말

인노켄티우스 3세가 세상을 호령하던 13세기 초에 과연 그 누가 불과 100년 뒤 이 세기가 끝날 때 교황이 이토록 무력해지리라고 상상이나 했을 것인가? 그러나 바로 그처럼 극적인 반전이 일어나고 말았다. 보니파키우스Bonifacius 8세(재위 1294~1303)는 삼중관(三重冠, tiara)을 쓰고 위세를 부리면서 자신이 세상의 주인이라고 과시하기 좋아하던 교황이었다. 그의 첫 번째 중요한 칙서「성직자에게 적대적인 평신도Clericis laicos infestos」에서 보니파키우스 8세는 성직자에 대한 감독권은 교황만의 특권이라 선포하고, 성직자에 대한 왕실의 권한을 부정하면서 영국과 프랑스를 파문하겠다고 위협하였다.

1300년 첫번째 '성년Holy Year' 행사를 성대하게 개최하였던 보니파키우스는 점점 더 많은 비용이 소요되는 교황청을 위하여 풍부한 수입을 보장해 줄 수 있는 대사면 축제를 병행하였다. 그다음 해에 프랑스의 '공평왕The Fair' 필리프Philippe 4세와 분쟁을 일으키게 된 보니파키우스는 영적 권세의 우월성에 관한 로마 가톨릭교회의 가장 간결한 교리라는 평판을 받는 교서 「단 하나의 거룩한 교회Unam Sanctam」를 선포하였다. 교황에 대한 순종이야말로 '모든 피조물 인간의 구원을 위하여 전적으로 필요한 것'이라고 토마스 아퀴나스가 내렸던 정의가 그 뒷받침이 되었다.

그레고리우스 7세처럼 교황 과대망상증과 비슷한 증상에 시달렸던 이 교활한 법률가이자 방탕한 권력자인 보니파키우스는 1303년 9월 8일 프랑스 왕을 파문하고 그의 신하들을 왕에 대한 충성 서약에서 해제시키려는 계획을 세웠다. 그러나 카노사의 굴욕 사건 이후 시대적 분위기는 많이 바뀌어 있었다. 보니파키우스 8세는 프랑스 왕과 콜론나Colonna 가문에서 보낸 무장 군인들에게 힘없이 체포되어 아나그니Anagni 성에 구금되고 말았다.

나중에 아나그니 성 주민들이 교황을 석방하긴 하였으나 이 흉악스러운 수치를 겪고 난 후, 그는 이 일로 마음 아파하다가 로마에서 한 달 후에 사망하고 말았다. 보르도Bordeaux의 대주교였던 그의 후계자는 로마가 아닌 프랑스 리옹에서 즉위식을 가졌고 뒤에 아비뇽에 자리를 잡았다. 로마 시민들이 교황의 '바빌론 유수(Babylonian Captivity : BC 598년과 BC 587년 바빌로니아가 유대 왕국을 정복한 뒤 유대인을 바빌로니아에 강제로 억류시킨 사건—역주)'라고 불렀던 이 현상은 아비뇽에서 70여 년간 계속되었다. 이후의 교황들도 모두 프랑스인들이었고 정치적으로도 주로 프랑스 왕에게 의존하였다.

이 전환 과정은 지리적 힘의 변천 이상의 의미를 가지고 있었다. 발터 울만이 지적한 바와 같이 그 당시 민족 국가가 권력과 정의를 갖춘 '떠오르는 제도'로 부각되고 있었다면, 과대망상적 권력 정치 때문에 도덕적 신뢰성이 붕괴된 교황 신정 제도는 '몰락하는 제도'로 쇠퇴하고 있었다. 역설적인 사실은 지난 수십 년 동안 교황들이 독일을 싫어하는 대신에 선호했던 나라, 곧 프랑스에 의해 이후 수십 년간 지배받게 된 일이었다. 이제 프랑스가 유럽에서 주도 세력으로 등장하게 된 것이다.

그러나 교황이 드디어 역사에서 교훈을 배워 자신의 과도한 주장과 요구를 억제할 수 있게 되었으리라 생각했다면 그건 잘못된 추측이다. 엄청난 비용을 들여 교황 관료 제도, 재정기구, 웅장한 규모의 교황 의전 등이 아비뇽에서 정비되었다. 그동안 침체되어 있던 교황청이 아비뇽의 토지를 사들이고 예배를 위하여 작은 성당capella을 포함한 웅장한 교황 궁궐을 새로 건설하기 위해서는 어마어마한 비용이 필요하였다. 유럽 전역을 목 조르고 있던 교황 조세 제도가 더욱 강화되고, 전 교회에 걸쳐 전례 없는 수탈이 계속되면서 곳곳에 탄식이 이어지고, 여러 나라와 교황 사이에 조만간 그 값을 치르지 않으면 안 될 위험스러운 단절이 생겨나기 시작하였다.

중세 후기에 로마 교황제는 점차 그 종교적, 도덕적 지도력을 상실하는 대신에 유럽의 최고, 최대의 금융 권력이 되어 갔다. 교황들은 당연히 교회의 영적 기초를 거론하며 자기의 세속적 욕구를 채워 나갔으며, 파문과 추방을 포함하여 가능한 모든 방법들을 동원해서 재정 수입을 거둬들였다.

따라서 14세기에 교황에 대한 반대가 엄청나게 증가한 것은 놀라운 일이 아니었다. 대학, 학원, 학교, 도시의 신흥 중산층계급, 영향력 있는 문인들과 논객들 사이에 교황에 대한 반대 기반이 형성되었다.『신곡La Divina Commedia』에서 교황 보니파키우스 8세에게 지옥에 떨어지는 저주를 내렸던 알리기에리 단테A. Dante는 정치적 고백록인『제왕론De monarchia』(1310)에서 교황이 과연 세상을 통치할 수 있는지에 대해 질문을 던졌다(단테의 저서는 1908년까지 교황 금서 목록에 올라 있었다). 이보다 더 큰 영향력을 행사했던 논쟁적 작품은 파리 대학의 학장을 역임했던 파도바의 마르실리오

Marsilio da Padova가 발표한 『평화 옹호자론Defensor pacis』(1324)으로 비성직자에 의한 국가 통치론을 밝힌 최초의 저서였다.

그는 교회로부터 국가기관의 독립, 교황으로부터 주교의 독립, 교회 위계 질서로부터 공동체의 독립을 주장하였다. '평화의 수호자'로서 마르실리오는 다름 아닌 교황의 '전권plenitudo potestatis' 개념이야말로 사회 교란의 주요 원인이며, 이에 대한 그 어떠한 성경적, 신학적 근거도 찾을 수 없다고 공격하였다. 그 당시 대단한 영향력을 가졌던 영국 철학자이자 신학자였던 윌리엄 오컴William of Ockham도 교황의 '전권' 개념을 비난하였다. 오컴은 보편적인 것, 곧 보편자universals란 개별적으로 실재하는 것이 아니라 인간 언어에서 유래한 이름(라틴어 nomina)을 가지는 것이라고 주장하여 전통적 사상에 반대하는 새로운 유명론nominalism 신학을 창시한 인물이었다. 종교재판을 두려워했던 오컴은 아비뇽에서 도망쳐 독일의 뮌헨에서 활동하였다.

놀랍게도 바로 이 시기에 『그라티아누스 교령집』도, 토마스 아퀴나스도, 12~13세기 교회법을 만든 교황들조차도 언급하지 않았던 교황무류성 교리가 등장하게 되었다. 이 교리는 피오레의 요아킴Joachim의 종말론적 사상과 연루되었다는 이유로 이단으로 고발당했던 괴짜 프란체스코회 수도사 페트루스 올리비Petrus Olivi에 의해 전파되었다. 교황무류성 주장은 결국 이를 받아들이는 후대의 교황들을 프란체스코 수도회를 위한 칙령을 발표했던 교황 니콜라우스Nicolaus 3세와 한편으로 만든 셈이 되었다.

그러나 교황무류성과 교황의 결정은 개정을 할 수 없다는, 이와 같은 초기 교리는 처음에는 특별히 심각하게 받아들여지지 않다가 1324년 요한네스Johannes 22세의 칙서에 의해 드디어 '모든 거짓말의 조상'인 악마의 소행이라고 저주받고 말았다. 하지만 19세기에 이르러 교황무류성 이론은 보수적 논객들과 교황들에 의해 다시 떠오르게 된다.

좌절된 개혁

14세기 이탈리아의 상황은 나날이 혼란스러워져 갔다. 시에나의 카테리나와 스웨덴의 비르기타의 간청, 그리고 무엇보다 정치적 고려에 의해 교황 그레고리우스Gregorius 11세가 아비뇽에서 로마로 교황청을 옮긴 것은 1377년이 되어서였는데 바로 다음 해에 그는 사망하고 말았다. 합법적으로 선출된 그의 후계자 우르바누스Urbanus 6세는 선출되자마자 너무나 명백하게 무능력, 과대망상증, 정신 착란 증세를 보이기 시작했기 때문에 전통적인 교회법 입장에서 보더라도 자동적으로 해임시킬 이유가 충분하였다. 그리하여 같은 해에 제네바 출신의 클레멘스Clemens 7세를 새롭게 선출하였는데 정작 로마의 우르바누스 6세는 자기 자리를 내놓을 의사가 전혀 없었다. 클레멘스 7세의 군대가 로마 외곽에서 격퇴당하게 되자 그는 다시 아비뇽에 자리 잡고 말았다.

갑자기 기독교 제국에 두 교황이 존재하게 되자, 그들은 서둘러 상대방을 파문하였고 결과적으로 동방 기독교와의 분열 이후 서방 기독교에 두 번째 큰 분열이 찾아왔다. 40년간 지속된 분열 중에 프랑스, 아라곤, 사르데냐, 시칠리아, 나폴리, 스코틀랜드 및 독일 남부와 서부의 몇몇 지역들이 아비뇽 교황에게 '복종'하였던 반면 독일 제국, 이탈리아 중부 및 북부 지방, 플랑드르, 영국 및 동부와 북부 지역 국가들은 로마 교황에게 '복종'하였다. 이제 두 개의 추기경 회의, 두 개의 교황청, 그리고 교황의 잘못된 경제 정책을 반복하는 두 개의 재정 체제가 존재하게 되면서 무수한 기독교인들로 하여금 양심의 갈등을 일으키게 하였다.

이런 암울한 상황에서 14세기 말에 이르러 '교회의 개혁, 그 수장과 구성원들head and members'이라는 말이 유럽 전체에 대단한 프로그램 구호가 되었다. 개혁 운동을 이끌었던 주체는 중세 때 비록 스스로 무류설을 주장하지는 않았지만 교회의 당연한 스승magisterium ordinarium으로 우뚝 섰던 파리 대학이었다. 파리 대학의 학장이던 피에르 드 아이Pierre d'Ailly와 장 드 제르송Jean de Gerson은 전체 공의회만이 교회의 일치성을 회복하고 개혁을 추진할 수 있다는 '공의회 방법론via concilii'을 위한 신학적, 법률적 기초를 제공하였다. 그러나 이 협의회는 중세 교황이 주도하던 의회처럼 교황 '전권'을 연장하고 부여받은 협의회가 아니라, 모든 기독교 왕국 전체를 대표하는 협의회라는 점을 이해할 필요가 있다.

브라이언 티어니B. Tierney가 지적한 것처럼 후에 교황청 사람들에 의해 흔히 '공의회 지상주의conciliarism'라고 비난받게 되는 이러한 공의회 옹호 이론들은 사실 마르실리오 혹은 오컴에서 유래한 것이 아니라 철저히 정통적인 12, 13세기의 공식 교회법에서 유래한 것이며, 실질적으로는 교회 공의회를 교회의 대표로 인정했던 초대 교부들의 전통에서 유래한 것이라고 할 수 있다.

그 어느 누구도 자진 사퇴할 의사가 없었던 이 두 교황을 과연 어떻게 처리할 수 있었던가? 1409년 양쪽 진영의 추기경들은 피사Pisa에서 만나 두 교황을 모두 폐위시키고 새로운 교황을 뽑기로 결정하였다. 그러나 두 교황 모두 사임하기를 거부하는 바람에 가톨릭교회는 급기야 세 명의 교황을 가지게 되었다. '불행한 교황 이부제'는 '저주받은 교황 삼부제'가 되고 말았다.

알프스 산맥 이북에서 열렸던 유일한 공의회인 콘스탄츠 공의회Council of Constance는 1414~1418년까지 개최되어 교회일치causa unionis를 회복하고 교회 개혁causa reformationis을 주도한 공의회였다. 로마 밖에서는 교황이 아니라 공의회야말로 원칙적으로 교회의 최고 기관이라는 거의 보편적인 합의가 이루어져 있었다. 초기 교회에서 이미 개진되었던 이 견해는 콘스탄츠 공의회의 유명한 교령인「거룩한 이것을Haec sancta」을 통하여 '공의회는 교황에 우선한다'라고 엄숙한 어조로 공포되었다.

교황을 포함한 모든 사람들은 신앙 문제, 교회 분열의 종식 문제, 교회 개혁 문제 등에 있어 성령에 의해 정당하게 소집되고 전 교회를 대표하도록 그리스도로부터 직접 그 권위를 부여받은 기관인 전체 공의회에게 복종해야 한다. 공의회에 복종하기를 거부하는 사람은 그 누구라도 응당한 처벌을 받아야 한다고 보았다. 그 권위를 교황으로부터가 아니라 바로 그리스도로부터 부여받았기 때문에 콘스탄츠 공의회는 교황 추기경 회의에서 관습적으로 해 왔던 것처럼 공의회가 공포한 교령에 대해 교황의 승인을 받을 필요가 없다고 생각하였다.

서방 교회를 파멸 직전까지 몰고 갔던 로마 교황 제도의 심각한 상처는 봉합되어 가는 것 같았다. 세 명의 대립하던 교황은 모두 사임 압력을 받았다. 이어서 다른 교령인「자주Frequens」를 통해 콘스탄츠 공의회는 교회 개혁을 지속시키는 가장 좋은 방법으로 공의회를 자주 열 것을 천명하였다. 즉, 다음 공의회는 불과 5년 뒤에, 그다음 회의는 7년 뒤에, 그리고 다음부터는 10년 주기로 열 것을 명시하였다.

공의회의 중도파 대의원들이 개혁을 위한 교령을 공포하는 문제에 찬성했기 때문에 급진주의자들도 새 교황 선출에 동의할 수 있었다. 그러나 교황청 추기경이던 마르티누스Martinus 5세가 선출되면서 이후 모든 교황들의 정당성은 콘스탄츠 공의회 및 그 교령의 정당성에 의존하게 되었는데, 바로 이 점이 로마 중심적 신학을 가졌던 교황주의자papalist들에게 아주 불편한 문제가 되었다. 교회의 수장과 구성원을 개혁하기 위한 새로운 공의회에 대한 욕구가 종종 생겨날 것이기 때문이다. 그래서 로마 가톨릭 신학은 그 대신 옥스퍼드 교수였던 존 위클리프J. Wycliffe와 프라하 종교 개혁자였던 얀 후스Jan Hus 두 사람을 정죄했던 콘스탄츠 공의회의 다른 교령인 「신앙의 문제Causa fidei」를 즐겨 인용하였다.

이 공의회에 참석하는 동안 체포당하지 않을 것을 보장받았음에도 불구하고 잡혀서 화형당하고 말았던 보헤미안 애국자이자 종교 개혁가였던 얀 후스의 사건은 치욕스러운 일이었다. 또한 평신도들이 성만찬 때 포도주를 마실 수 없다는 콘스탄츠 공의회의 결정은 훗날 마르틴 루터 같은 신학자들로 하여금 공의회조차도 오류에서 자유롭지 못하다는 의심을 갖게 한 잘못된 결정 가운데 하나였다.

그러나 수세기 뒤 희망에 넘치던 제2차 바티칸 공의회 이후에 나타났던 현상과 마찬가지로 콘스탄츠 공의회의 개혁 이후에도 놀라울 정도로 빠르게 교황의 절대 권력이 복원되었다. 너무나 시급하게 요청되던 교회 헌법과 교회의 개혁은 모든 수단을 통해 무산되었다. 물론 이후에 파비아, 시에나, 바젤 등에서 열린 공의회에서 개혁이 이어졌지만 근본적으로 개혁 운동은 훼손되었다. 이미 공의회라는 특별한 기관보다 교황청이 더욱 강력한 통치 기관이자 영구적 권위로 군림하였다. '공의회는 개최되었다 끝나지만 교황청은 지속된다'가 교황청의 표어였던 것이다.

그러나 그 당시에 교황의 절대 권력을 강화하는 일이 교황청의 정치적 문제에 국한된 것만은 아니었다. 후에 교황 피우스Pius 2세가 되는 에네아 실비오 피콜로미니Enea Silvio Piccolomini처럼 가장 활발하게 공의회 개념을 지지하던 사람일지라도 기회주의적 이유로 교황제를 지지하기도 하였다. 특히 모두가 교황에 의해 임명되던 추기경들은 공의회보다 교황청을 선호하기 마련이었다. 주교들과 수도원장들도 공의회를 본받아 '하급 성직자'들과 평신도들이 교회의 결정 과정에 참석하는 것을 원하지 않았다. 또한 누구보다도 세속 군주들이야말로 공의회적, 즉 '민주적' 개념을 두려워하였던 탓에 교황제를 개혁하기보다 교회 정치 권력의 현상 유지에 더 많은 관심을 가지고 있었다.

이런 여러 이유들 때문에 콘스탄츠 공의회에서 발표된 교령과 상관없이 교황들은 그들의 중세적 주장을 다시 내세울 수 있었다. 심지어 이전에 '공의회주의자conciliarist'였던 피콜로미니는 피우스 2세로 등극하게 되자 뻔뻔하게도 공의회에 대한 교황 소청을 공식적으로 금하고 파문으로 벌한다고 발표하였다. 물론 교황청의 그러한 위협적 몸짓은 그 당시 공의회로 기울어져 있던 교회에서 그리 심각하게 받아들여지지 않았다.

그러나 로마 교황청은 줄기차게 콘스탄츠 공의회의 교령을 무시한 채 억압을 계속하였다. 급기야 종교 개혁 바로 전야이던 1515년 제5차 라테란 공의회에서 레오Leo 10세는 퉁명스러운 어조로 "모든 공의회를 초월하는 권한을 가지는 로마 교황이 존재한다"라고 선언하였다.

이 당시 거의 전적으로 이탈리아인들과 교황청 임원들로만 구성되었던 교황 자문회의는 그 전체 대표성을 이미 상실한 셈이었다. 그 어떤 교황도 공의회의 우월성을 천명한 인기 없는 교령 「거룩한 이것을」을 철회할 엄두를 내지 못했다. 또 이 교령이 교황무류성 개념에 해를 끼칠 것이기 때문에 보편적 구속력이 없다고 선포하지도 못했다. 그런 짓은 교황이 앉아 있는 바로 그 '거룩한 자리Holy See'의 정통성에 대한 기반을 스스로 무너뜨리는 것과도 같았다.

이런 논쟁의 결과는 이중적으로 불만족스러운 것이었다. 교회의 확실한 우두머리의 지도력이 결여된 극단적 공의회주의extreme conciliarism는 바젤 공의회Council of Basel(1431~1449)에서 교회 분열로 이어졌고, 공의회의 통제가 결여된 극단적 교황주의extreme papalism는 르네상스 시대에 교황 직권의 남용으로 이어졌다.

르네상스와 교회의 문제

과연 누가 조토 디 본도네에서 시작하여 미켈란젤로에 이르는, 쿠아트로첸토(Quattrocento : 이탈리아 문예 부흥의 초기)의 초기 피렌체 르네상스에서 친퀘첸토(Cinquecento : 16세기 이탈리아의 예술)의 전성기 로마 르네상스를 거쳐 1527년 로마의 약탈에 이르기까지 계속되었던 르네상스가 인류 문명사에서 진귀한 최고봉을 대표한다는 사실을 부정할 수 있을 것인가?

르네상스를 말하면 브라만테, 프라 안젤리코, 보티첼리, 라파엘로, 레오나르도 다 빈치 같은 이름들이 금세 마음에 떠오르게 된다. 프랑스 역사가 쥘 미슐레J. Michelet와 바젤 역사가 야콥 부르크하르트J. Burckhardt 이후 '르네상스'라는 용어는 더 이상 미술사의 운동을 가리키는 말이 아니라, 문명사에서 인문주의적 가치를 추구한 시대를 지칭하는 용어로 정립되었다.

중세와 르네상스 사이의 정확한 구분을 나누는 일은 쉽지 않다. 실제로 르네상스는 중세 후기의 보다 중요한 지성적, 문화적 흐름이라고 볼 수도 있다. 고대, 그리스-로마 문학과 철학(특히 플라톤 철학) 그리고 예술과 과학을 향한 열정적 회귀가 중요한 역할을 담당하였다. 고전 교육이 이탈리아 엘리트들의 보편적 자질로 자리 잡게 되고 중세 스콜라 철학을 대체하게 되었다. 고대 문명이 사람들로 하여금 중세적 삶의 지표를 버리고 새로운 자신감을 가질 수 있는 기준을 제공하였다.

몇몇 예외가 있긴 하지만 단순히 기독교에 반하는 '새로운 이방 종교new paganism'로서 르네상스가 나타난 것은 아니었다. 오히려 르네상스는 기독교의 사회 구조 안에서 개발된 것이었다. 참회에 대한 위대한 설교가였던 시에나의 베르나르디노Bernardino와 피렌체의 지롤라모 사보나롤라G. Savonarola뿐만 아니라 니콜라우스 쿠사누스N. Cusanus, 마르실리오 피치노M. Ficino, 로테르담의 데시데리우스 에라스무스D. Erasmus, 토머스 모어T. More 등의 위대한 인문주의자들도 14세기부터 각 지방어로 번역되어 읽을 수 있었던 성경과 인문주의를 개혁한다는 정신에서 기독교의 갱신renovatio Christianismi과 평신도의 경건에 관심을 가졌다.

르네상스 시대의 교황들은 모두 이탈리아인이었고 이탈리아인들로 구성된 교황청과 더불어 무엇보다 이탈리아 문제에 관심을 가졌다. 세계를 통치하겠다던 옛날 야망에 비해 이제 남은 것이라고는 이탈리아에 작은 영토를 가진 바티칸 국가 교회뿐이었다. 밀라노의 공작령, 피렌체 공화국과 베네치아 공화국, 그리고 나폴리 왕국과 더불어 바티칸 국가 교회는 다섯 개의 핵심 공화국principati을 구성하였다. 이러한 상황에서 교황들은 대규모 건설 공사와 예술 장려 활동을 통해 기독교의 수도 로마가 예술과 문화의 중심이 된다는 사실을 천명하고자 하였다.

그러나 그렇게 요란스럽고 값비싼 활동들은 오직 교회 개혁을 거부하는 비용을 지불하고서야 얻어질 수 있는 것들이었다. 교회 개혁을 위해서는 전적으로 세속화된 교황들과 교황청 구성원들 기질의 철저한 변화가 요구되었다. 지극히 정상적인 이탈리아 르네상스 왕족들이던 그들 교황들이야말로 르네상스가 교회에서의 재생 운동으로 이어지게 하지 못한 사실에 대한 책임을 분명히 질 필요가 있었다. 파렴치한 현실정치를 내세우며 그들은 마치 그들에게 속한 이탈리아 권력가들처럼 교회 국가를 통치하였다. 그들은 부끄러워하지도 않고 자신의 조카 혹은 사생아들을 등용하였고 리아리오Riario, 델라 로베레della Rovere(식스투스 4세), 메디치Medici(레오 10세) 등 교황 가문들에 세습적 족벌 왕족의 형태로 왕조를 설치하려고 획책하였다.

그 제도는 합법화된 위선이었다. 르네상스 교황들은 '그들의' 교회를 위해 독신 제도를 철저히 수호해야만 한다고 하였으나, 그 '거룩한 아버지 교황들' 자신이 과연 얼마나 많은 아이들을 낳았으며 끔찍할 정도의 사치를 누렸고 억제할 수 없는 감각적 생활과 노골적인 죄악에 탐닉했는지를 역사가일지라도 다 말할 수는 없다. 다음 세 가지 예를 들어 보는 것만으로 충분할 것이다.

첫째, '마리아의 무염시태(無染始胎, immaculate conception)' 교리의 후원자로서 로베레 가문 출신의 부패한 프란체스코회 수도사였던 식스투스 4세는 교회 예산으로 자신의 조카들과 측근들 전체의 비용을 제공하였다. 그는 로마 교황청에서 가장 소문 많던 말썽꾼 중 하나였으며, 스스로의 죄악 때문에 불과 스물여덟 살에 요절하고 말았던 자기 사촌 피에트로 리아리오P. Riario를 포함한 여섯 명의 친척을 추기경으로 승진시켰다.

둘째, 마녀사냥 열풍에 강력한 자극을 준 칙서를 발행한 바 있는 인노켄티우스Innocentius 8세는 자기 사생아들을 공개적으로 인정하고 그들의 결혼식을 바티칸 궁에서 성대하게 거행하였다.

셋째, 엄청난 뇌물을 써서 교황직에 올랐고 첩에게서 네 명의 자녀를 낳았을 뿐만 아니라 추기경 시절부터 관계했던 다른 여자에게서도 또 한 명의 자식을 낳았던 알렉산데르Alexander 6세인 보르자Borgia 교황은 마키아벨리의 『군주론Il principe』의 모델이 될 만한 교활한 인물이었다. 그는 회개를 강조하던 위대한 설교가 지롤라모 사보나롤라를 파문하고 피렌체에서 화형시키도록 재가한 책임이 있다.

흔히 평하기를 교황 알렉산데르 6세 재위 기간은 육체의 여신 비너스가 통치하던 시대였고, 그의 후계자이며 끊임없이 전쟁을 벌였던 델라 로베레 가문의 율리우스Julius 2세(재위 1503~1513) 교황 시절은 군신 마르스가 다스리는 시대였다고 한다. 사악한 삼촌 인노켄티우스 8세에 의해 13세 때 이미 추기경에 임명되었던 레오 10세 교황은 무엇보다 예술을 좋아하였다. 인생을 즐기던 그는 조카 로렌초Lorenzo를 위해 스폴레토 공작령을 합병하기 위해 노력하였다.

1517년 레오 10세는 서구에서 교황의 절대 보편적 권리 주장의 종언을 예고하게 될 어느 한 사건의 중요성을 감지하는 데 실패하였다. 그 사건은 바로 몇 달 전 로마로 순례 여행을 다녀왔고 스스로 충성스러운 가톨릭 신자라고 자부하던 비텐베르크의 신약학 교수 한 사람이 당시 건축 중이던 어마어마한 새로운 성 베드로 성당의 비용을 충당하기 위해 면죄부indulgence를 판매하는 일에 대한 비판을 담은 95개조의 서한을 출판한 사건이었다. 이 무명의 아우구스티누스 수도회 소속 수도사의 이름은 마르틴 루터였다.

종교 개혁

수세기 동안 로마 교황청은 그 어떤 개혁도 저지해 왔지만, 이제 본격적인 종교 개혁이 일어나면서부터 놀라울 정도의 종교적, 정치적, 사회적 역동성이 매우 빠르게 집중되었다. 이미 동유럽을 잃었던 로마로서는 종교 개혁이 로마 제국의 북쪽 영토 거의 반쪽 전부를 빼앗아 간 두 번째 재앙인 셈이었다. 그리고 교회 일치감의 상실과 더불어 물론 가톨릭교회의 보편성도 문제시되었다. 왜냐하면 과연 어떤 식으로 보편성을 이해하든 간에 (그 접근법이 본질적, 통전적, 변증적, 교리적, 지리적, 숫자적, 문화적 그 어느 것이든 간에) 포괄적이던 '가톨릭교회'가 더 이상 분열 이전과 같지 않다는 사실, 그리고 신학적 용어로 어떻게 해석되던지 간에 교회의 일치와 보편성 역시 파괴될 수밖에 없다는 사실을 간과할 수 없었다. 오래지 않아 가톨릭 신자들조차 자신들의 교회를 '로마 가톨릭' 교회라고 부르기 시작하였는데, 그들은 '로마'라는 수식어가 실상 '가톨릭', 즉 '보편적'이라는 말을 근본적으로 부정하는 모순 어법oxymoron이라는 사실을 인식하지 못하였다.

종교 개혁자들은 자신들이 교회 보편성 문제에 제기한 위협을 아주 분명히 인지하고 있었다. 특히 마르틴 루터는 그 자신의 이름을 따르는 교회를 만들려는 어떤 시도도 강하게 부정하였으나, 아직도 적지 않은 교회들이 '루터교'라고 칭하는 등 그 역시 실패한 셈이었다. 처음부터 신학적, 법률적 이유(황제법에 의한 교회의 승인) 때문에 종교 개혁자들은 '가톨릭, 즉 보편적 교회'에 속하는 문제에 중요성을 부여하였다. 그러나 여기서 그들은 이 '보편성'을 무엇보다 교리적 의미로 이해하였다. 즉, 보편적 가톨릭 신앙이란 성경에 따라 어느 곳에서든지 언제나 모두에 의해 고백되는 신앙이었다.

마르틴 루터가 처음부터 로마 가톨릭 변증가들과 교회 역사가들이 말하는 것처럼 반가톨릭적 반항아로 시작한 것은 아니었다. 최근 들어 요제프 로르츠J. Lortz 같은 가톨릭 역사가들은 가톨릭 신자로서의 루터를 재조명하였다. 이들은 루터가 말하는 죄인의 칭의(稱義, justification) 이해가 어떻게 가톨릭 신앙에 뿌리를 두고 있으며, 특히 루터가 아우구스티누스 수도회 시절 체험한 바와 같이 어떻게 십자가에 매달린 그리스도에 기초하고 있는지, 또 아우구스티누스의 신학이 인간 자신에 대한 추구와 자아의 타락이 되는 죄의 부패, 그리고 신의 은총의 절대적 주권에 대한 루터의 안목을 어떻게 키웠는지를 보여 주었다.

이와 연관하여 모든 영광을 드려야 하는 신 앞에서 아무것도 아닌 존재인 인간의 겸손과 초라함을 말했던 중세 신비주의도 거론할 수 있다. 심지어 루터의 선생이었던 폰 우징엔B. A. von Usingen과 그의 스승이었던 튀빙겐 학자 가브리엘 빌G. Biel을 통한 오컴의 유명론이 루터에게 미친 영향도 긍정적으로 조명되었다. 신의 호의에 대한 은총의 이해, 심판 사건이 되는 칭의 사건, 아무런 공로와 근거 없는 인간을 신의 자유로운 주권적 선택으로 용서함 등이 그것이다.

이처럼 여러 가지 통로로 가톨릭 전통에 뿌리를 내렸던 루터를 결코 일괄적으로 반가톨릭이라고 매도해서는 안 될 것이다. 그러나 거의 전적으로 교회법 법률가들로 구성되었던 바티칸 교리위원회는 루터와 가톨릭 전통 사이에 공통된 면모를 볼 수 있는 능력도 의지도 갖고 있지 않았다. 물론 비판적 논의는 아직도 가톨릭 신자로 남아 있을 가능성을 지닌 '가톨릭 루터'에 관해서 뿐만 아니라 바울로와 아우구스티누스와 더불어 스콜라 철학과 아리스토텔레스주의를 공격했던 종교 개혁자 루터에 관해서도 필요하다.

여기서 단순히 트리엔트 공의회Council of Trient(1545~1563), 반종교 개혁, 전성기 스콜라주의 신학, 혹은 그리스-라틴 교부학 등이 루터에 대한 판단 기준이 될 수 없음은 분명하다. 가톨릭 신학을 위시하여 그 어떤 신학에 대한 근본적이면서 영원한 평가 기준은 다름 아닌 성경, 복음, 초기 기독교 메시지일 것이다.

종교 개혁의 계획은 가톨릭적이었나?

개혁을 향한 루터의 개인적 추진력과 그 엄청난 역사적 파괴력은 중요한 한 가지 원천에서 유래되었다. 즉, 루터는 성경, 특히 바울로 편지를 읽으면서 살아 있는 복음으로 경험했던 예수 그리스도의 복음으로 교회가 돌아갈 것을 요청하였다. 이는 특별히 다음과 같은 사항을 의미하였다.

- 오랜 기간 발달해 왔던 모든 전통, 법률, 권위에 반대하여 루터는 성경의 우위성, 즉 '오직 성경'만을 강조하였다.
- 신과 인간 사이에 위치한 수천 명의 성인과 수만 명의 공식적 중재자에 반대하여 루터는 그리스도의 우위성, 즉 성경의 중심이며 성경의 모든 해석의 목표가 되는 '오직 그리스도'를 강조하였다.
- 인간 영혼의 구원을 가져오기 위한 인간에 의한 모든 경건한 종교적인 노력, 행위, 업적에 반대하여 루터는 은총과 믿음의 우위성을 강조하였다. 즉, 예수의 십자가와 부활에서 보여진 바와 같이 자비로운 신의 은총을 말하는 '오직 은총'과 이 신에 대한 인간의 무조건적 믿음을 말하는 '오직 믿음'이 중요하였다.

'여러 단계별 사고thinking in storeys'라는 특징을 가지는 스콜라주의와 대비하여 루터의 신학이 훨씬 더 단순 대립적이라는 점은 의심할 여지가 없다. 신앙과 이성, 은총과 자연, 기독교 윤리와 자연법, 교회와 세계, 신학과 철학, 분명히 기독교적인 것과 인문주의적인 것이 대립되었다.

수도원에서부터 시작하여 여러 해 동안 루터는 자기가 죄인이라는 사실과 심판에 예정되어 있다는 인식 때문에 고문당하는 개인적 양심의 고

뇌를 경험하게 되었다. 그러나 신을 의지하는 믿음에 기초한 칭의의 메시지는 그를 이러한 불안에서 벗어나게 하였다. 하지만 그는 개인적 영혼의 평화보다 더 많은 것을 추구하였다. 즉, 그의 칭의 경험은 가톨릭교회의 개혁을 공개적으로 요청하는 기초를 형성하였던 것이다. 이 개혁은 복음정신을 근거로 한 개혁으로서 교리의 재구성보다는 모든 영역에서 기독교적 삶의 갱신에 관한 개혁을 의미하였다.

그에게 신학적 전환의 해였던 1520년 마르틴 루터는 당시 상황에 걸맞게 강력한 신학적 설득력과 확신으로 준비된 4권의 저서를 통해 종교 개혁이 추구하는 내용의 통일성과 지속성을 보여 주었다. 먼저 그의 교화적인 설교, 『선행에 대한 설교 Sermon von den guten Werken』 및 칭의 교리의 요약인 『기독교인의 자유에 관하여 Von der Freiheit eines Christenmenschen』라는 2권의 저서를 들 수 있다. 이외에도 큰 논란을 불러일으켰던 저작은 황제, 통치자, 귀족들에게 교회의 갱신을 촉구한 루터의 열정적인 호소였다. 「독일 민족의 기독교 귀족들에게 보내는 연설 Anden Christiichen Adei deutscher Nation」이라고 명명된 이 글은 이전에 이미 자주 언급되었던 독일 국가의 교황에 대한 불평, 불만 gravamina을 다시 한 번 불러일으켰다.

이 글은 '세 가지 잘못된 생각 three Roman presumptions'을 가지고 교회의 개혁을 저지하려는 교황청 제도에 대한 가장 날카로운 공격이었다. '로마 교황청의 장애물 the walls of the Romanists'이라고도 일컬어지는 이 세 가지 잘못된 생각은 첫째, 영적 권위는 세속적 권위 위에 군림하며 둘째, 오로지 교황만이 성경의 진정한 해석자이며 셋째, 교황만이 공의회를 소집할 수 있다는 것이었다.

루터에 따르면 이 세 가지 중 어느 하나도 성경과 고대 가톨릭 전통에서 확인될 수 없었다. 동시에 루터는 28개항에 걸친 포괄적이면서도 자세한 개혁 프로그램을 개발하였다. 처음 12개항은 교황제의 개혁에 관한 것으로 세상과 교회를 통치한다는 주장의 포기, 황제와 독일 교회의 독립, 교황청에 의해 여러 형태로 자행되는 착취의 근절 등을 요구하였다. 그다음 항목들은 교회 생활과 일상생활 전반에 관한 것으로 수도원 생활, 사제의 독신 제도, 면죄부, 진혼 미사, 성인 축제, 순례, 탁발승 제도, 대학, 학교, 빈곤층 구제, 사치의 근절 등을 언급하고 있다. 여기서 이미 모든 사람에게 본질적으로 주어진 사제적 권위를 공개적으로 행사할 수 있다는 명령에 기초한 이른바 만인제사직 사상에 대한 중요한 발언들이 나타나고 있다.

마지막으로 같은 해에 발표된 「교회의 바빌론 유수에 관한 서곡*De captivitate Babyionica ecciesiae praeiudium*」이라는 더욱 중요한 글은 로마 가톨릭교회법의 가장 근간이 되는 성례전 교리의 새로운 기초에 관한 것이었다. 루터가 역설했던 것은 만약 '예수 그리스도 자신이 시작한 제도'라는 기준을 철저히 적용한다면, 엄격한 의미에서 세례와 성만찬 제도 두 가지만을 (혹시 참회를 포함한다면 세 가지) 성례전으로 인정할 수 있다는 것이었다. 다른 네 가지 성례전, 즉 견신堅信, 임직任職, 결혼, 종유終油는 교회의 경건한 관습으로 존중될 수는 있으나 그리스도에 의해 시작된 성례전으로 인정할 수는 없다. 이외에도 루터는 교회를 다시 새롭게 하기 위하여 성만찬 때 평신도들에게 포도주를 집전하는 것으로부터 억울하게 이혼당한 사람의 재혼을 허락하는 것에 이르기까지 여러 가지 실제적 제안들을 제시하였다. 그러나 과연 이러한 개혁 요구들 때문에 교회 분열까지 갈 필요가 있었던 것일까?

교회 분열의 책임

물론 모든 것은 수세기 동안 억압만 해 왔던 로마가 이와 같은 급진적 개혁에 대한 요청에 어떻게 반응하느냐에 달려 있었다. 만약 당시 바티칸 사람들이 시대의 징조를 읽을 줄 알았더라면, 마지막 순간에나마 그들은 교회에서 직위를 가진 사람들 모두에게도 적용되는 성경에서 분명히 말한 것처럼, 예수 그리스도의 복음에 따라 회개하기로 결심했어야만 했다. 물론 그들은 루터의 지나친 과장과 월권을 비난할 수 있었을 것이다. 루터의 글은 종종 감정적으로 일방적이었고 과장되어 있었기 때문에 로마 교황청은 이에 대한 자세한 설명과 수정을 요구할 수도 있었을 것이다.

그러나 이와 동시에 로마에게도 근본적인 새 방향 설정이 불가피하였다. 당시 칭의의 문제에 관한 교회적 일치가 가능할 수도 있었으리라고 오늘날 나는 확신한다. 내가 1957년에 썼던 박사학위 논문인「칭의 Justification」에서 논하였던 이 사실은, 1999년 로마 가톨릭과 루터교 대화 이후에 발표된 일치 성명서에서 확증된 바 있다.

그러나 이전에 아시시의 프란체스코와 대면하였던 심각한 교황 인노켄티우스 3세가 회피하려고 애썼던 생각은 이제 피상적인 바람둥이 교황 레오 10세에게는 기미조차 내비치지 않았다. 개혁하려는 의사가 전혀 없었던 로마 교황청은 교회, 교황, 복음은 동일하다는 가정에 기초하여 '예수 그리스도의 복음으로 돌아가자'라는 종교 개혁자들의 요청에 그 어느 때보다도 더 간단하게 '교회의 가르침에 순종하라'는 요구로 대응하였다.

아직 세상 권력자들이 지지하고 있는 교회의 군주인 로마 교황 앞에 북쪽 변방의 이단 수도사 한 사람이 대체 무슨 의미가 있단 말인가? 이 수도사가 회개해야 된다는 것이 로마 교회의 분명한 입장이었다. 만약 회개하지 않는다면 후스와 사보나롤라 등 이전의 수많은 '이단들'이나 '마녀들'과 마찬가지로 그 역시 화형에 처해질 운명이었다.

종교 개혁의 전 역사를 공부한 사람이라면 누구나 구원을 받는 확실한 길과 복음에 있어 교회의 실천적 반성에 관한 논란이 교회와 공의회의 권위와 무류설에 관한 논란으로 빠르게 변질된 사실의 주요 책임은 개혁자 루터가 아니라 변혁을 싫어하던 로마 교황청과 그 앞잡이들, 특히 신학자 요한 에크 J. Eck라는 사실을 의심하지 않을 것이다. 종교 개혁자 얀 후스를 화형시키고 콘스탄츠 공의회에서 성만찬 때 평신도들이 포도주 마시는 것을 금했던 사실을 생각해 볼 때 이 공의회의 무류설 주장이야말로 루터가 결코 수긍할 수 없는 사항이었다.

여기서 결정적 핵심을 주목할 필요가 있다. 즉, 지난 1500년간의 교회 역사에 등장했던 그 누구보다도 확실히 루터는 행위를 통해서가 아니라, 오직 믿음으로만 죄인이 의를 얻을 수 있다는 사도 바울로의 칭의 가르침에 대한 직접적, 실존적 접근을 발견한 사람이었다. 이 가르침은 죄인들이 일정한 참회를 행하거나 심지어 돈을 지급하여 죄를 면할 수 있다는 가톨릭교회와 면죄부 판매를 통해 완전히 왜곡되었다.

바울로의 칭의 교리를 재발견한 것은 여러 가지 모순, 변화, 은폐, 과장 등의 위험에도 불구하고 엄청난 신학적 업적이었으며, 루터 자신도 언제나 하느님의 특별한 은혜로 가능했다고 인정한 바 있다. 이 중요 핵심에 비추어 볼 때 루터의 공식적 복원과 그에 대한 파문은 이미 철회되었어야 마땅하다. 교황의 속죄 고백과 더불어 이러한 일련의 관계 회복 조치들이 뒤따라야 할 것이다.

오늘날의 관점에서 볼 때 우리는 종교 개혁을 신학, 교회, 사회에 대한 전반적 세계관의 변화, 즉 일종의 패러다임 변화로 이해할 수 있다. 마치

지구 중심적 세계관에서 태양 중심적 세계관으로 전환을 가져온 코페르니쿠스 혁명처럼 루터의 종교 개혁도 중세 로마 가톨릭 패러다임에서 복음주의 프로테스탄트 패러다임으로 가는 중요한 전환이었다. 신학과 교회의 측면에서 이것은 너무나 막강한 교회의 인간-교회 중심주의에서 복음의 그리스도 중심주의의 이행을 의미하였다. 무엇보다 우선적으로 루터의 종교 개혁은 기독교인의 자유를 강조하였다.

이처럼 변혁의 중요한 과정 가운데 신학적 방법, 문제 영역, 해결의 시도 등이 재구성되었고, '칭의', '은총', '믿음' 등 기본 개념들이 새롭게 정의되었으며, 아리스토텔레스에서 유래한 스콜라 철학의 물질적 범주들(현실태와 가능태, 형식과 질료, 실체와 우연)이 인격적 범주들(자비로운 하느님, 죄 많은 인간, 신뢰, 확신)로 대체되었다. 신, 인간, 교회, 성례전에 대한 새로운 이해가 성경 중심적, 그리스도 중심적 신학에 의해 가능하게 되었다.

루터의 답변에서 보이는 내적 일관성, 기초적 투명성과 목회적 효율성, 그리고 루터 신학의 신선한 단순성과 창조적 웅변술은 많은 이들을 매혹시켰고 확신시켰다. 출판 기술의 전파에 힘입어 종교 개혁자의 설교와 소책자, 독일 찬송가들이 홍수처럼 번지며 빠른 속도로 유행하게 되었다. 더군다나 루터가 성경 전체를 원문에서 독일어로 번역한 독일어 성경은 종교 개혁뿐만 아니라 독일 언어 자체 및 더 넓은 영역에 걸쳐 엄청난 영향을 미쳤다.

그러나 많은 전통적 로마 가톨릭 교인들에게 중세 형태의 기독교, 즉 라틴 미사 예배와 평미사, 교회 목회, 사제와 수도원 개념, 독신 제도법과 성물 숭배, 성자 숭배, 순례, 진혼 미사 등에 대한 루터의 급진적 비판은 너무 지나쳐서 진정한 기독교를 배신한 것이라고 간주되었다.

그러나 근본적으로 그 당시 루터를 반대했던 지성적 로마 가톨릭 신자들과 독일인들이라도 만약 그들이 교황의 말과 이해관계를 성경보다 더 높이 생각하지만 않았더라면, 루터가 어떤 부분에서 옳은가를 분명히 알 수 있었을 것이다. 그들은 루터가 신앙의 본질을 잃지 않았고, 모든 급격한 변화에도 불구하고 신앙과 예배 의식과 윤리의 근본적인 지속성을 유지하였으며, 중세 로마 가톨릭 패러다임과 동일한 기독교의 중요한 요소를 간직했다는 사실을 인지할 수 있었을 것이다. 그들은 루터 역시 예수 그리스도와 예수의 아버지 하느님과 성령의 동일한 복음, 동일한 세례 입교 의식, 동일한 공동체 성만찬 의식, 그리스도 제자 됨의 동일한 윤리를 말했다는 사실을 인식할 필요가 있었다. 중요한 의미에서 종교 개혁은 신앙의 변화가 아니라 단지 패러다임의 변화였기 때문이다.

과연 가톨릭교회는 그다음 어떤 조치를 취할 수 있었던 것일까? 로마는 물론 이 종교 개혁자를 파문할 수 있었지만, 이러한 조치가 전 유럽에 걸쳐 소란을 일으키며 진행되는 종교 개혁과 복음에 맞추어 교회 생활을 철저하게 재구성하려는 노력을 중단시킬 수는 없었다. 그렇다고 로마 교황청과 루터의 비텐베르크 이외에 소위 '제3의' 가능성 있는 중요 세력으로서 로테르담의 에라스무스의 이름과 연관된 중립적 가톨릭 휴머니즘과 '복음주의evangelism'도 제자리를 잡지 못하였다. 그 주된 이유는 적극적인 공개 저항과 확고부동이 에라스무스와 그의 추종자들이 즐긴 스타일이 아니기 때문이었다.

가령 후에 에라스무스 학파이며 영국 헨리Henry 8세의 사촌이었던 추기경 레지날드 폴R. Pole도 결단력이 부족했기 때문에 교황에 선출되지 못하였다. 그 대신 추기경 카라파Carafa가 다음 교황으로 등극하였는데, 그는 보수적 반동 세력의 대변자였고 로마 중앙 종교재판소의 설립자였으며 모로네Morone와 같은 개혁 성향의 추기경들조차 카스텔산탄젤로에 감금

시킨 사람이었다.

독일에서 이 새로운 신학과 교회의 패러다임은 곧 굳건히 자리 잡게 되었다. 그의 능력을 최대한 이용하여 루터는 종교 개혁 운동을 내부적으로 견고히 하려고 노력하였다. 「세례문답소요」, 「결혼 지침소요」, 「독일 미사」 등의 소책자들과 목회자를 위한 「교리 대강요」와 일반 가정용 「교리 소강요」 및 루터 자신이 번역한 성경, 각 지방의 군주들이 선포한 새로운 교회법의 교회 체계 등이 그것이다. 이 모든 것이 한 사람의 신학자의 업적이라는 사실은 참으로 놀랄 만한 것이다.

전 세계를 포용했던 가톨릭교회에서 동과 서의 큰 분열이 생긴 이후 이제 제2의 분열이 서구 기독교의 북과 남 사이에 벌어지게 되었음을 더 이상 간과할 수 없게 되었다. 국가, 사회, 경제, 과학과 예술에 미치는 영향은 무시할 수 없는 것이었다. 이제 종교 개혁은 시작되었다.

루터가 생을 마감한 1546년 종교 개혁 교회의 미래는 1520년 루터가 위대한 돌파구를 열었던 때에 비해 빛 바랜 장밋빛으로 비추어졌다. 종교 개혁 초기의 열정은 거의 소진되어 가고 있었다. 많은 경우 공동생활은 끔찍한 갈등의 연속이었는데 그 큰 이유 중의 하나는 목회자의 부족이었다. 종교 개혁의 결과로 더 좋은 삶을 누리게 되었는가? 바로 이 질문이 많은 사람들이 서로에게 묻는 질문이었다. 음악의 경우는 예외이지만 예술이 끔찍할 정도로 피폐해진 것은 무시할 수 없었다. 목사의 가족들이 공동체의 사회적, 문화적 중심이 된 사실은 인정한다 하더라도 이른바 신자들의 '만인제사직'은 거의 실현되지 않았으며, 오히려 목회자와 평신도 사이의 간극은 또 다른 형태로 계속되고 있었다.

더군다나 프로테스탄트 진영은 통일성을 유지하지 못하였다. 처음 시작부터 종교 개혁을 실현하기 위해 자신들의 독특한 전략을 추구하려는 수많은 단체, 공동체, 집단, 운동들이 생겨났다. 심지어 루터의 생존 당시에도 종교 개혁 '우파'와 '좌파'로 신교가 최초로 분열되는 현상이 나타났었다.

급진적 불순응주의자(radical nonconformists, '열성파')인 종교 개혁 '좌파'는 자신들을 박해하던 국가 권력에 대항하였던 대부분 반성직자 성향의 평신도들로 구성된 종교적, 사회적 운동이었다. 루터가 강하게 비판했던 농민 전쟁은 이런 문맥에서 고찰되어야 하며, 취리히의 스위스 종교 개혁가였던 홀트리히 츠빙글리 H. Zwingli가 반대했던 재침례파 Anabaptists의 경우도 마찬가지였다. 결국 이 전통은 자유 교회의 발달로 이어져서 자신들만의 예배당에 모여 그들만의 교회 질서와 재정을 위해 교인들이 자발적으로 운영하는 교회가 되었다.

종교 개혁 '우파'는 위정자들의 교회로 구성되었다. 자유로운 기독교 교회의 이상은 루터가 활약하던 당시에도 구현될 수 없었다. 종교 개혁 교회에 사제가 없던 까닭에 위정자들은 자신들이 스스로 '긴급 사제 emergency bishop'가 되었고, 머지않아 모든 것을 통제하는 총감독 summepiscopi의 역할을 맡게 되었다. 각자의 영토 안에서 지역 군주들은 마치 교황과 같은 존재가 되었던 것이다. 그래서 독일의 종교 개혁은 근대, 종교의 자유, 프랑스 혁명을 위한 길을 준비했다기보다 국가 교회, 국가의 권위, 절대 군주제를 준비한 셈이었다. 군주와 도시 행정관에 의한 이러한 통치는 독일에서 제1차 세계대전 이후 혁명을 통해 적절한 종말을 맞이하게 되었다.

루터가 살아 있는 동안 루터파와 '개혁파 Reformed' 사이에 두 번째 분열이 있었다. 성만찬 교리 때문에 루터와 결별하게 된 취리히의 츠빙글리는 후에 장 칼뱅 J. Calvin이 제네바에서 훌륭하게 구현하고 완성하게 되는 철저한 형태의 종교 개혁을 주장하였다. 칼뱅은 단지 철저한 개혁의 완성에만 관심을 가진 것이 아니라 교회의 조직적 재건설, 교리와 생활의 포괄적 개혁을 목표로 하였다. 루터파의 '반쪽 조치half-measures'에 반대하여 십자고상(十字苦像, crucifix), 성상, 의전 복장 등의 폐지에서부터 미사, 오르간, 교회와 제단에서 찬송 등의 금지에 이르기까지 철저한 개혁을 수행할 것을 요구하였다. 행진과 성물, 견신례, 종유 등과 더불어 성만찬도 1년에 네 번만 일요일에 행하도록 제한되었다. 이제 중세는 끝난 것이다!

처음엔 신학자가 아니라 법률가였던 장 칼뱅은 1535년 초판을 시작으로 1559년 마지막 수정판에 이르기까지 끊임없이 수정하였던 그의 주요 저서『기독교 강요Institutio Religionis Christianae』에서 종교 개혁 기독교에 대한 가장 기본적이면서도 분명한 개론적 이해를 제공하였다. 이 책은 중세의 토마스 아퀴나스와 근대의 독일 신학자 프리드리히 슐라이어마허 F. Schleiermacher 시대 사이에서 가장 중요한 교리학을 발전시킨 저서였다. 대다수 인간을 멸망에 처하게 하는 영원한 예정 교리를 강조하는 이 책은 곳곳에서 저항에 부딪치게 되었다.

그러나 일상생활, 세상에서 행하는 실천적 활동, 선행 등에 대한 평가를 통해 선택의 징조를 알 수 있다는 생각은 막스 베버M. Weber가 전형적으로 '근대 자본주의 정신'이라고 불렀던 심리적 조건을 제공하였음은 의심할 여지가 없다. 칼뱅의 제네바에 종교의 자유가 없었던 것은 분명하지만 — 종교재판, 고문, 화형 등은 그곳에서도 시행되었다 — 근대 민주주의 발전을 위해, 특히 북아메리카에 간접적으로 아주 중요한 의미를 지닌다.

따라서 종교 개혁의 과정을 통해 루터 교회Lutheran, 개혁주의 교회Reformed, 자유 교회Free Church라는 세 가지의 매우 다른 프로테스탄트 기독교가 등장하였다. 이들 세 교회 외에 더욱 중요한 네 번째 교회인 성공회Anglicanism가 거론되어야 한다. 헨리 8세의 영국 '개혁'은 가톨릭 측에서 종종 말하는 것처럼 단순히 이혼에 관한 문제만도 아니었고 신교 독일의 경우처럼 대중적인 운동도 아니었다. 무엇보다 이 개혁은 의회가 결정하고 왕이 시행한 것이었다. 교황 대신 이제 왕과 그 밑의 캔터베리 대주교Archbishop of Canterbury가 영국 교회의 최고 수장이 되었다. 이는 로마와의 결별을 의미하였지만 가톨릭 신앙과의 단절은 아니었다.

더구나 영국 성공회는 그 실천과 제도에 있어 독일 신교 모델을 본받아 프로테스탄트가 된 것이 아니었다. 헨리 8세가 죽고 나서야 학식 많은 캔터베리 대주교 토머스 크랜머T. Cranmer는 아직까지 독일의 어느 사제도 성공하지 못했던 작업, 곧 감독 제도를 보존하면서 개혁을 수행하는 데 성공하였다. 더 구체적으로 말한다면 다음과 같다.

- 성경 정신에 맞추어 간결하고도 집약적인 예배 의식을 제정하였다 (1549년 『성공회 기도서Book of Common Prayer』).
- 복음주의적 칭의 교리와 칼뱅주의적 성만찬 교리(후에 약화됨)를 지닌 전통적 신앙 고백서를 마련하였다(1552년 '42개 조항Forty-Two Articles').
- 전통적 목회 구조를 폐지하지 않으면서도 제도의 개혁을 달성하였다.

메리 튜더Mary Tudor 여왕의 피비린내 나는 가톨릭 반동 기간이 지난 후에 (이때 크랜머 대주교 자신도 화형당하였다) 메리의 이복 동생 엘리자베스Elizabeth 1세(재위 1558~1603)의 재위 기간에 마침내 개혁된 가톨릭교회의 결정적 형태가 완성되었다. 이 교회는 전형적인 영국 방식으로 중세 기독교와 개혁주의 기독교의 패러다임을 결합한 것으로, 예배 의식과 교회 관습은 개혁되었으나 '39개 조항Thirty-Nine Articles'에 나타나듯 교리와 실천은 가톨릭적이었다.

따라서 오늘날까지 영국 성공회는 자신을 로마와 제네바 양극단 사이의 중도적 입장이라고 생각하고 있다. 명예혁명 이후 윌리엄William 3세가 공포한 관용령Act of Tolerance은 프랑스 혁명이 일어나기 정확히 100년 전에 영국 성공회 내부와 외부의 여러 교파들 및 국가 교회를 부정하던 자유교회들로 하여금 각 집단과 독립적 공동체의 자율성 실현을 가능케 하였다. 미국에서 이와 같은 '회중주의 교회Congregationalists'들은 침례교회 및 특히 감리교회와 더불어 희망찬 미래를 갖게 되었다.

종교 개혁자들이 종말론적이고 암울한 분위기 속에 기대했던 로마 가톨릭교회의 붕괴는 일어나지 않았다. 놀랍게도 가톨릭교회의 개혁이 느리게나마 진행되었던 것이다. 이 개혁은 독일이나 로마에서 시작된 것이 아니라 스페인에서 시작되었다. 1492년 한 해 동안에 스페인은 이슬람이 통치하던 그라나다Granada를 점령하고 아라곤Aragon과 카스티야Castilla를 합병하여 스페인 전국에 걸쳐 기독교 재탈환reconquista을 완성함과 동시에 아메리카의 발견과 더불어 (멕시코 점령은 1521년) 그 자랑스러운 '영광의 시대siglo de oro'를 시작하였다.

물론 스페인은 종교재판의 왕국이었다. 대심판관 토마스 데 토르케마다Tomás de Torquemada 주재 아래 무려 9천 번에 달하는 '신앙 행위acts of faith'인 '오다페autos-da fé', 즉 화형식이 거행되어 이단과 유대인들을 처형하였다. 그러나 스페인은 또한 개혁의 왕국으로서 인문주의자였던 대추기경 시스네로스Cisneros의 영도 아래 종교 개혁 이전부터 에라스무스의 영향으로 수도원과 성직자들을 개혁하고 알칼라 대학을 설립하기도 하였다.

전 세계에 걸쳐 카를Karl 5세 황제로 알려졌던 스페인 왕 카를로스Carlos 1세는 거대한 왕국의 마지막 위대한 통치자로서 발칸 반도에서 빈과 브뤼셀을 거쳐 마드리드, 멕시코와 페루에 이르는 합스부르크 제국, 문자 그대로 해가 지지 않는 제국을 통치하였다. 헨트에서 태어난 카를로스 1세는 후에 독일어를 모국어로 사용하는 마지막 교황인 하드리아누스Hadrianus 6세가 되었던 에라스무스 추종자, 위트레흐트Utrecht의 하드리아누스Hadrianus에 의해 양육되었다.

불행하게도 불과 18개월간 계속되었던 그의 교황 재위 기간에 하드리아누스 6세는 1522년 뉘른베르크 의회Diet of Nürnberg에서 21세기 초 교황 요한 바오로 2세보다도 훨씬 분명하게 가톨릭교회의 죄에 대한 고백을 전달하였다. "우리는 지난 시간 동안 많은 흉악한 일들이 바로 이 거룩한 교황 보좌에서 발생하였음을 잘 알고 있습니다. 영적 문제의 남용, 하느님 명령에 대한 불순종 등 모든 문제가 더 악화되었습니다. 따라서 질병이 머리에서부터 각 지체로, 교황에서 고위 성직자들로 번졌음은 놀랄 일이 아닙니다. 고위 성직자들 및 우리 모든 성직자들은 올바른 정도에서 벗어나고 말았습니다."

이러한 하드리아누스 6세에게서 양육되었던 카를 5세는 중세적 광신자 혹은 이단 사냥꾼이 아니었다. 가령 그는 도미니쿠스 수도회 선교사 라스 카사스Bartolom de Las Casas의 반대를 받아들여 라틴 아메리카 정복을 중단하고 정복의 법적, 도덕적 기초에 대한 공개 토론을 열 것을 허용한 인물이었다. 그에게 주어진 모든 권력과 확신을 가지고 카를 5세는 자기에게 전수된 교회의 일치와 전통적 신앙을 위해 분발하였다. 그는 종교개혁자들의 대단한 적수인 동시에 교황의 반대자가 되어 공의회와 개혁을 교황으로부터 쟁취해 냈다.

한편 이탈리아에서는 성경 복음의 견지에서 생각하려는 일군의 사람들이 초기에는 별 주목을 받지 못하다가 점차 영향력을 행사하게 되었다. 수많은 군대들이 여러 날 동안 약탈과 폭행을 자행한 1527년 '로마의 약탈Sack of Rome' 사건이 로마 르네상스 문화의 종말을 가져왔던 것은 사실이지만 로마 교회의 개혁을 가져오지는 못하였다. 로마 교황청의 변화를 불러일으킨 사람은 바로 자기 자신이 전적으로 르네상스 교양인이면서 자신의 아들과 손자들도 모두 추기경이었던 파르네세가 출신의 파울루스Paulus 3세(재위 1534~1549)였다. 그는 평신도 콘타리니Contarini, 폴Pole, 모로네, 카라파 등과 같이 개혁 모임의 지도자이자 유능하고 깊은 신앙심을 가졌던 인물들을 추기경으로 임명하여 교회 개혁에 대한 제안을 주도하게 하였다.

또한 그는 바스크Basque 지방 관리였던 성 이그나티우스 로욜라Saint Ignatius de Loyola에 의해 새롭게 결성된 예수회Compañía de Jesús, Society of Jesus를 승인하였다. 적극적인 영성 활동과 더불어 세계의 변화를 목표로 했던 예수회의 의미는 이그나티우스가 쓴 작은 책자 『영성 수련Spiritual Exercises』에 그 기초가 잘 밝혀져 있다. 비록 특정한 모임 장소, 수도회 복장, 예배 기도문 등을 갖추지는 않았지만 엄격한 규칙 및 하느님, 교황, 조직 내의 상급자들에 대한 무조건적 복종으로 무장하였던 이들 예수회 신부들Jesuits은 반종교 개혁을 수행하기 위하여 조심스럽게 선별되고 철저히 훈련받고 능력 있게 일하는 엘리트 수도회로 떠오르게 되었다. 반면 카푸치노 수도회Capuchins, 오라토리오 수도회Oratorians 및 다른 수도회들은 일반 신도를 대상으로 설교와 목회 사역에 치중하였다.

종교 개혁이 발생한 지 거의 30년이 지난 후, 그리고 루터가 사망하기 불과 2년 전이었던 1545년에 드디어 파울루스 3세는 오랫동안 고대하였던 새 공의회 모임을 황제의 인가를 얻어 트리엔트에서 개최하게 되었다. 이 공의회 이후 북부와 서부 유럽의 프로테스탄트 기독교와 전형적인 반대 성격을 지닌 지중해 성격의 가톨릭교회가 이탈리아와 스페인 색채를 풍기며 천천히 발달하였다. 이 가톨릭교회는 독일 내의 가톨릭 국가들에도 영향력을 끼쳤지만 '라틴 아메리카'라고 불리워지게 되는 인디언들의 나라로도 전해지게 되었다.

그러나 라틴 아메리카에서 진정한 의미의 토착적 가톨릭교회는 발달되지 못하였다. 새롭게 발견된 이 대륙은 20세기 중반이 되기 전까지 어떠한 종류의 긍정적인 영향력도 로마 교회에 행사하지 못하였던 까닭에 이 간략한 역사서에서 독립된 주제로 다룰 필요는 없을 것 같다.

로마 가톨릭 반종교 개혁

종교 개혁 이후 교황들은 수세에 몰려 대응하는 일에 몰두하게 되었다. 1542년부터 추기경 카라파의 영도 아래 악명 높은 '거룩한 종교재판소 Sanctum Officium Sanctissimae Inquisitionis(현재는 신앙교리성성 Congregation for the Doctrine of Faith으로 불림)'가 모든 가톨릭 국가의 종교재판 중심기관으로 설립되었고 첫 번째 금서 목록이 발표되었다. 복음주의적 성향을 지닌 가톨릭 개혁자들에게 비극적 사태로 인식되었던 이러한 상황은 바로 카라파 자신이 1555년 교황으로 선출되면서 더욱 굳어지게 되었다. 파울루스 Paulus 4세는 중세적 신정 정치를 강요하려고 시도하였다가 비참하게 실패하고 말았다.

마침내 1545~1563년까지 북부 이탈리아 트리엔트에서 열린 공의회에서 개혁을 옹호하던 소수 이탈리아인들은 처음부터 별로 발언권을 갖지 못하였다. 지난날 진정한 의미에서 범교회적이었던 공의회들과 달리, 특히 콘스탄츠 공의회와 대조적으로 트리엔트 공의회는 마치 중세 시절 주교단 회의처럼 교황 중심의 공의회였다. 처음에는 오직 이탈리아와 스페인 주교들만이 참가하였고 프로테스탄트 대표들은 물론 참석하기를 거부하였다.

그러나 개혁을 위하여 이 공의회가 행한 심각한 노력은 주목할 만한 것으로 다음 수십 년간 그 효과가 나타났다. 교황청이 원하는 대로 성경, 교회 전통, 칭의, 성례전, 연옥, 면죄부 등에 관한 교리가 정리되면서 여러 오해를 제거할 수 있게 되었다. 황제가 요구한 대로 교육과 훈련에 관한 법령이 정비되면서 사제들의 교육 및 수도회 생활과 설교에 관한 새로운 기초가 형성되었다(교육 모델은 이그나티우스가 설립한 독일인 사제 후보생을 위한 신학교Pontificium Collegium Germanicum에 기초하였다). 점차 개혁 조치들은 목회 활동, 선교, 교리문답, 병든 자와 가난한 자들의 구호 사업 등의 개선으로 이어졌다.

그러나 트리엔트 공의회는 정작 시급하게 개혁이 요청되던 교황제에 대해서는 아무 말도 하지 못했다. 물론 그렇다고 교황의 절대성이나 무류설을 강조한 것도 아니었다. 로마 교황청은 공의회가 교황보다 우위에 있다고 선포한 콘스탄츠 공의회 교령들을 너무 두려워하였다. 더군다나 트리엔트 공의회 후반부에 이르러 주도적인 독일 주교들과 복음주의가 우세하던 지역 대표들이 이런 교령들을 갱신할 것을 요구하기도 하였다. 물론 그런 요청은 마치 교황에 대한 주교들의 충성 서약을 폐지하라는 것만큼 공허한 요청일 뿐이었다.

개신교와의 군사적 분계선이 이제 가톨릭교회의 외형적 경계선으로 굳어지면서 가톨릭교회 내부 갱신의 실질적 한계선이 되었다. 가톨릭 개혁의 돌파구는 사실상 종교 개혁의 압력 속에서 겨우 실현될 수 있었다. 어떤 가톨릭교회 역사가들이 주장하듯 종교 개혁은 트리엔트에 가톨릭교회가 모이는 계기를 마련했을 뿐만 아니라 나아가 종교 개혁 자체를 가속화시키고 도전을 버리고 영원한 반대자의 역할도 감당한 셈이었다. 반종교 개혁은 교황청의 가톨릭 역사가 휴버트 예딘H. Jedin이 생각하는 것처럼 트리엔트 공의회 이후 75년 뒤에 시작된 것이 아니라 공의회 자체와 더불어 시작된 것이었다. 즉, 가톨릭 자체의 개혁과 호전적인 반종교 개혁은 두 가지 다른 국면이 아니라 동일한 개혁 운동의 두 측면을 뜻한다.

트리엔트 공의회는 종교 개혁자들의 신학적 문제 제기에 수십 개의 파문과 정죄로서 응답하였다. 심지어 종교 개혁자들뿐만 아니라 황제와 수많은 가톨릭 개혁자들도 부분적으로 공감했던 실제적 문제들, 가령 성만찬에서 평신도의 포도주 나누어 마시기, 각 지방 언어로 예배 집전하기, 성직자의 결혼 문제 등은 심각한 논의를 거치지도 않고 그대로 거부하고 말았다. 무려 400년이 지난 다음 20세기에 들어서서야 제2차 바티칸 공의회에서 그 처음 두 문제만을 겨우 거론하게 되었을 뿐이다.

성례전 교리가 로마 가톨릭교회법의 기초임을 감안할 때 트리엔트 공의회의 기본적인 반종교 개혁 태도 역시 성례전에 관해 공포된 법령에서 분명히 나타나고 있다. 종교 개혁자들이 제기하는 성경 해석적, 역사적, 신학적 반대에 대한 관심이 전혀 수용되지 않은 상태에서 성례전은 중세에서 주장했던 것과 마찬가지로 일곱 개로 확정되었고 이를 위반하면 파문에 처한다고 위협하였다. 세례, 성만찬, 참회뿐만 아니라 견신례, 임직, 결혼, 종유 역시 그리스도 자신에 의해 '제도화된' 성례전이라는 것이었다. 이와 동시에 너무 야단스러운 수식이나 장식 등을 제거한 중세적 미사도 복원되어 주서(朱書, rubrics : 빨간 글자로 표시된 예배 지침서)에 따라서 사제의 마지막 말과 손가락 방향까지 통제받게 되었다.

이처럼 철저히 통제된 사제들의 예배 의식은 가끔 변형 장식이 많은 바로크 형태를 시도하면서도 제2차 바티칸 공의회 때까지 가톨릭 예배의 기본 형식으로 존속하였다. 이와 더불어 수많은 헌신 기도회, 아주 생동감 넘치는 대중 신앙적 순례와 행진, 마리아에 대한 높은 존경심 등이 더욱더 증가하였다.

따라서 제2차 바티칸 공의회와는 대조적으로 트리엔트 공의회에서 교회 내의 개혁은 화해와 재결합의 의미가 아니라 종교 개혁에 반대하는 투쟁적 프로그램의 기능을 가지고 있었다. 이러한 성격은 또한 예술에서도 나타나서 바로크 시대의 웅장한 건축, 조각, 그림, 음악은 투쟁하고 승리하는 교회ecclesia militans et triumphans가 지배한다는 강화된 주장의 표현이자 동시에 고대 유럽의 마지막 통일된 스타일이었다.

일반적으로 말해 가톨릭 개혁은 복구의 색채를 띠고 있었다. 즉, 중세적 정신이 반종교 개혁의 옷을 걸친 셈이었다. 이런 모습은 예딘이 스페인과 로마에서 발생한 '스콜라 철학의 재생'이라고 명한 것, 곧 프로테스탄트를 공격하기 위한 '논쟁적 신학'의 경우와도 들어맞는다.

따라서 트리엔트 공의회는 오랫동안 기다려 왔고 요청되었던 기독교 전체(적어도 서방 기독교만이라도)의 일치를 위한 범교회적 공의회가 될 수도 없었고 또 그럴 의사도 없었다. 이 공의회는 그 대신 반종교 개혁의 독특한 고백 성격을 지닌 공의회였으며, 전적으로 유럽을 다시 가톨릭화하려는 목적을 이루려는 공의회였다. 이 목적은 가능한 모든 곳에서 정치적으로 수행되었고 필요한 어느 곳에서라도 군사력으로 시행되었다. 즉, 군사적 개입과 외교적 압력을 결합시킨 이 전략은 16세기 후반 유럽에서 '신앙 전쟁'과 종교 전쟁이라는 미명 아래 엄청난 폭력의 홍수를 유발시켰다.

이탈리아와 스페인에서 소수였던 신교도들은 박해받았고 프랑스에서는 칼뱅주의 위그노Huguenots 신도들에 대한 여덟 차례에 걸친 내전이 발생해 파리에서 3천 명의 신교도가 학살당하는 참극, 즉 성 바르톨로메오 축일의 학살Massacre of Saint Bartholomew's Day이 일어났다. 네덜란드의 칼뱅주의 네덜란드인들은 스페인의 공포 정치에 대항하여 종교의 자유를 위한 싸움을 벌였고 스페인과 네덜란드와의 전쟁은 80년 넘게 계속되었다. 급기야 가톨릭과 프로테스탄트뿐만 아니라 네덜란드인, 스웨덴인, 프랑스인들도 가담한 파괴의 전쟁터로 전락하였던 독일은 무시무시한 30년 전쟁(1618~1648)으로 완전히 유린되고 말았다.

1648년의 베스트팔렌 평화 조약Peace of Westfalen은 가톨릭과 신교 양쪽의 균등한 원칙에 따라 독일의 상황을 조정하고 개혁주의 교회를 인정하게 되었다. 그 당시 양쪽으로 나누어진 지역들은 원칙적으로 지금까지 지속되고 있다. 그 당시 국제법으로 공인했던 독일 제국으로부터 스위스와 네덜란드의 독립도 오늘날 유효하다.

이제 한 시대가 끝났다. 최고의 위치, 최대의 역량을 발휘할 힘이 필요했던 종교적 역동성은 이제 거의 소진되고 말았다. 종교는 전쟁의 지옥으로부터 탈출구를 제시하지 못하였다. 오히려 유일한 진리에 관한 종교적 논란이 30년 전쟁의 주요한 이유가 되었다. 오로지 신앙을 저버리는 것으로만 평화를 얻을 수 있는 상황이 된 것이다. 기독교는 자신이 평화의 능력이 없음을 증명하였다. 그러한 과정에서 기독교는 결정적으로 신뢰를 상실하였고 따라서 유럽의 종교적, 문화적, 정치적, 사회적 유대감을 형성하는데 점차 중요하지 않은 요소로 쇠퇴해 갔다. 이러한 방식으로 기독교는 세계와 종교의 분리 과정, 즉 새로운 시대인 근대의 성격을 결정적으로 형성하게 될 세속화 형성에 도움을 주었다. 새로운 세속 문화가 등장하려 하고 있었다.

7

가톨릭교회와 근대

새로운 시대

　마드리드 근교에 위치한 엘에스코리알El Escorial 왕궁은 베르사유 궁전과 얼마나 다른가! 엘에스코리알은 카스티야 지방의 나무가 듬성듬성한 언덕 지역에 위치한 조용하고 차분한 회색의 왕궁으로 권위의 보좌이며 그 중심에 교회가 놓여 있는 학문과 기도의 중심이다. 반면 베르사유 궁전은 엄청난 인공 정원 조경으로 둘러싸인 휘황찬란한 성으로 중심에 '왕의 거실chambre du roi'을 놓고 양쪽 날개에 교회를 위치시킨 전통 건축 양식의 대표작이다.

　이 건물들의 설계자와 주인들도 정말로 서로 대조적인 사람들이었다. 철두철미한 정통 가톨릭 신자로서 16세기 후반에 가장 막강한 세력을 자랑했던 합스부르크 왕조의 펠리페Felipe 2세와 '가톨릭' 신자이긴 하였으나, 거의 종교적이라고 할 수 없고 오히려 전적으로 세속화된 집권자로서 17세기 후반의 가장 강력한 권세가였던 부르봉 왕조의 루이Louis 14세가 바로 그들이었다.

　여기에 17세기 중반 무렵 유럽 역사의 위대한 분수령에 의해 분리되는 두 명의 통치자와 두 개의 세계를 말할 수 있다.

- 스페인은 분명한 로마 가톨릭 국가로서 신세계 발견 등으로 부유하게 되었으나 프랑스에게 패배(1643)하고 피레네 평화 조약Peace of the Pyrenees(1659), 네덜란드와 포르투갈을 상실(1648, 1668)하는 등 너무나 많은 전쟁을 겪어 기진맥진한 상태였다. 결국 17세기 말 스페인은 유럽 정치 무대 경연장에서 대국의 역할을 포기하게 되었다.
- 30년 전쟁 이후의 독일과 여러 도시 국가들 사이의 끊임없는 내전 결과, 대국들의 표적이 되었던 이탈리아는 세계 정치 무대에 아직 적합하지 않은 나라였다.
- 베스트팔렌 협정에 의해 국제법상 이해 조정관의 역할에서 제외되었던 교황의 임무를 대신하여 국가간 이해를 초월하는 새로운 기관이 아직 등장하지 않고 있었다. 그러나 새로운 공세를 펼칠 수 있는 신교 진영의 세력 또한 약화된 것처럼 보였다. 신앙 고백은 이제 국가보다 하위에 놓이게 되었다. 신앙 고백의 시대가 1648~1789년까지 거의 한 세기 반 동안 왕정 절대주의 시대로 대체되었던 것이다.

새로운 힘의 균형의 역사적 변화가 이루어졌다. 더 이상 종교 개혁과 반종교 개혁 때처럼 지중해에서 중앙 유럽으로 힘이 미치는 것이 아니라 유럽 중앙에서 서쪽 경계에 있는 대서양 국가들에 힘이 미치게 되었다. 네덜란드, 프랑스, 영국이 스페인과 포르투갈로부터 '자유로운 대양'의 항해권을 장악하게 된 것이다.

이제 프랑스가 유럽의 막강한 국가로 등장하였다. 원래 개신교 위그노 신자였으나 "파리는 (가톨릭) 미사를 드리고 얻을 만한 가치가 있다Paris is worth a mass"라고 선언하고 가톨릭으로 개종했던 앙리Henri 4세의 아들 루이Louis 13세의 영도 아래 프랑스는 가톨릭 국가로 존속하였으나 전체적으로 세속화된 중앙집권 국가로 변해 가면서 유럽에서 가장 근대적인 국가가 되었다.

이는 절대적 권력을 가졌던 총리 리슐리외Richelieu 추기경의 업적이었다. 국내적으로 그는 귀족, 의회, 농민들과 대립하면서 국왕 절대주의를 확립하였고, 나아가 정치적으로 무력을 통해 위그노 신교도들을 제압하였다. 국외적으로는 스페인 군대, 영국 함대, 독일 용병들에 맞서 리슐리외는 교회와 종파 사이의 모든 이해 위에 국가의 존재 기반을 놓고 유럽 대륙에서 프랑스의 우월성을 확보하였다. 리슐리외는 마키아벨리의 현실 정책 원칙을 처음으로 지속적으로 실행한 인물이었다. 주도권 장악을 위한 전쟁과 전쟁 비용, 전쟁의 모든 결과들은 이러한 계획에 맞추어 시행되었다.

루이 14세 치하에서 주권적 국가 형태, 국가 존재 기반, 주도권 투쟁 등 근대 국가 정치의 여러 원칙들은 그 최고 절정에 달하였다. 종교는 국왕 절대주의를 정당화하는 임무를 수행하였다. 중세 때 '한 분 하느님, 한 분 그리스도, 하나의 신앙'을 말하던 것과 달리 이제는 '한 분 하느님, 하나의 신앙, 하나의 법, 하나의 국왕un Dieu, une foi, une loi, un roi'이 되었다.

『리바이어선Leviathan』을 저술한 토머스 홉스T. Hobbes처럼 대륙과 영국의 합리적 정치 사상가들은 절대 군주제만이 혼돈을 방지하고 강력한 중앙 국가를 통해 내부적 평화를 보장하는 유일한 수단이라고 강조하였다. 원칙적으로 신의 은총이 필요하지 않은 상태에서 국가는 백성과 정부 사이의 협약의 자연적 결과이며, 그 협약이란 뒤에 밝혀지겠지만 자주 파기될 수밖에 없는 것이었다.

동시에 프랑스는 유럽에서 주도적으로 문화 영향력을 행사하는 국가로 등장하였다. 스페인의 시대가 끝난 후 프랑스의 시대가 된 것이었다. 프랑스어가 라틴어를 대신하여 세계어로, 또 국제간 협약의 공식 언어로 등장하였고 프랑스 고전주의가 화려한 바로크 스타일을 대신하게 되었다. 모든 것이 이 시대의 실제적 특징이던 기하학에 의해 좌우되었다. 즉, 국가는 도시의 건설, 축성, 정원 설계에서부터 체조, 음악, 무용에 이르기까지 합리적으로 설계된 기계로 간주되었다. 이 모든 것은 근대로 향하는 획기적인 변환, 세기의 전환을 예고하는 혁명적인 박동과 연결되어 있었다. 유럽은 더 이상 르네상스 시대 때처럼 지나간 고대의 모델을 따라 방향을 설정하는 것이 아니라 자율적 이성, 기술적 진보와 '국가'를 이용하여 방향을 잡으려 했다.

사회, 교회, 신학에서의 패러다임적 혁신과 '근대 효과'가 로마 교황청의 탄탄한 집권 영역에서 대부분 발견되지 않았다는 사실은 놀라운 일이 아니다. 중세에 아주 혁신적이었던 로마 가톨릭 패러다임은 가톨릭 국가 내에서 로마적 제도가 효율적인 도구로 계속 작동하였음에도 불구하고 점차 중세적 구속 장치로 변해 갔다. 트리엔트 공의회 이후 교회는 점점 더 로마 가톨릭의 '요새'에 숨어서 앞으로 수세기 동안 무수한 '교회의 적'들이 이 요새를 공략하려고 할 때 저주, 파문, 도서 금지, 직권 정지 등 고전적인 무기들을 휘두르게 될 것이었다.

그러나 교회는 거의 성공을 거두지 못하였다. 16세기 후반부터 17세기 전반까지 피우스Pius 5세에서부터 그레고리우스Gregorius 13세를 거쳐 우르바누스Urbanus 8세에 이르는 몇 명의 중요한 반종교 개혁 교황들 이후 17세기 후반부터 교황들은 점차 역사의 그늘로 사라지고 말았다.

개신교도 전통주의로 고착될 위험성을 가지고 있었다. 그러나 모든 위험에도 불구하고 개신교 사람들은 패권주의적이던 가톨릭보다 새로운 시대에 더 잘 적응할 준비가 되어 있어서 19세기 중반부터 20세기 중반까지 그 당시 주도적 사상과 대부분 만나게 되었다(낭만주의와 같은 몇 가지 예외를 제외하고). 이런 현상에는 몇 가지 이유를 들 수 있다.

- 그 모든 바로크 수식과 장식에도 불구하고 반종교 개혁의 가톨릭교회는 분명히 수구 회복의 보수적 종교를 대변하였으나 개신교는 시작부터 개혁을 향한 미래지향적 종교였다.
- 전체적으로 가톨릭교회는 경제, 정치, 문화 등에서 뒤처져 있던(프랑스는 예외) 로망스 민족의 종교로 존속하였으나 개신교는 융성하는 독일과 앵글로색슨 국가의 종교였다.
- 가톨릭교회에서는 교황 자신이 성경 해석을 결정하고 이에 벗어나는 해석을 허용하지 않지만, 개신교에서는 독자적으로 성경을 읽고 언급할 수 있으며, 교단의 공식 교리에 대하여 각자의 양심에 따라 내린 결정을 호소할 수도 있었기 때문에 책임 윤리가 발달될 수 있었다. 종교 개혁의 '기독교인의 자유'사상은 근대적 의무의 윤리, 성숙한 자율성의 윤리를 형성하는 데 결정적 공헌을 하였다.

과학과 철학의 혁명 : 이성

근대 혁명은 무엇보다도 지성적 혁명이었다. 그 초기 단계에서 영국의 정치가이자 철학자였던 프란시스 베이컨F. Bacon이 선언했던 것처럼 지식은 곧 힘이었다. 실제로 과학은 발흥하는 근대 최초의 위대한 힘임을 증명하였다. 베이컨이 경험적, 실험적 기초를 제공하지 않은 채 선언했던 이 말은 원래 방법론적으로 갈릴레오, 데카르트, 파스칼 등에 의해 시작되었고 스피노자, 라이프니츠, 로크, 뉴턴, 호이헨스, 보일 등에 의해 계승된 내용이었다. 이들 모두는 수학적 확실성과 비슷한 확실성을 보장하는 듯한 이성의 우위성에 대한 새로운 확신의 기초를 제공한 사람들이었다.

가톨릭 성당의 사제장이었던 니콜라우스 코페르니쿠스N. Copernicus가 순수 이론의 가설로 제시했던 정말 혁명적인 새로운 세계관을 갈릴레오 갈릴레이가 실험을 통해 부정할 여지없이 확증하게 되자 성경적 세계관이 큰 위협을 맞게 되었다. 갈릴레오는 자연 법칙을 증명하고 자연에 대한 제한 없는 탐구를 선도한 자연 과학 선구자 중의 한 사람이 되었다. 두 세대가 지난 다음 아이작 뉴턴은 많은 단편적 요소들로부터 매우 합리적이라고 확신이 가는 새로운 세계관을 고안함으로써 고전 이론 물리학의 아버지가 되었다.

갈릴레오와 같은 시기에 수학자이자 과학자였던 르네 데카르트는 근대 철학의 기초를 마련하였다. 수학의 확실성은 이제 지식의 새로운 이상이 되었다. 모든 확실성의 기초는, 특히 극단적 회의를 통한 확실성은 곧 사유하는 행위를 통해 경험하게 되는 인간 개인이 존재한다는 사실이었다. '나는 생각한다. 그러므로 존재한다Cogito, ergo sum' 이것이 중요 전환점이 되었다. 즉, 원초적 확실성의 장소가 신에서 인간으로 전환된 것이다. 따라서 중세나 종교 개혁 때처럼 신에 대한 확실성으로부터 나 자신의 확실성으로 논증이 연결되는 것이 아니라, 근대적 방법론에서는 나 자신의 확실성으로부터 신에 대한 확실성을 유추하게 되었다. 그것이 정말 가능하기라도 한 것처럼!

대륙의 합리론과 영국의 경험론을 연결시켜 위대한 철학적 종합을 시도하고 인간 주체의 관점에서 전체 실재를 구성하는 업적을 이룩한 사람은 임마누엘 칸트I. Kant였다. 신에 대한 지식과 관련된 질문에서 칸트는 더이상 '이론적' 이성에 묻지 않고 인간 행동에서 구현되는 '실천적' 이성에 호소하였다. 즉, 신에 관한 질문은 순전히 과학적 지식에 관한 것이 아니라 인간의 도덕적 행동에 관한 것이며, 신 존재는 이런 도덕적 행위의 기본 조건이라는 것이다.

이 얼마나 대단한 변화인가? 중세의 로마 가톨릭 패러다임에서 최고의 권위는 교황이었고 종교 개혁 시절은 '하느님의 말씀'이었다. 그러나 이제 근대적 패러다임에서 최고의 권위는 곧 이성ratio, reason이 되었다. 인간 이성이 근대의 제일 중요한 주도적 가치가 된 것이다. 이제 모든 진리에 관한 질문의 중재자는 곧 이성이 되었다. 오직 합리적인 것만이 옳고, 유용하고, 구속력을 가진다고 간주되었다. 철학은 신학보다 우위에, 자연(자연 과학, 자연 철학, 자연 종교, 자연법)은 은총보다 우위에, 인간적인 것은 기독교적인 것보다 우위에 놓인다고 생각하게 되었다.

교회와 코페르니쿠스적 전환

과연 교회는 어떻게 과학과 철학의 이러한 '코페르니쿠스적 전환'에 대응했던가? 루터와 그의 동료 종교 개혁자 필리프 멜란히톤P. Melanchthon은 코페르니쿠스의 저서가 성경과 상치된다는 이유로 이를 거부하였다. 그러나 코페르니쿠스의 저서들이 로마 교황청의 금서 목록에 오르게 된 것은 갈릴레오 사건이 문제가 되었던 1616년이 되어서였다.

이제 가톨릭교회는 지성적 노력, 경험적 적용, 문화적 능력을 갖춘 기관이 아니라, 모든 새로운 것들에 대한 수세적 방어로 특징 짓는 기관이 되었고 검열, 금서 목록, 종교재판 등이 재빨리 등장하게 되었다. 다음 몇 가지 악명 높은 예들을 거론할 수 있다.

- 코페르니쿠스적 세계관과 범신론적 신플라톤주의-신비적 르네상스의 경건심을 연결시켰던 조르다노 브루노G. Bruno는 1600년 로마에서 화형당했다.
- 신과 자연의 일치를 가리켰다고 전해진 이탈리아 자연 철학자 루칠리오 바니니L. Vanini도 마찬가지로 1619년 툴루즈에서 화형당했다.
- 반아리스토텔레스 철학자 톰마소 캄파넬라T. Campanella는 종교재판소 감옥에 갇혀서 유토피아를 그린 『태양의 나라La città del sole』(1602)를 저술했으며 2년 뒤에 탈출할 수 있었다.
- 종교재판소에 의해 고소당했던 갈릴레오 갈릴레이는 1633년 마침내 충실한 가톨릭 교인으로서 자신의 '과오'를 참회한 후에 그의 남은 생애 8년을 가택 연금 상태로 보내면서 비록 시력은 잃었지만 열심히 연구에 정진하였다.

갈릴레오와 교회의 갈등은 새롭게 발전하는 자연 과학과 교회의 관계가 처음부터 뿌리까지 곪아 있음을 보여 주는 유형의 전례가 되었다. 모든 비방 수단과 종교재판관들을 동원하여 가톨릭 국가들 전역에서 실행된 갈릴레오에 대한 정죄는 공포 분위기를 확산시켰고, 그 결과 데카르트는 그의 저서 『세계Le Monde』 발표를 무기한 연기할 수밖에 없었다. 결국 데카르트 사후 14년이 지난 다음에야 이 책이 출판될 수 있었다. 자연 과학은 교회에 대해 아무런 소리도 내지 못한 채 밤중에 이사가듯 빠져 나가고 말았다. 이제 가톨릭 국가들에서 차세대 과학자들은 거의 출현할 수 없게 되었다.

문화와 신학의 혁명 : 진보

　과학과 철학의 혁명은 오랜 기간 교회 당국이 모든 사상을 지배하였던 유럽 사회에 광범위한 결과를 초래하였다. 이 혁명들은 계몽주의의 문화 혁명으로 이어졌고 마침내 정치 혁명을 유발하였다. 기독교 역사상 처음으로 세계, 사회, 교회와 신학에 대한 새로운 패러다임 요청이 신학과 교회 내에서 비롯되지 않고 그 외부에서 일어났다. 이제 개인으로서 인간이 중심에 놓이게 되는 동시에 지리적으로는 신대륙의 발견, 물리적으로는 망원경과 현미경을 통하여 인간 지평이 확대되고 거의 무한정으로 스스로를 차별화시켜 나갔다.

　이제 오래된 단어인 '근대modern'가 새로운 의미를 갖게 되어 새 시대 감각을 지칭하게 되었다. 문화 상황의 변화 속에 종교에 대해 뚜렷하게 냉담한 반응이 감지되었다. 물론 17세기 당시 아직까지도 교회 조직, 당국, 교육제도, 상하계급 질서, 교리 등이 높이 평가되었던 것이 사실이다. 그러나 국가와 교회의 그럴듯한 외관 뒤에는 자신들의 권력과 출세를 누리기 위하여 아무 거리낌없이 권력을 남용했던 절대 군주들과 그들의 추종자인 교회 지도자들에 의해 훼손당한 교회의 실상이 숨겨져 있었다. 세속화와 해방의 과정이 시작되면서 비록 약화된 형태로나마 독일까지 전파되었다. 심각한 의미에서 문화와 종교, 사회와 교회는 따로따로 겉돌기 시작하였다.

　재치 있던 회의주의적 논쟁가이자 수필가였던 볼테르Voltaire는 모든 실증 종교들을 거부하고 교회를 증오했으며 ('파렴치한 행위를 분쇄하라Écrasez l'infâme') 개신교도와 위그노까지도 포함되는 관용을 위해 효과적인 중재에 나서기도 하였다. 사실 그는 무신론자가 아니었다. 또한 그는 35권에 달하는 『백과전서Encyclopédie』를 후원하였는데 프랑스 계몽주의의 금자탑인 이 『백과전서』는 근대 학문의 결정판으로 국가와 교회에 대한 계몽주의 비판을 정리하고 인간, 자연, 국가를 이성적 방법으로 새롭게 제시하려는 목적을 가진 작품이었다.

그것은 바로 이신론적 견해에서 세계를 기계론적으로 보는 새로운 세계관을 의미하였다. 기계와 같이 정교한 인간의 창조주이자 (멀리 떨어져 있는) 감독자로서의 신에 대한 믿음은 아직 남아 있었다. 만약 교회의 입장에서 새로운 자연 과학의 결과로 비판적인 성경 해석 쪽으로 발전이 이루어지고 구정권ancien régime에 대해 더욱 비판적인 태도를 개발할 수 있다면 국가와 교회 사이의 이해가 아직 가능할 수도 있었다.

이성의 전능함과 자연을 지배할 수 있는 가능성에 대한 신념이 발달되면서 근대적 진보 관념에 대한 초석이 되었다. 18세기에 진보에 대한 일반적인 세속 관념은 삶의 모든 영역으로 확대되었다. 역사의 모든 과정은 이성적으로 진보적이고 진보적으로 이성적이라고 간주되었다. 이는 진보에 대한 기계론적 신념으로서 진화와 혁명의 개념으로 이해할 수 있는 것이었다. 진보는 영원, 전지, 전능, 전선 등 거의 신적인 속성과 같이 취급되었으며 불변적, 정적, 계층적, 영원한 세계 질서 대신에 지속적인 진보로서 세계와 역사에 대한 통일된 새로운 견해가 나타나게 되었다. 진보에 대한 신념은 이제 근대의 제2의 주도적 가치가 되어서 이미 이 세상의 행복의 실현을 약속하게 되었다. 인간의 자율적 결정권과 세계를 다스리는 인간 의지가 탄생하였으며, 바로 이것이 더욱 많은 사람들의 대체 종교로 자리 잡게 되었다.

교회에 미친 계몽주의의 결과

종교 전쟁은 이제 점차 마녀 화형식만큼이나 비인간적이고 비기독교적이라고 여겨지게 되었다. 귀신, 마귀, 주술에 관한 중세와 종교 개혁 신앙은 더 이상 이성의 진보 시대에 어울리지 않았다. 마녀재판과 화형을 처음으로 공격한 사람은 예수회 신부 프리드리히 폰 슈페Friedrich von Spee였고 이어서 개신교도 법률가였던 크리스티안 토마지우스C. Thomasius가 그 뒤를 이었다.

면죄부, 순례, 행렬, 수도원 등의 경우와 마찬가지로 강제적인 독신 제도와 예배 의식에 라틴어만을 사용하는 문제도 비난을 받게 되었다. 처음 설립자의 이상과는 너무 멀어지고 대신 세상의 온갖 정치와 사업에 연루된 예수회 조직은 교황청의 하수인이자 반근대주의의 대변자라는 이유로 많은 이들의 미움을 받다가 마침내 포르투갈, 스페인, 프랑스의 절대 정권으로부터 압력을 받은 교황 자신에 의해 해산되고 말았다. 그러나 친근하고 사교적이며 학식이 많던 18세기 중반의 베네딕투스Benedictus 14세를 제외한 다른 교황들은 스스로 무의미한 역할로 전락하여 시대의 도전에 고작 케케묵은 응답, 공허한 항변, 일괄적인 징계로 반응할 뿐이었다. 현 상태를 유지하려는 자기 이익의 관점에서 가끔 가톨릭 군주들이 교황의 지지자로 등장할 뿐이었다.

기독교 신학, 특히 스콜라 철학은 계몽주의라는 이름으로 나타난 문화 혁명을 모른 척하지 않았다. 여기서 성서 비판이 주도적 역할을 하게 되면서부터 심지어 성경까지도 역사 비평의 도구를 가지고 검증하게 되었다. 이 역사 비평 방법은 데카르트 및 갈릴레오와 동시대인이었고, 유대인 성서 비판가였던 스피노자에게 배운 프랑스 연설가 리샤르 시몽R. Simon과 연관되어 있다.

시몽은 성경의 모세가 쓴「모세 5경」, 즉 토라Torah가 다른 출처에서 나왔음을 발견하였다. 토라는 모세로부터가 아니라 오랜 역사적 발전을 거쳐 나타났다는 것이다. 1678년 시몽이 발표한 구약 성경에 관한 비판적 연구는 당시 유명하던 왕궁 사제이자 설교가였던 자크-베닌 보쉬에Jacques-Bénigne Bossuet의 요청에 의해 즉시 압수되었다.

이처럼 가톨릭교회 내에서 비판적 성서 연구 정신은 꽃을 피우기도 전에 모두 없어져 버렸다. 그 결과는 비판적 성서학자들과 신학 전반에 걸친 주도적 학자들이 가톨릭교회에서 탈출하는 형식으로 나타났다. 처음에는 개신교 성서학자들에 국한되었던 성서 연구가 여러 세대를 거쳐 엄청난 연구 끝에 비로소 성경은 이 세계 역사상 가장 철저히 연구된 책으로 자리 잡을 수 있었다.

종교 개혁자들의 관심에서 멀리 떨어져 있던 종교적 관용 문제가 이제 근대의 주제어가 되었다. 신대륙에 진출한 탐험가, 선교사, 상인들로부터 전해지는 더욱 상세한 보고서들은 기독교 종교가 이전에 생각했던 것처럼 그렇게 독특하게 유일한 현상은 아닐지 모른다는 의구심을 증가시켰다. 실제로 새로운 나라, 문화, 종교의 발견을 통해 국제간 커뮤니케이션이 증가하면 할수록 유럽적 성격을 가진 기독교의 상대성은 확실하게 증명되었다.

복장, 말, 행동에서 완벽하게 중국의 유교적 생활 관습을 채택하였던 이탈리아 예수회 신부 마테오 리치M. Ricci에 의해 시작되어, 처음에 성공적으로 진행되었던 16~17세기 중국에서의 가톨릭 선교 활동은 경쟁 관계에 있던 프란체스코 수도회와 도미니쿠스 수도회, 그리고 종교재판소에 의해 제기된 이른바 '전례 논쟁rites controversy'으로 전면 중단되었다. 앞으로 기독교인으로 남아 있거나 또 기독교인이 되고자 하는 모든 중국인은 중국인이기를 포기하라는 교황의 칙서는 역사적으로 치명적인 교황의 오류 가운데 하나였다.

유럽에서 인류의 평화를 가능하게 하는 조건으로서 종교간 평화적 이상을 제시한 것은 교회의 교리나 문서가 아니라, 바로 고트홀트 에프라임 레싱G. Lessing의 위대한 계몽주의 희곡『현자 나탄Nathan der Weise』(1779)이었다.

관용의 정신이 모든 신앙 고백적 종파들을 대상으로 정립되었다. 어느 개별 종교의 독점이나 가톨릭과 개신교 두 신앙의 통치 대신에 이제 기독교의 서로 다른 신앙 고백적 교파들과 다른 종교들 사이에 관용이 자리 잡았다. 점점 더 큰 목소리로 바라던 인간 권리에 관한 명단의 첫 항목으로 양심과 종교 실천의 자유가 놓이게 되었고, 나아가 정치적으로 실현될 것을 요구하게 되었다.

정치적 혁명 : 국가

계몽주의의 문화 혁명은 정치, 국가, 사회의 혁명으로 이어졌다. 그리고 프랑스 혁명은 그야말로 '혁명' 그 자체였다. 처음에 이 혁명은 결코 가톨릭교회를 목표로 한 것이 아니었다. 만약 맨 위의 제1집단인 고위 사제들이 그들과 마찬가지로 개혁을 원하지 않던 제2집단인 귀족들과 결탁하였다면, 적어도 하위 사제들은 인구의 98퍼센트를 차지하면서도 아무런 권리를 가지지 못했던 제3집단과 유대를 형성했기 때문이다. 제3집단의 대표들은 베르사유 궁전에서 1789년 스스로 '국민의회Assemblée Nationale'를 구성하고 프랑스의 유일한 대표 기관이라고 담대하게 선포하였다. 왕이 무력 시위를 통해 이에 대응하였을 때 사람들은 진정한 주권이란, 왕을 제외시키고 궁극적으로는 왕에 반대해야만 가능하다는 것을 직접적으로 깨닫게 되었다. 이 개념은 장 자크 루소J. Rousseau와 다른 이들의 이론을 통해 이미 오래전부터 준비되어 온 사상이었다.

교황을 통해 구현되던 중세 신정 정치는 사라졌고, 개신교 도시의회와 위정자가 지녔던 권위 정치도 사라졌으며, 마지막으로 근대 초기 프리드리히Friedrich 2세 혹은 요제프Joseph 2세 같은 계몽 절대 군주들도 사라졌다. 이제 민주주의의 시대가 시작된 것이다. 의원들을 통해 국민의회에 대표된 백성들demos 자신의 의사가 곧 절대 주권이었다. 그리하여 '국가'야말로 제3의 근대적 중요 가치가 되었다.

혁명은 처음엔 정치적 자유liberté, 사회적 평등egalité, 지성적 박애fraternité 이데올로기적 선동 구호 아래 뭉친 군중들의 폭력을 통하여 전적으로 수행되었다. 루이Louis 16세로 하여금 이 혁명의 정당성과 국회의 주권을 인정하도록 강요한 것은 다름 아닌 1789년 7월 14일 바스티유 감옥을 습격한 군중들의 반란이었다. 귀족들의 성곽에 대한 시골 군중들의 습격은 커다란 공포를 확산시켰고, 국민의회가 모든 봉건 제도 권리를 무효화하여 구정권의 종말이 완전히 굳어지게 되었다.

이러한 과정 가운데 미국 독립전쟁(1776) 모델을 바탕으로 1789년 8월 26일 드디어「인간과 시민의 권리 선언Declaration of Human and Civil Rights」이 선포되었다. 이 선언은 근대 민주주의의 대헌장이며 인류 역사의 위대한 문서 가운데 하나이다. 가톨릭 신부들도 인간과 시민의 권리 선언을 선포하는 데 결정적 역할을 하였다. 혁명의회에서 인간 권리droits에 대한 선언과 더불어 사제뿐만 아니라, 거의 절반이나 되는 대의원들이 인간 의무devoirs에 대한 선언도 필요하다고 요청하였는데 이는 오늘날에도 아직 필요한 일이라고 할 수 있다.

교회와 혁명

1789년 10월 5일과 6일 사이에 파리 군중들의 봉기로 왕은 베르사유 궁전에서 파리로 옮겨야 했고, 왕과 함께 움직였던 국민의회는 구시대 체제 가운데 가장 거대하고 가장 강력하며 가장 부유했던 교회에 반대하는 혁명적 조치들을 통과시켰다. 이는 무엇보다도 국가 재정의 썩은 상태를 청소하기 위함이었다. 이 조치는 특히 시골에서 반혁명적 움직임을 야기시켰고 이런 반동 운동은 또다시 파리의 혁명가들 사이에서 교회와 종교에 대한 적대심을 더욱 고취시켰다. 이제 교회 재산은 국유화되고 사제들의 수입은 제한되었으며 모든 수도원과 종교단체는 해산되었다.

마침내 '성직자 공민헌장Civil Constitution of the Clergy'이 발효되어 각 교구의 범위를 행정기관의 범위와 일치시키고, 공동체의 모든 시민이 성직자를 선출하여 서품하도록 하고, 신부들과 평신도들로 구성된 주교 자문단과 더불어 국가기관의 행정관이 주교를 지명하도록 규정하였다.

그 목적은 대체적으로 오랜 갈리아주의Gallican 특유의 자유 정신을 바탕으로 로마로부터 독립된 국가 교회를 설립하는 것이었다. 그러나 이런 조치는 성직자들로부터 대규모의 저항을 일으키게 하였고 결국 반대편이 더욱 극단화되는 결과를 낳게 되었다. 모든 성직자들은 이제 시민 법령에 대한 충성도 맹세해야 했으나 주교들 대다수와 하위 성직자 중 반 정도는 이에 순응하기 거부하였고 결국 모두 파면되고 말았다. 1100명 혹은 1400명이 살해당했다고 하는 1792년 9월 학살의 피해자들 가운데 300명 가량이 성직자였다.

그렇다면 로마는 어떠했을까? 그 자신이 귀족 출신이었던 피우스Pius 6세는 1791년 공민헌장이 무효라고 선언하고 신적 계시에 따라서 '인간 권리에 관한 혐오스러운 철학'과 특히 종교, 양심, 언론의 자유와 모든 인간의 평등을 거부하였다. 이는 가톨릭교회에 있어 치명적 결정이었는데도 불구하고 계속해서 로마 교황청에 의해 주장되었다. 프랑스와 바티칸과의 외교 관계는 단절되었다.

1798년에 프랑스 군대가 로마로 진입한 이후 로마 공화국이 선포되었고, 교황 피우스 6세는 폐위되어 자신의 의사와는 상관없이 프랑스로 송환되었다. 로마 가톨릭교회는 혁명적 변화에 대항하는 가장 거대한 적처럼 보였다. 로베스피에르Robespierre가 열 달 동안에 1만 6천 명을 처형하는 데 이용했다는 기요틴과 같은 최신 도구를 가지고 혁명가들은 혁명을 수호하기 위해 민중의 전쟁을 이끌고 과거와 완전한 단절을 목표로 하였다. 바로 이것이 사회 질서와 국가의 모든 기관들을 오직 이성의 기초 위에 완전히 다시 재편성하려는 유토피아의 꿈이었다.

프랑스 혁명의 최대 피해자는 바로 가톨릭교회였다. 교회는 그 세속적인 권세를 잃었을 뿐만 아니라 교육, 병원, 가난한 자들에 대한 구호 능력도 상실하였고 엄청난 재산과 상당수의 성직자들을 이민, 처형, 추방 등으로 잃고 말았다. 교회와 성직자에 의해 다스려지던 문화 대신에 세속화된 공화 정치적 문화가 자리 잡게 되었다.

물론 프랑스 혁명에 의해 도입된 공민헌장을 문자 그대로 실현한다는 것은 불가능하다고 판명되었다. 이 공민헌장은 1792년을 새로운 원년으로 할 것, 일주일을 10일로 하며 기독교 예배를 '이성의 여신' 숭배로 대치하고 노트르담Notre-Dame 성전의 예배를 '절대자'의 숭배로 바꿀 것을 요구하였다. 이러한 혁신 조치들은 로베스피에르 자신이 1794년 기요틴에 처형된 이후 불과 몇 년 만에 자취를 감추었다. 그러나 몇 가지 근본적인 사회 개혁은 계속되었고 이런 개혁들이 적어도 프랑스에서는 오늘날까지도 국민들의 정신을 형성하고 있다고 할 수 있다.

- 인간 권리를 담은 목록이 기독교 교리를 대신하였고 국가 헌법이 교회법을 대신하였다.
- 프랑스 삼색기가 십자가를 대체하였고 주민등록 명부가 교회 세례, 결혼, 장례 명부를 대체하였으며 교사가 사제를 대신하였다.
- 애국자가 자신의 목숨을 바치는 조국Fatherland의 제단이 미사와 예배 제단을 대신하였다. 종교적 색채를 지닌 지역, 마을, 거리 이름들이 애국자들의 이름으로 대체되었다.
- 영웅화된 애국자 순교자들에 대한 경배가 성인 숭배를 대신하게 되었고, 혁명 가요 '라 마르세예즈La Marseillaise(프랑스 국가)'가 미사곡 '테 데움Te Deum'을 대신하였다.
- 부르주아 중산층 가치와 사회 화합에 대한 계몽주의적 윤리가 기독교 윤리를 대체하였다.

과거에 시선이 고정되었던 로마 교황청과 고위 성직자들은 이전의 패러다임 변화에서 기독교와 새로운 문화 사이에 종종 가능했던 상호 침투 현상을 전혀 원하지 않았으며, 공화주의적 반문화를 말하던 혁명가들도 이에 조직적으로 반대하였다. 프랑스에서 그 결과는 성직자와 반성직자라는 두 개의 적대적인 문화 형성으로 나타났다. 즉, 주도적인 자유주의 부르주아들의 호전적인 공화주의적 평신도 문화가 그 하나이고, 후에 교회의 교황주의적 반문화 혹은 하위 문화로 변하게 되는 깊은 전통을 가진 보수주의적 가톨릭 성직자 및 열성 신자들의 문화가 다른 하나였다. 가톨릭교회가 문화적 빈민굴ghetto로 들어가게 되는 발걸음이 이제 공식적으로 시작되었던 것이다.

과연 다른 대안은 없었던 것인가? 헌법에 따른 교회의 정신적 지도자로서 앙리-밥티스테 그레구아르Henri-Baptiste Grégoire 신부는 초기 기독교의 이상에 따라 민주주의와 교회 간의 화해를 주선하였다. 그러나 이런 대안은 별 기회를 얻지 못하였다. 그레구아르가 염려했던 많은 문제들은 제2차 바티칸 공의회에 이르러서야 겨우 해결될 수 있었다. 오랫동안 비난받아 왔던 '자유, 평등, 박애'의 구호가 사실 초기 기독교에 그 기초가 놓여 있었다고 이제 공개적으로 밝힐 수 있다. 물론 우리가 살펴본 것처럼 이 기초가 아주 초기부터 교회의 상하 위계 질서 구조에 의해 억압받은 것도 사실이다. 과연 교회는 초대 교부들의 정신에 따라 원칙적으로 자유롭고 평등한 형제자매들의 공동체가 되어야 하는가, 아니면 반민주적 수구 반동의 요새가 되어야 할 것인가?

그러나 국가에 대한 근대적 원칙은 유럽에 민족주의와 제국주의라는 아주 유해한 이데올로기를 제공하였다. 프랑스 혁명을 종결시키고 동시에 극복했으며, 교황 피우스 6세를 폐위시키고 새로운 교황 피우스Pius 7세와 종교 협약concordat을 체결했다가 결국 다시 폐위시키고 프랑스로 추방시켰던 나폴레옹 1세에게는 인간 정신을 수호하려는 프랑스 혁명의 임무보다 국가 영토의 확장이 훨씬 더 중요하였다. 나폴레옹의 정복 전쟁은 수십만 명의 인명 희생을 대가로 지불하게 되었다. 민족-국가주의 원칙이 인간 가치 원칙을 억압하기 시작하였다.

프랑스가 19세기 동안 혁명의 위대한 구호들로 정치적 발전을 주도했다 하더라도 계속 결정적인 정치 세력으로 존속하지는 못하였다. 19세기에 세계적인 주도 세력으로 떠오르게 된 국가는 오히려 대영제국이었다. 이것은 근대 경제 체제, 즉 새로운 세계 문명을 가능하게 한 또 다른 혁명과 연관되어 있었다.

테크놀로지와 산업 혁명 : 산업

프랑스 혁명보다 1세기 전에 명예 혁명을 겪었고 의회 정치 체제를 정립하였던 영국은 정치 혁명 못지않게 유럽 세계를 변화시키고 나아가 기독교를 변화시키게 될 기술-산업 혁명을 일으켰다. 프랑스 혁명의 공포와 나폴레옹이 일으켰던 전쟁이 끝난 후에 '행복하던 옛 시절'에 대한 향수가 전역에서 생겨났다. 프로테스탄트와 가톨릭 진영 모두에서 '신의 섭리'로서 옛 패러다임을 복원하려는 수많은 시도들이 잇따라 일어났다. 그리하여 이제 군주제 국가 형태, 계급 사회 구조, 로마 가톨릭의 위계 질서, 가족과 재산 등을 본질적으로 변함없는 가치라고 옹호하게 되었다. 나폴레옹에 저항했던 토대 위에 이러한 가치를 지지했던 교황은 이제 다시 도덕적 권위로 떠올랐다.

메테르니히Metternich 수상이 이끌던 오스트리아와 러시아, 프로이센 삼국의 보수적 국가들로 구성된 '신성동맹'에 의해 지배되었던 빈 회의

(1814~1815)에서 로마 교황청은 나폴레옹에 의해 사멸되었던 바티칸 국가 교회를 되찾을 것을 당연시하였다. 전통적 고위 성직자 몬시뇨르(monsignor : 로마 가톨릭교회에서 성직자들에게 사용하는 칭호—역주) 경제가 즉각 다시 도입되었고, 세속법 제도(나폴레옹 법전)가 폐지되는 대신 교황법이 복원되었다. 그리고 종교재판소에 의해 700여 건의 '이단' 사범들이 조사받았다.

이처럼 바티칸 국가는 교황 자신이 직접 철도, 가스 전등, 조교(弔橋, suspension bridge) 등에 반대하는 발언을 하는 등 유럽에서 정치적으로나 사회적으로 가장 낙후된 국가로 변하고 말았다.

에드먼드 버크E. Burke와 같은 영국의 보수적 사회 이론가들과 프랑수아 드 샤토브리앙F. Chateaubriand과 같은 저자들, 그리고 무엇보다도 잘 알려진 『교황Du pape』(1819)이라는 책에서 주권 개념을 교황에게 귀속시켰던 조제프 드 메스트르J. Maistre 등은 이러한 입장을 옹호하였다. 어찌되었건 이 시간은 낭만주의 시대였다. 낭만주의는 처음에 진보적이었으나 점차 유럽 전역에 걸쳐 중세적 사회 구조를 찬양하게 되었고, 혁명의 지나친 후유증 때문에 불신당하게 된 계몽주의를 억압하게 되었다. 그러나 1848년에 다시 한 번 혁명의 물결이 솟구치며 수구 세력에 대한 반동이 성공하게 되자 결과적으로 왕정복고Restoration와 낭만주의는 반혁명적 간주곡과 같은 의미를 갖게 되었다.

민주주의는 승승장구의 행진을 계속하였고 테크놀로지 혁명도 그러했다. 전도체, 방직기, 석탄 증기기관의 발명과 도로, 교량, 운하의 건설, 자동차, 증기선, 전보가 개발되었고, 1825년에 최초의 철도가 영국에서 건설되었다. 이 모든 것들이 생산 방법과 노동 분업의 새로운 방법들이었다. 경제적, 사회적 생활 조건의 매우 중요한 변화가 생겨나기 시작한 것이다. 이것이 바로 산업 혁명이라고 일컬어지는 것으로서 테크놀로지 영역, 생산 과정, 에너지 생산, 운송, 시골 경제, 시장 등의 영역뿐만 아니라 사회 구조와 사상 영역의 혁명을 의미하였다. 산업 혁명은 인구 폭발, 농업 혁명, 그리고 급속한 도시화와 연관되었다.

영국에서 시작된 산업화는 19세기 초에 네덜란드, 벨기에, 프랑스, 스위스까지 파급되었고 중기에는 독일까지 미쳤으며 마침내 나머지 유럽과 러시아, 일본까지 전파되었다. 이제까지 단순히 경험적 기술에 불과했던 산업 기술들은 이제 과학적 기초 위에 구현되어 테크놀로지로 발전하였다.

과학과 더불어 테크놀로지로 구현 가능하게 된 산업은 19세기 동안 민주주의와 함께 성장하였다. 산업이 근대의 제4의 주도적 가치가 된 것이다. 사람들은 이제 '산업적industrial'이라는 용어를 사용했고 무기력한 귀족 사회를 대체하고 '근면industry'의 가치를 특징으로 삼는 부르주아-자본주의 '산업 사회'를 이야기하게 되었다.

그러나 산업 자본주의적 생산 과정에서 계급 투쟁이 발생하게 되었다. 노동 인구의 대다수가 저임금, 긴 노동 시간, 한심한 생활 수준, 사회적 불안감 및 여성과 어린이 노동 착취 등으로 고통당하면서 큰 불안에 휩싸이게 되었다. '사회적 문제'라고 일컬어지던 문제가 점점 더 시급하게 되었는데 당시 이른바 '맨체스터 자유주의Manchester liberalism'라는 산업 자본주의적 자유방임주의laissez-faire 분위기를 놓고 볼 때 이는 우연이 아니었다.

프롤레타리아 노동계급은 이에 반발하였다. 19세기 후반에 개인 자본의 무제한 지배를 반대하며 사회주의가 등장하였다. 이 사회주의는 프랑스의 '유토피아적' 초기 사회주의자와 무정부주의자들에서 시작하여 카를 마르크스K. Marx와 프리드리히 엥겔스F. Engels의 '과학적 사회주의scientific socialism'에 이르는 여러 이질적인 사회 운동가들로 이루어진 운동이었다.

1848년 「공산당 선언Manifest der Kommunistischen Partei」이 선포되었다. 개인의 자유(자유주의의 기본 관심)를 문제삼는 대신에 사회 정의(사회주의 기본 관심)를 더욱더 문제삼게 되었으며 정의로운 사회 질서를 추구하게 되었다. 그렇다면 산업 혁명과 사회 정의에 관한 가톨릭교회의 입장은 무엇이었을까?

근대에 대한 전면적 비난 : 반계몽주의 공의회

가톨릭, 개신교, 성공회 교회들에게 민주주의와 산업화로 빚어진 전통과의 단절은 충격이었지만, 동시에 그들이 상실했던 노동자들을 여러 가지 신선한 교회 정책에 의해서 다시 찾을 수 있는 도전의 기회이기도 하였다. 19세기에 성직자와 평신도들, 종교 단체들, 선교 운동과 구호 사업과 교육 사업 그리고 특히 대중의 신앙심에서 종교적 부흥이 일어났다는 사실은 의심할 여지가 없다. 특히 독일에서 종교적, 사회적, 그리고 간접적으로 정치적 동기로 잘 무장된 교회 단체들은 이 시대의 전형적 모습이었고 그중 으뜸은 가톨릭 신도회Catholic People's Association로서 실제적으로 전 세계의 가장 큰 가톨릭 조직이었다.

이와 같이 독일 가톨릭교회에서는 특히 마인츠의 빌헬름 에마누엘 폰 케텔러Wilhelm Emmanuel von Ketteler 주교의 지도 아래 중요한 사회 운동이 발전하였다. 이 운동은 도움이 필요한 가난한 사람들과 하위 계층들을 교회의 옹호자로 만들었다.

그러나 이러한 교회 내의 사회적 활동들은 1870년 제1차 바티칸 공의회에서 생겨난 교황무류성에 관한 논란 때문에 마침내 그 신뢰성을 잃게 되었다. 교황무류성의 문제는 케텔러 주교 및 대부분의 독일과 프랑스 주교들에 의해 격렬하게 도전받았으나 실패하고 말았다. 그 논의 과정 가운데 절대 군주제를 무너뜨렸던 근대 민주주의와 11세기에 형성되어 절대 군주제에 종교적 제동 장치 역할을 했던 로마 가톨릭 제도 양쪽이 마치 물과 불처럼 서로 상충된다는 사실이 분명해졌다.

민주주의에서는 계급 제도가 소멸된 반면 로마 가톨릭 제도에서는 성직자가 그들의 신분에 힘입어 우위를 차지하게 되었다. 민주주의에서 인권과 시민권을 확보하고 정립하기 위한 노력이 진행되는 동안 로마 가톨릭교회에서는 인권 및 교회 내의 신자들 권리가 거부되었다. 대의 민주주의에서는 시민이 주권을 갖지만 로마 가톨릭 제도에서는 시민과 성직자들은 목회자, 주교, 교황을 선출하는 일에서 소외되었다. 민주주의에는 헌법기관, 행정기관, 사법기관의 삼권 분립이 있지만, 로마 가톨릭교회에는 모든 권력이 지상권과 무류설의 이름 아래 교황과 주교들에게 주어져 있다. 민주주의에는 법 앞에 평등이 있지만, 로마 가톨릭에는 성직자와 평신도라는 두 계급이 있다. 민주주의에는 모든 단계에서 책임감을 가진 사람들을 뽑는 자유 선거가 있는 반면 로마 가톨릭에는 교황과 주교라는 고위층에 의한 낙점과 지명만 있을 뿐이다. 민주주의 사회에서 유대인들과 다른 신앙인들도 동등한 위치를 가지는 것에 반해 로마 가톨릭이 정립된 국가에서는 가톨릭이 곧 국가의 종교가 되었다.

1848년 파리에서 시작한 혁명의 열기는 바티칸까지 휩쓸었다. 취임한 지 2년 뒤에 교황 피우스Pius 9세는 자유 개혁을 주도하고 사면을 선포하여 사람들로부터 열렬한 환호를 받았다. 그러나 지속적 개혁을 주저하였던 까닭에 그는 반동자들에 의해 가에타Gaeta로 도망가게 되었다. 이탈리아 혁명이 진압된 이후 프랑스와 오스트리아 군대의 도움으로 로마로 귀환한 피우스9세는 완전히 다른 사람이 되어 있었다. 그는 이제 모든 '자유주의' 운동, 즉 정치, 사상, 신학에서 개혁 성향의 운동에 대해 단호한 반대자가 된 것이다.

이른바 '알프스 산 너머ultra-montane'에서 유래된 가부장적 '교황지상주의Ultramontanism', 즉 중세와 반종교 개혁 시절에도 나타나지 않았던 교황에 대한 극단적 존경의 감정과 정서가 북부와 서부 유럽에 퍼지게 되었다. 더욱더 많은 남녀 모임들, '피우스 단체Pius Association'로 알려진 여러 단체들, 또 '로마에 충성하는' 여러 종류의 조직들이 로마 가톨릭의 재건과 교황에 대한 무조건적인 충성의 정신을 가지고 활약하였다. 그들은 사회 내의 정치적 양극화를 극복하기보다는 더욱 강화한 셈이었다.

그러나 이는 근시적 전략에 불과한 것으로 교황이 내부적 결속을 얻었을지는 몰라도 외부적 고립을 자초하게 되었다. 정서적으로 불안하며 정신병자 증세를 나타내기 시작했던 피우스 9세의 지도 아래 중세적 반종교 개혁 가톨릭 요새는 이제 그 모든 힘을 동원해 근대에 대항하는 성채로 구축되었다.

근대 세계 외부에는 종교적 무관심의 냉기, 교회에 대한 적개심, 신앙의 상실 등이 성행하였을지 몰라도 교회 내부에는 교황주의와 마리아 숭배 사상Marianism이 열기를 확산시키고 있었다. 헌신 미사를 통한 순례에서부터 촛불과 꽃으로 마리아를 경축하는 5월 축제에 이르기까지 수많은 형태의 대중적 신앙심을 통한 정서적 안정감이 확산되었다.

여기에 카를 가브리엘K. Gabriel이 '특별한 가톨릭 사회 형태'라고 일컬었던 것의 기초가 드러난다. 19세기 말과 20세기 초의 가톨릭 신자들은 그들 자신의 세계관과 연관되어 폐쇄적인 고백적 환경에 국한되어 있었던 것으로 보인다. 그들은 교회의 목회 구조가 얼마나 관료화되고 중앙 집권화되었는지를 거의 알아차리지 못하고 있었다. 교회 조직 형태는 근대화되는 동시에 신성화되었으며, 성직자들은 '세계'로부터 가능한 한 멀리 분리되었던 까닭에 더욱 철저히 훈련받게 되었다. 그 결과 한편으로는 근대 세계에서의 분리를, 다른 한편으로는 세계에 대한 절대적인 독점적 해석을 정당화하려는 이념적으로 폐쇄된 체제가 되었다.

많은 요인들이 이와 같은 반근대적 체제와 진리 주장을 형성하는 데 관계되었다. 신낭만주의, 건축의 신고딕주의와 음악의 신그레고리우스 스타일과 병행하여 신스콜라주의neo-scholasticism가 로마 가톨릭교회 안에 퍼지게 되었다. 교회는 더 이상 일반인의 관심을 끌거나 정확한 신학적 문제 의식을 제공하지 못하던 신토마스주의Neo-Thomism를 모든 교회 교육기관의 기본 로마 가톨릭 신학으로 제정하였다.

신학 갱신 운동, 특별히 독일 국립 대학 교수진의 경우는 교황청의 압력을 느끼게 되었다. 교회는 마르부르크 대학과 기센 대학의 전체 교수진을 탄압하였고, 튀빙겐 대학 교수진을 분리시켰으며, 많은 수의 교수들을 파면하였고, 그들 중 일부 본 대학과 빈 대학 교수들의 이름을 아예 금서 목록에 포함시켜 버렸다.

교회 내의 발전과 근대 사회의 발전과의 시차는 충격적이었다. 찰스 다윈C. Darwin이 진화론을 공공연하게 발표하였던 바로 그 10년 동안에 피우스 9세는 자신의 권력의 충만함과 사실상 무류설을 증명이라도 하는 듯 교리를 전적으로 자기 자신이 선포하겠다는 생각을 처음으로 품게 되었다.

교리를 선포한다는 일은 전통적으로 언제나 이단을 물리치기 위한 갈등 상황 가운데 공의회에서 취했던 행동이었다. 피우스 9세의 의도는 전통적 경건심을 촉진시켜 로마 가톨릭 제도를 강화하려는 것이었다. 그가 마음에 두었던 것은 마리아가 그녀 어머니의 몸에서 잉태될 당시 원죄에

물들지 않았었다는 이상한 교리인 이른바 '마리아의 무염시태'로서 1854년부터 시작되었다. 이것에 관해서는 사실 단 한 마디의 단서조차 성경과 처음 천 년 동안 가톨릭 전통에서 찾을 수 없으며 진화설의 문맥에서도 전혀 납득될 수 없는 것이었다.

비록 교황이 개혁 성향의 신학자들을 고립시키고 여러 가지 교리 문서들과 교황청 사절들의 의도적 개입을 통해 주교들을 제압하려고 노력했음에도 독일과 오스트리아의 반대 세력들, 특히 튀빙겐, 빈, 뮌헨의 신학 센터는 여전히 강세를 유지하였다. 피우스 9세의 무염시태 교리가 발표된 지 10년 뒤인 1864년 가톨릭 학자들의 회의가 독일의 가장 탁월한 교회사가였던 이그나츠 폰 될링거I. Döllinger의 주도 아래 뮌헨에서 개최되었다. 이에 대한 반응으로 교황은 철저히 수구적인 교황 회칙「전적인 돌보심Quanta cura」을 발표하였고, 모두 80가지에 달하는『근대적 오류에 대한 교서요목Syllabus errorum modernorum』을 덧붙여 발표하였다. 결국 이 모든 것은 중세적, 반종교 개혁적 교리와 권력 구조의 비타협적 방어인 동시에 근대에 대한 전면 전쟁의 선언이었다.

치명적인 문제는 교황이 근대 국가의 전능함의 위협과 정치적 대리 종교의 위협에 반대했다는 것이 아니라 그가 근대 사상 자체를 거부했다는 것이다. 성직자 단체들, 성서 학회, 인권, 양심과 종교와 언론의 자유, 종교 의식을 거치지 않는 민법 결혼civil marriage 등이 교황의 비난 대상이 되었다. 범신론, 자연주의와 이성주의, 신앙 무관심주의, 자유방임주의, 사회주의, 공산주의 등 여러 주장들을 아무 구별도 없이 일괄적으로 비난한 것이었다. 교회에 대한 그 어떤 비난도 모두 오류 명단에 포함시켰으므로 그 극치는 '로마 교황은 진보, 자유주의, 신문명과 화해하고 일치할 수 있으며 일치해야 한다'는 명제에 대한 일괄적 비난이었다.

종교 개혁자들에 이어서 근대 자연 과학자들과 철학자들이 교회를 떠난 후 이제 수많은 노동자들과 지식인들도 가톨릭교회를 저버릴 수밖에 없다는 사실이 분명해졌다. 근대인에게 아주 기본적인 과학과 교육의 차원에서 볼 때 가톨릭교회는 더 이상 제공할 것이 남아 있지 않았다. 일반적으로 말해 바로 이것이 가톨릭 일반 대중의 교육 수준이었다.

이런 해로운 발전의 한 가지 증상은 유럽 근대 정신을 대표하는 수많은 저서들이 이제 가톨릭교도들이 읽을 수 없는 금서 목록에 올라가게 되었다는 사실이다. 수많은 신학자들, 교회 비판가들, 근대 과학의 창시자인 코페르니쿠스와 갈릴레오를 비롯하여 근대 철학의 설립자인 데카르트, 파스칼, 피에를 벨, 니콜라스 말브랑슈, 스피노자 및 영국 경험주의자인 홉스, 로크, 데이비드 흄 등이 모두 이에 해당되었다. 또한 칸트의 『순수이성비판Kritik der reinen Vernunft』과 루소와 볼테르 역시 여기 포함되었고 나중에 존 스튜어트 밀, 오귀스트 콩트와 위대한 역사가인 에드워드 기번, 콩도르세, 레오폴드 폰 랑케, 텐, 그레고로비우스가 포함되었다. 『백과전서』와 『라루스 사전Larousse Dictionary』의 저자 디드로와 달랑베르, 헌법학자이자 국제법학자였던 그로티우스, 푸펜도르프와 몽테스키외, 그리고 마지막으로 근대 문학의 총아였던 하이네, 레나우, 빅토르 위고, 라마르틴, 뒤마 부자, 발자크, 플로베르, 에밀 졸라, 자코모 레오파르디, 가브리엘 단눈치오, 그리고 우리 시대의 사르트르, 시몬 드 보부아르, 말라파르테, 지드, 니코스 카잔차키스 등이 모두 이 명단에 포함되었다.

'선량한 가톨릭good Catholic'을 내세웠던 이 '권위적 교권magisterium'은 근대 무신론 및 세속주의의 비판적이면서도 건설적인 대화에 심각하게 참여하려 하지 않고, 자신을 방어하기 위해 오로지 상투적 호교론護敎論, 과장법, 파문 등의 수법만을 사용하고 있었다.

이 모든 사실은 교황청에서 중세적 로마 가톨릭 패러다임을 오랜 기간 방어 전략용으로 사용했음을 증명해 준다. 그러나 로마와 관계없이 또 로마에 반대하면서 등장한 근대 세계는 중세를 흠모하며, 과거 지향적 유토피아를 꿈꾸고 개혁에 적대적이던 바티칸의 관료 제도에 별로 개의치 않으면서 자신의 길을 걸어갔다.

무엇보다도 교회는 폐쇄적 계급 구조acies ordinata, 헌신, 겸손, 순종을 요구하였다. 자연 과학, 성경 해석, 민주주의, 시민 윤리 등의 문제에서 잘못된 판단들이 로마 '교권'을 손상시키고 이에 대한 반대가 증가하면 할수록 바티칸의 사람들은 자신을 정당화하고 확인하기 위해 더욱더 자신의 '무류성'을 고집하게 되었다. 한때 반종교 개혁이었던 것이 이제는 반계몽주의로 나타난 것이다.

나아가 이러한 반계몽주의 노선의 일환으로 트리엔트 공의회가 열린 지 300년이 지난 후인 1869년 로마의 바티칸 궁에서 새로운 '범교회 공의회'가 소집되었다. 많은 이들이 특히 전통적 거점이던 이탈리아와 스페인으로부터 공의회를 지지하기 위해 로마까지 여행하였다. 공의회 대의원들 대다수는 그들 청년기 시절의 복고주의와 낭만주의에 (정치적으로는 이미 1848년 이후 사라지고 말았지만) 아직도 사로잡혀 있던 사람들이었다. 그들은 자유주의, 사회주의, 이성적 실증주의에 대한 공포로 가득 차 있었으며, 또 1860년 피에몬테Piemonte 정부가 개입한 결과 로마 및 그 주변에 이미 급격하게 줄어든 교황 국가가 어쩌면 소멸될지도 모른다는 이른바 '로마 문제Roman question'에 사로잡혀 있는 사람들이었다.

교황청 내의 사람들은 오직 교황 지상권과 교황무류성에 대한 공의회의 엄숙한 선포만이 이탈리아 정부가 바티칸을 점령하는 것을 저지할 수 있으리라고 생각하였다. 바티칸 공의회는 콘스탄츠 공의회(1414~1418)와 분명한 대조를 이루고 있었다. 공의회가 교황보다 우위성을 가진다는 콘스탄츠 공의회의 전통적 견해는 이제 잊혀지게 되었다.

자유주의 개혁자였다가 정치적 신학적 수구 반동가이자 인권의 적으로 변신한 교황 피우스 9세는 특히 프랑스 교황권 지상주의자들의 설교와 보도에 힘입어 교황의 권한을 정립하는 일을 그 자신의 최고 관심사로 삼았다. 이제 관례로 굳어진 교황 알현과 순례, 그리고 이탈리아 전역에 걸친 그 자신의 많은 여행을 통해 이 친근하고 말솜씨 좋았던 교황은 '비기독교 세력에 의하여 박해당하는' 사람의 역할을 잘 연기하였고, 가톨릭 신자들과 성직자들 가운데 교황무류성을 확립시키기 위한 우호적인 분위기를 조성하였다.

일반 가톨릭 신자들에 대한 교황권 지상주의자들의 사상 주입과 교회 조직의 행정적 중앙집권화는 주교의 선출, 각 교구의 내부적 현안 등에 대해 점차 증가하는 교황청의 영향력을 통해 더욱 활기를 띠게 되었다. 로마에 잘 순응하는 성직자와 평신도들에게 고위직과 명예직을 수여하고, 적당한 사람들을 추기경으로 임명하며, 전 세계에서 모인 성직자 후보생들을 위한 교육 장소를 로마에 설립함으로써 (콜레지움 게르마니쿰의 모델을 따라) 교황청은 그 영향력을 행사할 수 있었다.

그러나 많은 주교들은 이처럼 겉으로 유쾌해 보이는 교황의 다른 면을 알고 있었다. 곧 그는 피상적 신학 교육밖에 받지 못하고 근대 과학 방법에 무지하며, 이기적이며 편협한 자문가들로 둘러 쌓여 있는 정서적으로 위험한 인물이었다.

바티칸 공의회가 열렸을 때 충분한 반대 의견이 개진되었다. 넓은 학식을 가진 오를레앙의 주교 펠릭스 뒤팡루 F. Dupanloup와 특히 튀빙겐 대학의 교회사 교수로서 공의회 역사에 관한 책을 여러 권 저술했던 로텐부르크의 주교 카를 요제프 헤펠레K. Hefele 같은 이들은 교회의 역사적 교훈을 통해 교황무류성에 반대하기 위해 과연 어떤 논증을 펼쳐야 할 것인지를 잘 알고 있었다.

주교단에서 제기된 모든 반대에도 불구하고 몇 주일 동안의 격렬한 토론 이후에 모든 반대와 절충 제안들을 거부한 교황의 열정적 요구에 의해 교황에 관한 두 가지 교리가 1870년 7월 18일 드디어 결정되었다. 이것이 통과되기 직전에 밀라노의 대주교, 미국 미주리 주 세인트루이스의 대주교뿐만 아니라 프랑스, 독일, 오스트리아-헝가리의 가장 중요한 도시들의 대주교들도 공의회를 떠나고 말았다.

오늘날까지도 다음의 교리는 정교회와 개신교들의 강한 반발의 대상이 되고 있으며, 또 가톨릭교회 내에서도 쉽게 없앨 수 있었음에도 불구하고 분열의 원인을 제공한 대상이 되었다.

- 교황은 모든 개별 국가 교회와 모든 개인 기독교인에 대해 법적으로 구속적인 치리 지상권을 가진다.
- 교황은 그 자신의 직책을 가지고 집행하는 엄숙한 결정에 있어 무류성의 은사를 가진다. 이러한 권위 있는 '보좌로부터의 ex cathedra' 결정들은 교회의 동의에 의해서가 아니라 성령의 특별한 도움에 기초하여 오류를 범하지 않으며 본질적으로 개정할 필요 없이 불변적이다.

교황 자신은 바티칸 국가 교회에 대한 논란을 세계 역사에 나타난 신과 사탄이 벌이는 전쟁의 연장이라고 보았고, 전적으로 비이성적 신뢰 속에서 신의 섭리 안에 승리할 수 있으리라 희망하였다. 그러나 교황무류성 문제에서 교황은 실수를 저질렀으며, 바티칸 교황 국가에 대한 싸움에서

지고 말았다. 교황무류성에 대한 결정을 내린 지 정확히 두 달 뒤인 1870년 9월 20일 이탈리아 군대가 로마로 진격해 들어왔다. 로마 시민들을 대상으로 투표를 한 결과 교황의 결정에 대해 압도적인 반대로 나타났다. 프랑스-프로이센 전쟁으로 중단되었던 바티칸 공의회는 더 이상 계속되지 않았다.

주교단의 교황무류성 교리에 대한 저항은 곧 가라앉았고 헤펠레 주교가 마지막으로 이에 승복하였다. 그러나 1870~1871년 사이에 독일에서는 이에 대한 수많은 반대 모임이 열리고 책자가 발간되었으며 뮌헨과 쾰른에서는 가톨릭 의회가 개최되었다. 수구 반동적인 교황 레오Leo 12세에 의해 이미 여러 번 배격된 바 있었던 이그나츠 하인리히 폰 바이젠베르크 Ignaz Heinrich von Weissenberg 대변인이 이러한 가톨릭 계몽주의의 성직자 교육 개혁, 각 지방어로 진행되는 예배 의식과 찬송가, 교구의 독립과 독신 의무 제도 폐지 등을 위해 이미 많은 작업을 해 놓은 상태였다.

될링거의 영적 지도력에 힘입어 교황 교령에 반대하는 '구가톨릭교회Old Catholic Church'가 결성되었고, 스위스에서는 '크리스천 가톨릭교회Christian Catholic Church'로 알려지게 되었다. 이 교회는 가톨릭교회이지만 '로마의 구속을 받지 않는Rome-free' 교회였다. 정당하게 서품을 받은 주교들로 구성된 이 교회는 처음 천 년간 열렸던 일곱 개 공의회의 신앙에 충실하며 지역 교회의 자율성을 보장한 주교-감독 법령을 강화하며 교황에게는 '명예의 우월성' 이상을 인정하지 않으려는 교회였다. 중세 때 도입됐거나 혹은 19세기 이전까지 소개되지 않았던 관습들, 가령 독신 의무 제도, 1년에 적어도 한 번 참회할 의무, 성물 숭배, 묵주, 예수와 마리아의 심장에 대한 성심 숭배 등이 거부되었다. 많은 점에서 이 작고 담대하고 범교회적으로 개방적이었던 구가톨릭교회는 처음부터 제2차 바티칸 공의회의 개혁을 예견하고 있었고, 최근의 여성 사제 서품 문제에서는 이보다 한 발 더 앞서 나가기도 하였다.

물론 교황의 로마는 제1차 바티칸 공의회가 열리던 시간에 사태를 다른 시각으로 보고 있었다. 즉, 모든 저항, 혁명, 단절에도 불구하고 11세기부터 꾸준히 존속되어 온 로마 교황 제도가 드디어 1870년 그 초석을 찾았다는 시각이었다. 이제 오류가 없는 가르침을 내리는 절대적 군주인 교황은 앞으로 모든 문제를 쉽게 해결하고 모든 필요한 결정을 내릴 수 있을 것이라 믿었다.

그러나 위의 교황에 대한 두 가지 교리를 접하게 되었을 때 구가톨릭교회의 교인들 말고도 많은 이들은 왜 나자렛 예수의 복음이 제2천년기에 이렇게 변질되게 되었느냐고 물었다. 바꾸어 말하면, 이 교황이 공의회와 더불어 지지를 호소하였던 대상인 예수 그분 자신은 과연 이런 교리들에 대해 뭐라고 답할 것인가? 제2차 바티칸 공의회의 대표적 신학자였던 카를 라너K. Rahner는 과연 얼마나 심각한 의미에서 다음과 같은 비판의 말을 던졌던 것일까? "예수 자신은 이런 문제의 그 어느 하나도 이해하실 수 없었을 것이다!"

8

가톨릭교회 – 현재와 미래

만약 교황이 무류성 개념을 포기한다고 해도 교황은 로마 가톨릭 이념에 따라 교황일 수 있을까? 19세기에도 이와 비슷한 방식으로 교황 국가의 위치가 논의된 적이 있었다. 지난 천 년 동안 거대한 국가가 없는 교황을 상상하는 일은 불가능하였다. 그러나 이탈리아 국가의 창설과 더불어 교황은 형식상 국가에 해당되는 바티칸에 만족하게 되었다. 바티칸 교황 국가는 성 베드로 성당을 중심으로 한 난쟁이 국가로서 여름 별장지인 카스텔 간돌포 Castel Gandolfo와 약간의 외부 건물 및 영토를 합해도 모나코 Monaco 공국의 4분의 1도 채 안 되는 크기이며 500명도 되지 않는 거주민을 거느린 국가이다.

이탈리아 정부가 로마를 점령한 후에 수십 년 동안 교황이 '바티칸의 포로' 역할을 연기하면서 많은 동정을 유발시켰던 사실은 이해할 만하다. 그러나 실제로 교황이 바티칸을 떠나서 교회와 국가 간의 새로운 상황을 수용하지 못하도록 방해했던 것은 다름 아닌 교황 자신들의 신조인 '우리는 할 수 없다 Non possumus'는 생각이었다.

그러나 이제 교황 국가가 사라진 상황에서도 교황들은 지역 교회의 전통적 독립성, 지역 주교, 오랜 주교단 회의 전통 등을 억압하면서 제1차 바티칸 공의회에서 약속된 교황의 절대 통치를 가톨릭교회 내에 시행하려 하였다. 다른 한편으로 교황들은 이 민족주의의 시대에 교회의 구조적 일치감과 국제적 가톨릭 보편성을 유지함으로써 가톨릭교회에 중요한 공헌을 하였으며, 실제로 혁명의 시대가 지난 이후에 그들은 세상에서 자신의 역할을 오히려 강화시킬 수 있었다.

교황무류성을 주장했던 피우스 9세의 후계자 레오Leo 13세(재위 1878~1903)는 현명하게도 무류성을 주장하지 않고 교회와 문화 사이의 화해에 관심을 가졌다. 그는 가톨릭교회의 문을 사회적, 정치적 발전에 개방하였다. 그는 『근대적 오류에 대한 교서요목』과 교황무류성 교리에 관한 프로테스탄트의 반발로 빚어진 독일 제국의 '문화투쟁Kulturkampf'을 종결시켰을 뿐만 아니라, 스위스와 라틴 아메리카 국가들과 비슷한 정치적 갈등도 종식시켰다. 비록 교회 국가와 교황에 대한 교리의 필요성을 강조하긴 하였으나 레오 13세는 근대화, 민주주의, 자유주의적 자유 이상, 근대 성서 해석과 교회사, 그리고 무엇보다 '사회 문제'에 대한 교황청의 부정적 태도를 고친 공이 있다. 이제 더 이상 사회적으로 퇴보적인 교회 국가에 대해 책임질 필요가 없는 교황으로서 그는 「공산당 선언」이 발표된 지 거의 반세기가 지나서 오랜 기간 지체되어 온 사회적 문제에 대한 회칙 「새로운 것들에 관해서Rerum novarum」(1891)를 발표할 수 있었다.

19세기의 자유방임주의적 자유주의에 반대하여 교황은 국가의 통제적 간섭을 지지하였고 사회주의에 반대하여 사유재산제를 옹호하였다. 많은 '개혁 가톨릭 신자들Reform Catholics'은 이제 로마 교황청에 근본적인 변화가 있으리라 기대하였다. 그러나 그들은 실망하고 말았다. 레오 13세의 통치 말년에 이르러 성서학자들을 감독하기 위한 '교황청 성서위원회Pontifical Biblical Commission'가 설립되는 등 다시 복고적 경향이 가시화되었다.

이처럼 사회적(때로는 대중적) 창의성과 교회 내의 절대주의를 동시에 교묘하게 결합시키고 필요에 따라 강조점을 바꾸는 전략이 지금의 교황에 이르기까지 교황청의 기본 전략이 되어 왔다.

레오의 후계자 피우스Pius 10세(재위 1903~1914)는 여러 해 동안 교구 주교와 사목司牧을 했던 경험을 바탕으로 교회 내의 갱신에 적극적으로 헌신하면서 신학교 교육을 개선하고 정기적으로 성체 배수를 받는 성만찬 의식을 혁신하였다. 그는 또한 로마 교황청도 개편하였다.

그러나 이 모든 개혁들이 철저하고 광범위하게 이루어지지는 못하였다. 외교 정책에서 피우스 10세는 이전의 다른 아홉 명의 피우스 교황과 마찬가지의 실수를 하여 모든 민주적이고 의회적인 경향을 배척하고 프랑스와 스페인과의 외교적 유대를 단절시키도록 주도하였다. 이탈리아에서 그는 기독교 민주당Christian Democrats을 탄압하는 조치를 취했고, 독일에서는 기독교 상업 조합에 반대하면서 가톨릭 노동자 연합회를 지지하는 입장을 취하였다.

더 답답한 사실은 피우스 10세가 가톨릭 교리와 근대 과학, 근대 지식 사이의 어떠한 화해일지라도 모두 억압했다는 점이다. 경멸하는 듯한 '모더니즘'이라는 낙인을 찍어 가며 그는 방대한 규모로 모든 개혁 성향의 신학자들, 특히 성서학자와 역사학자들에 대한 공식적 이단 사냥인 근대를 반대하는 청소 작업을 주도하였다. 프랑스, 독일, 북미주, 이탈리아 등지에서 가톨릭 지성인 엘리트들을 통제하는 금서 목록, 파문, 면직 등 여러 가지 제재 조치가 취해졌다. 1907년 발표된 새로운 『근대적 오류에 대한 교서요목』과 반근대 교황 회칙, 그리고 1910년 발표되어 모든 성직자들에게 강요되었던 사실상 '반근대주의 선서'라고 할 수 있는 장문의 교서 등은 모든 근대주의자들을 완전히 축출하기 위한 문서들이었다. 성서 역사에 관한 모든 질문을 취급하는 가톨릭 성서위원회의 교리적 결정에서도 상황은 마찬가지였다.

교황이 주교, 신학자, 정치가들을 감시하도록 도와준 단체는 오늘날의 '오푸스데이(Opus Dei : 보수적이고 엄격한 로마 가톨릭 평신도 및 사제 조직 — 역주)'와 비교할 수 있는 교황청 비밀기관인 '속죄회Sodalitium Pianum'였다. 이 기관은 바티칸 국무차관이었던 움베르토 베니니U. Benigni의 지도 아래 조직된 단체로서 요제프 슈미들린J. Schmidlin이 '교회 내의 사악한 보조 정부'라고 말한 조직이었다. 그는 "만약 피우스 교황 자신이 이 사악한 세계를 음모한 주동자는 아니라 하더라도 그가 조직적으로 이 음모를 부추겼고 그의 강력한 통제력으로 이들을 보호하였던 까닭에 적어도 교황은 공범자라고 할 수 있다"고 말했다.

오늘날 교회 정치 문제 때문에 가톨릭교회의 시복(諡福, beatification) 행습이 어느 정도까지 타락했는가를 잘 나타내 주는 것이 바로 이 교황 피우스 10세가 1954년 피우스 12세에 의해 성인의 반열에 올려진 사건이었다. 최근의 예를 든다면 바티칸 당국이 종교재판소의 기록 문서를 피우스 10세가 등극하던 1903년까지만 공개하기로 한 결정은 그들이 진실을 밝히는 데 얼마나 두려워하고 있는지를 잘 말해 주고 있다.

추기경 회의에서조차 많은 이들이 피우스 10세가 보수 반동적으로 종교재판을 남발하는 정책에 불만을 가지고 있었다. 이 사실은 자코마 델라 키에사Giacoma della Chiesa를 다음 교황으로 선출한 데서 나타난다. 그는 피우스 교황이 바티칸 국무차관으로 임명되지 못하게 하기 위해 볼로냐의 대주교로 내보냈던 인물로서 교황이 죽기 직전에야 겨우 추기경으로 임명된 인물이기 때문이다. 새 교황 베네딕투스Benedictus 15세(재위 1914~1922)가 된 키에사는 모든 일에 해악을 끼치던 베니니의 비밀기관을 신속하게 폐지하였고, 쫓겨난 베니니는 베니토 무솔리니B. Mussolini의 하수인이 되었다.

제1차 세계대전 때 적극적으로 중재에 나섰으나 별 성공을 거두지 못했던 베네딕투스 교황은 모든 면에서 레오 13세의 유화 정책을 이어나갔다. 그렇지만 세계대전 와중에 그는 전임 교황 때부터 준비해 오던 새로운 『교회법전』을 세계 주교단의 동의를 거치지 않고 승인하였다. 이로써 제1차 바티칸 공의회에서 결정된 교회법의 보편적 우월성과 이와 관계된 중앙집권적 체제에 대해 법적인 재가 및 모든 구체적 내용이 보장되었다. 가령 초기 기독교 전통과 반대로 모든 주교를 지명할 수 있는 교황의 권리가 이제 인정된 것이다.

제1차 세계대전(1914~1918)의 세계적인 참극은 근대의 주도적 가치가 위기를 맞고 있다는 사실을 분명하게 보여 주었다. 이성, 진보, 국가, 산업을 절대시하던 근대적 가치가 무산되어 버린 것이다. 이성과 진보, 민족주의, 자본주의, 사회주의에 대한 믿음이 실패하고 말았다.

미국 대통령 우드로 윌슨W. Wilson이 1918년 구체적으로 제안했던 새롭고, 평화롭고, 더욱 정의로운 세계 질서를 위한 기회는 유럽의 현실 정치 정책가들에 의해 무산되고 말았다. 유럽은 이에 대한 대가를 치러야만 했는데 곧 '근대적' 방식으로 계급, 인종 및 그들의 '지도자'를 이상화하면서 새롭고 개선된 세계 질서를 지향하겠다던 파시즘, 나치즘, 공산주의 등의 반동적 운동들이 바로 그것들이었다.

제1차 세계대전은 제2차 세계대전 이후에야 분명하게 드러날 세계적 혁명, 즉 식민주의적, 제국주의적, 자본주의적 성격의 유럽 중심적 근대 패러다임으로부터 범세계적 성향의 진정한 세계적, 다문화 중심적 포스트모던 패러다임을 향한 이행을 가동시켰다. 그러나 이러한 변화는 로마 교황청에 의해 오로지 부분적으로만 그것도 너무 늦게 감지되었을 뿐이다.

베네딕투스의 학식 높은 후계자인 피우스Pius 11세(재위 1922~1939)도 이와 비슷한 권위주의적 방식으로 통치하면서 특히 평신도 단체였으나 성직자 계층의 분신처럼 일했던 '가톨릭 운동Catholic Action'을 통해 '하느님 왕국의 확장'을 선전하였다. 그는 선교지에서 토착인 성직자를 임명할 것을 권장하고 로마에서는 교회 학문과 예술을 장려하였다.

그러나 교회일치 운동을 반대하는 회칙 「영혼의 죽음Mortalium animos」(1928)에서 그는 왜 가톨릭 신자들이 1929년 '세계교회협의회World Council of Churches'의 전신이었던 '신앙과 직제Faith and Order'의 주최 아래 로잔에서 열렸던 뜻깊은 교회일치 회의에 참석하지 말아야 하는지에 대한 장황한 이유를 열거하였다. 그리고 성공회의 램버스 회의(Lambeth Conference : 성공회 주교들의 모임─역주)에 대한 반발로 1930년 그는 주교단이 반대하지 않는 가운데 가톨릭교회가 산아 제한 문제에 관해 곤란을 겪게 될 회칙 「정결한 혼인Casti connubii」을 발표하였다. 이 회칙은 후에 산아 제한 문제에 관한 교황과 주교들의 '오류가 없는' 의견 일치를 주장하는 주요 논쟁이 되었다.

같은 해에 교황은 1621년에 작고한 예수회 신부 로버트 벨라민R. Bellarmine을 '교회의 스승teacher of the church' 위치로 승격시켰는데 벨라민은 그의 간략한 교리문답서에서 "누가 기독교인인가?"라는 질문을 교황청이 좋아하는 방식으로 설명했던 인물로서 "교황과 그에 의해 임명된 사제에게 순종하는 사람이 곧 기독교인이다"라고 말하였다.

그러나 가톨릭교회가 사회 문제에 관한 새로운 회칙 「사십주년Quadragesimo anno」(1931)을 발표할 수 있었던 것은 피우스 11세의 공로였다. 이전의 회칙 「새로운 것들에 관해서」를 거론하면서 새로운 회칙은 보조성의 원리(principle of subsidiarity : 상위의 권위자가 하위의 권위자의 권리를 존중하는 원리 — 역주)를 적용시키는 개혁의 필요성을 역설하였다. 즉, 가능한 제일 낮은 단계에서 결정을 내리더라도 동시에 '계층 구분에 기초한 질서'라는 전근대적 가치를 수용, 발전시켜야 된다는 것이었다. 가톨릭교회가 이른바 '로마 문제'에 대한 해결책을 가지게 된 것도 이 교황의 공로였다.

파시스트 지도자 베니토 무솔리니에 대항하여 피우스 11세는 교황들로 하여금 바티칸을 떠나지 못하게 하고 새로운 상황을 인식하지 못하게 했던 정책인 '우리는 할 수 없다'를 거의 60년 만에 '우리는 할 수 있다possumus'로 바꾸었다. 1929년 라테란 조약Lateran Treaty에서 교황은 이탈리아 정부에 의해 작은 바티칸 국가의 수장으로 인정받았고 앞으로의 모든 권리 상실에 대한 대가로 엄청난 금액을 보상받았다.

제1, 2차 세계대전 사이의 격동기에 휩싸인 국가에서 가톨릭교회의 입지를 확보함과 동시에 중앙집권적 교회 체제를 확립하기 위하여 바티칸은 많은 종교 협약을 완성하게 되는데, 그중에는 스페인과 포르투갈의 파시스트 정권과의 의심스러운 협약도 있었다. 바티칸 국무장관인 에우제니오 파첼리E. Pacelli가 히틀러의 독일과 협상하였던 '제국 협약Reichskonkordat'은 치명적 오류였음이 드러났다. 그 당시 히틀러에 대한 지지는 전례가 없는 것이었다.

피우스 11세 자신은 분명히 나치의 단호한 반대자였고 바티칸 궁에 히틀러를 초청할 것을 거부하였다. 그는 히틀러의 국가 사회당National Socialist의 강령, 정책, 종교 협약의 위반 등을 1937년 독일어 회칙「극도의 슬픔으로Mit brennender Sorge」를 통해 비난하였다. 인종차별주의와 반유대주의에 대한 회칙도 준비 중이었으나 피우스 11세는 제2차 세계대전이 발발하기 불과 몇 달 전에 사망하고 말았다. 그의 후계자는 바로 히틀러와 교묘한 종교 협약을 협상하였던 에우제니오 파첼리였다. 인종차별과 반유대교에 대한 회칙은 서랍 안에 파묻혀 묵살되고 말았다. 오늘날까지도 격렬한 논란의 주인공이 되고 있는 이 새로운 교황 피우스Pius 12세(재위 1939~1958)에 관한 몇 가지 사항은 강조할 필요가 있다고 보여진다.

유대인 대학살에 관한 침묵

2000년에 요한 바오로 2세가 속죄의 고백을 하면서도 선임 교황들의 잘못에 관해서 계속 침묵한 사실이 '교황무류성' 주장과 연관되어 있다는 것은 의심의 여지가 없다. 그러나 우리가 살펴본 바와 같이 바로 그 교황들이야말로 동방과 서방 교회의 분열, 종교 개혁, 십자군 운동, 종교재판, 이단 사냥과 마녀 화형 등에 가장 많은 책임이 있는 사람들이다.

요한 바오로 2세의 고백 가운데 가장 납득할 수 없는 부분은 유대인 대학살에 대해 피우스 12세가 침묵했던 사실을 전혀 언급하지 않았다는 점이다. 유대인 학살 및 '언제 어디서든지 기독교인이 범했던' 반유대주의에 대한 그의 모든 탄식에도 불구하고 요한 바오로 2세는 심지어 2000년 3월에 열렸던 야드 바셈Yad Vashem 유대인 학살 추모 예배에서조차 가톨릭 교회와 바티칸과 피우스 12세에 관해서는 단 한 마디도 언급하지 않았다. 오히려 그는 피우스 12세를 그의 전임자였던 피우스 9세처럼 미화시키기 원하였다.

피우스 9세는 유대인들에 대한 무자비한 조치를 시행하고, 그들의 자유를 제한하여 1850년에는 심지어 로마의 유대인 주거 지역인 게토의 벽을 다시 쌓게 했다. 또 그는 1858년 볼로냐에서 여섯 살 난 유대인 소년 에드가로 모르타라가 아플 때 하녀가 몰래 가톨릭 세례를 베풀었다는 이유만으로 교황청 경찰로 하여금 그의 부모로부터 이 아이를 뺏어 오게 한 장본인이었다. 전 세계에 걸친 반대와 나폴레옹 3세와 프란츠 요제프Franz Joseph 황제의 개입에도 불구하고, 이 아이는 로마로 납치되어 냉혹하게 가톨릭 방식으로 양육되었으며 심지어 나중에 신부 서품까지 받았다. 로마의 유대인 게토 지역의 벽이 마침내 허물어진 것은 이탈리아 해방군이 진격한 이후에 가능하였다. 유대인들이 게토에서 해방됨과 더불어 교황이 스스로 자신의 게토에 고립되는 사태가 이어졌다고 할 수 있다.

중세적 반종교 개혁과 반근대주의적 패러다임의 마지막 불굴의 대표자였던 피우스 12세는 제2차 세계대전이 끝난 후에도 피우스 9세의 노선을 따라 지나치게 강경한 제2의 '무류성'을 담은 마리아 교리, 즉 마리아의 육신이 하늘에 승천했다는 교리를 승인하였고, 프랑스 노동자 신부들을 금하고 그 당시 거의 모든 중요한 신학자들을 해고시킨 인물이었다.

이처럼 신정 정치 교황이었던 피우스 12세가 과연 왜 처음부터 나치의 국가 사회주의와 반유대주의를 공개적으로 비난하기를 거부했는가에 대한 의문이 끊임없이 제기되어 왔다.

이 문제를 이해하기 위하여 우리는 노골적으로 독일을 좋아했던 이 교황이 사목 경험이 없는 대신 바티칸 외교관 출신으로 모든 문제를 복음에 따라 신학적으로 생각하기보다는 법적, 외교적 개념으로 파악했으며 따라서 교인들에 대한 사목의 관심 대신 교황청과 그 제도에 관심이 고정되어 있던 사람이라는 것을 알아야 한다.

파첼리가 교황 대사였던 젊은 시절, 그는 1918년 뮌헨에서 '소비에트 공화국'의 탄생을 지켜보면서 충격을 경험한 이후 물리적 충돌과 공산주의의 위협에 사로잡히게 되었고, '가톨릭 총통Führer Catholicism'이라는 별명을 들을 만큼 다분히 권위주의적이고 반민주적 태도를 가지게 되었다.

그런 이유로 그에게는 전체주의적이던 나치즘뿐만 아니라 이탈리아, 스페인, 포르투갈의 파시스트 정권과도 실질적인 반공산주의 연맹을 결성할 소지가 이미 충분하였다고 할 수 있다. 그 선한 의도를 의심할 여지가 없던 이 직업적 외교관은 언제나 제도적 교회의 자유와 권한(교황청, 위계질서, 학교, 기업, 단체, 사목 서신, 종교의 자유 등)에 관심을 가졌을 뿐 '인권'과 '민주주의'는 그의 전 생애를 통해 낯선 단어로 남아 있었다.

로마 시민인 파첼리에게 로마야말로 되풀이되는 교회와 세계의 중심인 새로운 시온Zion이었다. 그는 유대인에 대한 그 어떤 개인적 동정심도 내비친 적이 없고 다만 그리스도를 살해한 민족으로 대했을 뿐이었다. 로마 가톨릭의 패권주의적 이데올로기의 대표자로서 그는 그리스도를 로마 시민으로, 로마를 새 예루살렘으로 간주하였다. 따라서 처음부터 그는 로마 교황청 전체와 더불어 팔레스타인에 유대 국가를 건설하는 일에 반대했던 것이다.

분명히 나치의 국가 사회주의와 유대교 문제는 전 세계를 감동시켰던 이 교회의 군주 교황에게 양심의 가책을 불러일으켰다. 그러나 빠르게는 1931년부터 파첼리가 가톨릭 독일 수상이던 하인리히 브뤼닝H. Brüning에게 국가 사회당과 연대할 것을 종용했으며, 브뤼닝이 이에 불응하자 그와 결별했던 사실을 잊지 말아야 한다. 더군다나 1933년 7월 20일 파첼리는 나치 정권과 그 사악한 '제국 협약'을 불필요하게 체결하였던 것이다. 이 협약은 히틀러 '총통'이 집권한 지 불과 몇 달 만에 체결한 최초의 국제 협약으로 외교 정책에서 히틀러를 승인하는 결과를 가져왔으며 또 국내 정치적으로 가톨릭 신자들과 저항적인 주교, 성직자들을 나치 제도 아래 통합시키는 역할을 하였다.

한 무리의 교황청 사람들과 마찬가지로 파첼리도 자기 자신의 권위주의적, 즉 반개신교적, 반자유주의적, 반사회주의적, 반근대적 교회관과 파시스트, 나치의 독재주의적 국가관 사이의 유사성을 인식하고 있었다. 자연적 국가와 초자연적 교회 모두에서 '일치', '질서', '규율', '총통 원칙' 등이 강조되었다.

어찌되었건 외교술과 종교 협약의 중요성을 지나치게 과대평가했던 파첼리는 근본적으로 공산주의와의 전쟁과 가톨릭교회의 보존을 위한 전쟁이라는 오직 두 가지 정치적 목표만을 가지고 있었다. 불행한 '유대인 문제'는 그에게 중요하지 않은 문제에 불과하였다. 서구의 많은 사람들과 달리 그는 분명히 요시프 스탈린J. Stalin에게 속지 않았다. 그리고 특히 세계대전이 끝나 갈 무렵 교황으로서 그가 이탈리아와 로마에 있는 유대인 개인이나 그룹들을 보호하기 위한 외교적 접근과 구호 활동에 진력한 것도 사실이다. 1942년과 1943년에 있었던 두 연설에서 그는 일반적이고 추상적인 어휘로 자신의 인종 때문에 박해를 받는 '불행한 사람들'의 운명에 대해 간략하게나마 개탄하기도 하였다.

그러나 그가 부분적으로 관여했던 1937년의 「극도의 슬픔으로」 교황 회칙이 단 한 번도 '유대인'이나 '인종'이라는 단어를 언급하지 않았던 것과 마찬가지로 이 교황도 절대로 '유대인'이라는 단어를 공개 석상에서 사용하지 않았다. 그는 1935년 뉘른베르크 인종법에 대하여 항의하지 않았고, 1938년 '깨진 유리의 밤Kristallnacht'의 학살에도 항의하지 않았으며, 1939년 성 금요일에 벌어진 에티오피아와 알바니아에 대한 이탈리아의 침공에도 침묵하였고, 마지막으로 1939년 9월 1일 나치가 폴란드를 침공하며 제2차 세계대전을 시작한 것에도 항의하지 않았다.

과연 단 한 번의 항의를 한들 무슨 소용이 있었을까? 후에 독일 수상이 된 콘라드 아데나워K. Adenauer는 이와 아주 다르게 생각하였다. 히틀러의 흉악한 '안락사 프로그램'에 대항하여 뮌스터의 갈렌Galen 주교가 던졌던 공개적 저항이 (비록 주교연합회는 이에 대해 침묵하였으나) 이미 광범위한 대중적 영향력을 미쳤음이 증명되었고, 덴마크의 루터교 주교들도 유대인을 위한 공개적 지지 운동에 상당히 성공적이었다. 그러나 피우스 12세는 이와 비슷하게 유대인들을 후원했던 네덜란드의 가톨릭 주교들을 궁지에 내버려 두었다. 취급할 수 있는 모든 주제에 대하여 수천 번의 연설을 했던 교황이었지만 반유대주의에 대해서는 그 어떤 공개적 항의도 제기한 적이 없으며, 심지어 나치가 처음부터 계속 준행하지 않았던 종교 협약을 마침내 파기했을 때에도 아무런 항의를 제기하지 않았다.

전쟁 후 이탈리아의 국내 정치 상황 때문에 전 세계에 있는 모든 공산당원들을 파문하였던 교황이었지만 정작 '가톨릭 신자'였던 아돌프 히틀러A. Hitler, 하인리히 히믈러H. Himmler, 파울 요제프 괴벨스P. J. Goebbels와 마르틴 보어만M. Bormann 등 나치 괴수들을 파문할 생각은 털끝만큼도 갖고 있지 않았다(헤르만 괴링H. Göring, 아돌프 아이히만A. Eichmann과 다른 이들은 명목상 개신교도였다). 피우스 교황은 유럽 전역에 걸친 독일의 흉악한 전쟁 범죄에 대해 침묵하였다.

실제로 1942년부터 그는 베른에 있던 교황 대사와 러시아의 이탈리아 군목軍牧으로부터 아주 상세한 정보를 듣고 있었고, 그의 막역한 친구였던 독일인 파스쿠알리나Pasqualina 수녀로부터 실상을 전해 듣고 분노하기도 했었지만, 역사상 가장 흉측한 집단 학살인 유대인 처형에 관해서는 결국 침묵하고 말았다.

유대인 학살에 대한 그의 침묵은 정치적 실패 이상의 의미를 가지고 있다. 즉, 도덕적 실패였던 것이다. 이것은 정치적 기회와는 상관없이 도덕적 항의를 제기하는 것에 대한 거부였으며, 나아가 스스로 '(베드로뿐만 아니라) 그리스도의 대변자'라는 칭호를 차지할 만한 가치가 있다고 여기면서도 전쟁 후에 자신의 과오를 은폐하고 가톨릭 내의 반대자들을 권위주의적 조치로 억압했을 뿐만 아니라, 죽을 때까지 신생 민주국가 이스라엘에 대한 외교적 승인을 부인했던 어느 한 기독교인에 의해 행해진 거부였던 것이다. 피우스 12세에 대한 롤프 호시후트R. Hochhuth의 희곡 『신의 대리자Der Stellvertreter』의 부제가 '어느 기독교인의 비극A Christian Tragedy'이라는 사실은 의미심장하다.

유대인과 개신교도, 인권, 종교의 자유, 근대 문화의 원수였던 피우스 9세와 피우스 12세를 성인으로 시복한다는 것은 바티칸의 농담이 될 것이며, 최근에 요한 바오로 2세 교황이 행한 속죄 고백에 대한 부정이 될 것이다. "아니, 그는 성자가 아니라 교회의 사람입니다"라고 심지어 그가 살아 있을 때에도 그의 충성스러운 개인 비서 로베르트 라이베르R. Leiber 예수회 신부가 로마의 콜레지움 게르마니쿰 학교의 우리 신학생들에게 증언한 적이 있었다.

국제학술지 『공의회Concilium』 2000년 7월호에서는 "과연 다른 교황들을 성인으로 추대하려는 이 교황의 희망 뒤에는 무엇이 감추어져 있는 것일까?"라고 묻고 있다. "이런 성인 추대 운동은 교황의 권위를 강화시키기 위함인가? 아니면 이데올로기적 목적을 달성하기 위하여 거룩함을 확인하는 중요한 조치를 잘못 남용한 시도라고 보아야 할 것인가?"

유대교에 관하여 교황의 입장이 너무 한심하게 보이지 않도록 한 것은 다른 교황의 공로였다. 이 교황의 이름은 안젤로 주세페 론칼리Angelo Guiseppe Roncalli로서 1958년 10월 28일 피우스 12세의 후계자인 요한네스Johannes 23세(재위 1958~1963)로 선출되었다. 당시 77세의 고령이라서 애초에 '과도기적' 교황이라고 간주되었던 그는 가톨릭교회를 내부적 경직

성에서 해방시키는 혁명적 변천을 주도한 교황이었다.

20세기의 가장 중요한 교황

가톨릭교회의 역사에서 새 시대를 열었던 교황은 다름 아닌 겨우 5년 남짓 재위한 요한네스 23세였다. 상당한 역사적 지식과 사목 경험을 갖추었던 이 교황은 교황청 관료들의 엄청난 저항에도 불구하고, 중세적 반종교 개혁과 반근대적 패러다임에 갇혀 있던 교회를 개방하여 시대에 부응하는 복음 선포를 위한 갱신, 즉 체제 교리 등의 현대화aggiornamento의 발판을 마련하였다. 또한 유대교와 다른 세계 종교들 및 다른 교회들과 이해의 창구를 열고, 동구권 국가들과 접촉을 시도하고, 국제적 차원의 사회 정의에 대한 회칙 「어머니요 스승Mater et magistra」(1961)을 발표하고, 근대 세계에 대한 전반적인 개방과 인권의 긍정을 담은 회칙 「지상의 평화Pacem in terris」(1963)를 공포하였다. 가톨릭 조직의 측면에서 주교들의 역할을 강화하였던 그는 모든 면에서 교황의 직무에 관해 새로운 목회적 이해를 보여준 인물이다.

유대교에 대한 론칼리의 새로운 태도는 이전 파첼리의 태도와 명확하게 대조되는 동시에 역사적 의의를 지닌다고 할 수 있다. 제2차 세계대전 동안 터키에 파견된 교황청 대표로서 그는 루마니아와 불가리아에서 온 수천 명의 유대인, 특히 어린아이들에게 백지 세례증명서를 발행하여 그들을 구출해 냈다. 1958년 교황이 되고 나서 바로 1년 뒤에 그는 전임자가 언제나 거부했던 한 가지 일을 실행하였다. 즉, 성 금요일 예배의 중재 기도문에서 전통적으로 쓰이던 '믿을 수 없는 유대인들pro perfidis Judaeis'이라는 구절을 유대인에게 우호적인 구절로 고쳐서 중재 기도를 한 것이다.

처음으로 백 명이 넘는 미국 유대인 방문자를 맞이하는 자리에서 그는 성경에 나오는 이집트에 팔려 갔던 요셉의 말을 인용하여 "나는 당신들의 형제인 요셉입니다!"라고 말하면서 그들을 환영하였다. 어느 날 그는 예배를 마치고 밖으로 쏟아져 나오는 유대인들을 축복하기 위해 즉흥적으로 로마의 유대인 회당 앞에 차를 멈추게 한 적도 있었다. 이 교황이 서거하기 전날 밤 로마의 유대교 수석 랍비는 수많은 유대인 신자들을 데리고 가톨릭 신도들과 함께 그를 위해 기도하러 가기도 하였다.

그러나 요한네스 23세의 역사적으로 가장 중요한 행동은 바로 1959년 1월 25일 제2차 바티칸 공의회를 발표하여 전 세계를 놀라게 한 일이다. 1962년 10월 11일 그는 엄숙하게 이 공의회의 개최를 선포하였다. 가톨릭 성서 해석에 관한 선구적인 회칙 「성령의 도움으로 Divino Afflante Spiritu」(1943)를 발표한 것을 제외하고, 거의 모든 결정적 사항에서 과오를 범했던 피우스 12세의 문제가 이 공의회에서 바로 고쳐질 수 있었다. 예배의 개혁, 교회일치 운동, 반공산주의, 종교의 자유, '근대 세계' 및 무엇보다 유대교에 대한 태도 등이 그것이었다. 새 교황에 의해 용기를 얻은 주교들은 드디어 자신감을 보이기 시작했고, 그들 자신이 '사도적' 권위를 지닌 집단의 일원이라는 사실을 실감하게 되었다.

전통적으로 반유대인 성향이었던 교황청 관료들의 격렬한 반발에 대항하여 제2차 바티칸 공의회가 끝나갈 무렵 세계 종교에 대한 선언인 「우리들 시대 Nostra aetate」가 발표되었다. 이 문서는 공의회 역사상 처음으로 예수의 죽음에 관한 유대인의 '집단 죄책감'을 완전히 소멸시켰다. 하느님의 오랜 백성인 유대인에 대한 어떠한 거부나 저주도 반대하였으며, 사실상 '언제 누구에 의해서든 유대인에 대한 모든 증오, 박해, 반유대주의 감정을 표출하는 일'을 개탄하였고, '상호 지식과 존경'을 약속하였다. 이 점에서 제2차 바티칸 공의회는 마침내 요한네스 23세의 의도를 충실히 받들게 되었다.

제2차 바티칸 공의회의 전반적 평가는 결코 쉬운 문제가 아니다. 그 당시 공의회에 참석했던 증인의 한 사람이자 오늘날 그에 대한 비판적 시각을 가진 사람으로서 나는 거의 40년이 지난 지금 이 공의회에 대한 전반적인 판단을 내릴 수 있다고 생각한다. 그것은 곧 가톨릭교회에 있어 이 공의회가 돌이킬 수 없는 전환점을 의미한다는 판단이다. 중세 로마 체제에 의해 야기되었던 모든 어려움과 방해에도 불구하고 제2차 바티칸 공의회와 더불어 가톨릭교회는 두 개의 패러다임 변화를 동시에 수행하려고 시도하였다. 즉, 종교 개혁 패러다임과 계몽주의 및 근대의 패러다임, 두 개 모두의 근본 특성을 통합하려 했던 것이다.

첫째, 제2차 바티칸 공의회는 종교 개혁 패러다임을 수용하였다. 교회 분열 문제에 있어 가톨릭의 책임을 인정하고 지속적 개혁을 위한 필요성을 역설하였다. 그 실천과 교리는 복음 정신에 따라 지속적인 개혁을 유지해야 한다는 것이 이제 교회의 공식적 견해가 되었다. '교회는 언제나 새롭게 태어나야 한다Ecclesia semper reformanda.'

가톨릭교회 이외의 다른 기독교 모임들도 드디어 교회로 인정되었다. 전 가톨릭교회에 걸쳐 교회일치에 대한 분위기가 무르익기 시작하였다. 동시에 복음에 대한 일련의 중요한 관심들이 이론적으로 그리고 실천적으로 제기되었다. 즉, 예배, 신학, 교회 생활 및 개개인 신자들의 삶 전체에서 성경이 차지하는 의미에 대한 새로운 각성이 생겨난 것이다. 또한 각 지방어로 행해지는 신자들의 진정한 예배와 공동체가 참여하도록 새롭게 갱신한 성만찬의 진정한 축제가 장려되었다. 교구와 교구협의회의 평신도 위치에 대한 재평가가 이루어졌으며 평신도들의 신학 공부를 허락하였다. 또 각 지역 교회와 국가별 주교협의회에 대한 강조를 통해 각 지역과 국가 상황에 대한 교회의 적응성을 높일 수 있었다. 마지막으로 대중적 신앙심에 대한 개혁이 이루어져 중세, 바로크 시대, 혹은 19세기부터 내려오던 많은 특별한 형태의 신앙 행위를 폐지하였다.

둘째, 제2차 바티칸 공의회는 근대 패러다임을 수용하였다. 여기에 몇 가지 핵심적 사항이 등장한다. 먼저 1953년 피우스 12세에 의해 규탄받았던 종교와 양심의 자유 및 인권에 대해 분명한 긍정적 확인 작업이 이루어졌다. 반유대주의에 연루된 가톨릭의 근본 책임을 인정하는 동시에 기독교의 기원이 되는 유대교에 대한 긍정적 전환을 강조하였다. 이슬람 및 다른 세계 종교에 대한 새로운 건설적인 태도 역시 강조되었다. 심지어 무신론자나 불가지론자의 경우일지라도 만약 그들이 자신의 양심에 따라 행동한다면 원칙적으로 구원이 가능하다고 인정하였다. 또한 가톨릭 교회가 오랫동안 기피해 왔던 근대적 발전, 세속 사회, 과학, 민주주의에 대하여 근본적으로 긍정적 태도를 취할 것을 역설하였다.

특히 교회에 대한 이해에 있어 제2차 바티칸 공의회가 제정한 '교회에 관한 규약'은 11세기부터 고수되어 왔던 일종의 초자연적 로마 제국의 교회관과 분명한 차별화를 보여 주었다. 기존의 교회 이해는 교황이 절대적으로 유일한 군주로 정상에 서 있고, 그다음에 주교와 신부라는 '귀족'들이 있으며, 마지막으로 '다스림을 받는 백성'으로서 신자들이 수동적 기능을 행사하는 교회관이었다. 이와 같은 성직자 중심적, 법률적, 패권주의적 교회관은 제2차 바티칸 공의회에서 맹렬한 비난의 대상이 되었으며 반드시 극복해야 할 대상이 되었다.

따라서 교황청 준비위원회가 제출했던 '교회에 관한 규약' 초안이 공의회 전체의 극적인 투표에서 압도적인 표 차이로 부결되고 말았던 것이다. 마지막으로 통과된 결의안에서 중요하게 수정된 부분은 교회 위계 질서에 대한 모든 명제의 머리말에 '하느님의 사람들People of God'이라는 구절을 넣어야 한다는 것이었다. '하느님의 사람들'이란 곧 이 세상에서 끊임없이 만들어지는 신앙 공동체, 언제나 새로운 개혁에 열려 있는 죄 많고 잠정적인 순례자 집단을 의미하였다.

이와 동시에 수세기 동안 무시되어 왔던 진리가 다시 강조되었다. 즉, 교회 직책을 가진 자들은 하느님의 백성 위에 군림하는 것이 아니라 그들 안에 있으며 지배자가 아니라 하인이라는 사실이다. 교회 전체 구조 안에서 각 지역 교회들이 갖는 중요성만큼 신자들의 만인사제설도 심각하게 받아들여졌다. 예배 공동체로서 신자들은 그 본래적 의미가 곧 교회이기 때문이다. 그리고 교황의 지상권과 관계없이 주교들은 전체 교회를 이끄는 데 있어 공동 연대 책임 의식을 가져야 했다. 왜냐하면 주교는 교황의 지명에 의해서가 아니라 성직임명식을 통해 주교가 되기 때문이다. 마지막으로 부제副祭 제도가 부활되었고 (오늘날까지 오직 남자만이 해당되지만) 적어도 부제에게는 독신 조항이 폐지되었다. 그러나 이 모든 것은 공의회의 일면에 불과할 뿐 보다 덜 긍정적인 다른 측면도 있었다.

처음 시작부터 교황청의 관료 조직은 공의회를 통제하기 위해 모든 방도를 모색하였다. 제1차 바티칸 공의회와 달리 제2차 바티칸 공의회 구성원들이 확실히 진보적 다수라는 사실은 금세 밝혀졌다. 그러나 처음부터 교황청 관료들은 각 개별위원회의 의장에 교황청의 추기경들을 임명할 것과 공의회 전체 서기와 각 위원회 서기를 교황청 신학자들로 임명할 것을 분명히 하였는데 그만 요한네스 23세가 이런 요구에 치명적으로 동의하고 말았다. 그것은 마치 국회에서 진상 조사위원회가 진상 조사를 받아야 할 당사자 자신과 그 측근들에 의해서 완전히 통제되는 것과 똑같은 상황이라고 할 수 있었다.

그 결과는 공의회와 교황청의 끊임없는 말다툼으로 나타났다. 계속해서 공의회의 진보적 다수파는 보수적 소수파와 그들을 지지하는 교황청 관료들과 화해를 이끌어 내려고 노력하였다. 여러 번 공의회의 대다수 의견이 교황 자신의 개인적 결정으로 번복되기도 하고 결의안 조항이 (교회 일치 운동에 관한 교령의 경우처럼) 교황 자신에 의해 수정되기도 하였다. 그러나 그 어떤 주교나 주교협의회도 정작 단 한 번의 항의조차 하지 못하고 말았다.

안타깝게도 요한네스 23세는 공의회 첫 번 모임이 끝난 직후 82살의 나이로 너무 일찍 서거하고 말았다. 피우스 이름을 가진 다른 교황들을 성인으로 시복하기에 문제가 많았던 반면 요한네스 23세는 그런 절차가 아예 필요 없는 인물이었다. 왜냐하면 가톨릭 신자들은 그 이상한 기적 증명이 없더라도 이미 오래전부터 그를 진정한 성인으로 받들어 왔기 때문이다. 요한네스 23세를 계승한 몬티니Montini 교황 파울루스(바오로)Paulus 6세(재위 1963~1978)는 마치 햄릿처럼 심각하지만 우유부단한 인물이었고, 최종적으로는 그의 일생 경력 때문에 공의회적 사고보다 교황청 사고에 더 친숙한 사람이었다.

무엇보다도 종교의 자유와 유대교 문제와 같은 몇몇 경우에 공의회의 대다수는 확실하게 교황청 관료들과 맞설 수 있었는데 이는 궁극적으로 교황의 의지가 공의회 대다수와 일치했기 때문이다. 그러나 특별히 교회 규약과 제1차 바티칸 공의회에 대한 수정 문제에 관해서는 의미심장한 타협이 이루어졌다. 교황청은 '신비'와 '하느님의 백성'으로서 교회와 그 성서적 기반과 방향성을 말하고 있는 '제2차 바티칸 공의회의 교회에 관한 규약' 제1장과 2장을 허용하였다. 그러나 3장에서 교황청은 교회의 옛 위계 질서를 분명히 재확립하였으며 주교의 협동성, 성직 임명, 무류성에 관한 논의를 확대하였다. 특히 불길한 예감을 주는 제25조, 즉 심지어 주교들도 '평상적ordinary'으로 오류를 범하지 않는 판단 권한을 가진다는 이론은 토론도 거치지 않고 로마 교황청의 신학 교재에서 발췌한 것이었다.

이 모든 사항이 마침내 파울루스 6세의 「주석 지침Nota Praevia Explicativa」에 발표되어 공의회에 강요되었다. 공의회의 세 번째 모임에서 교황은 '더 높은 권위'에 호소하면서 지상권에 관한 전통적 개념을 해석의 기준이라면서 교회 규약 본문 가운데에 삽입하였다. 바로 이것이 다른 모든 것을 심하게 손상시키고 말았다. 주교들 사이에 소문, 분노, 비통과 분개가 무성하였지만 주교들의 협동심이 무너질 것을 염려했던 까닭에서인지 이에 관해서 아니면 교황의 다른 자의적 행위에 대해 도전하거나 항의하는 주교는 없었다.

11세기 그레고리우스 교황 시절 형성되었으며 교회에 대한 유일한 통치를 오직 교황과 교황청에 의뢰해 왔던 로마 가톨릭 체제는 마치 이전에 콘스탄츠 공의회 때 그랬던 것처럼 제2차 바티칸 공의회를 통해서도 많이 흔들리긴 하였지만 무너지지는 않았다. 동방 정교회뿐 아니라 종교 개혁 교회들이 로마 가톨릭 정치 체제를 철저히 배격한다는 것은 은연중 다 알고 있는 사실이었지만, 만약 진정으로 범교회적 교황 제도를 가질 수 있다면 그들도 별로 반대하지 않았을지 모르는 일이었다.

종교 개혁자들의 세 가지 핵심적인 실천 요구 가운데 두 가지가 원칙적으로 충족되었다. 즉, 예배에서 각 지방어를 사용하는 것과 평신도에게 성만찬을 베풀고 성배聖杯의 포도주를 나누게 하는 것이었다. 그러나 공의회의 다른 금기 사항들은 해로운 것으로 판명되어, 가령 사제의 결혼 문제는 아예 토의조차 될 수 없었다. 종교 개혁자들의 실제적 요구 사항이었던 이혼 문제, 주교 임명을 위한 새로운 제도, 교황청 개혁, 그리고 교황제 그 자체에 대한 논의도 마찬가지로 일절 거론되지 않았다.

어느 날 오후 주요 추기경들이 산아 제한과 피임에 관해서 세 번에 걸쳐 연설하게 되었다. 그러나 이 문제에 대한 토론은 교황에 의해 즉각 중단되었으며 다른 교파와의 결혼 문제는 교황이 지명하는 위원회에서 심의하기로 하였다. 뒤에 이 위원회가 이 문제들에 대해 전통적 로마 가톨릭 교리에 반대되는 결정을 내렸지만, 결국 1968년 교황 자신이 발표한 회칙 「인간 생명 Humanae vitae」에 의해 다시 번복되고 말았다.

결국 제2차 바티칸 공의회에서 가톨릭교회의 중세적 반종교 개혁, 반근대적 패러다임과 현대적 패러다임의 절충을 이루는 일은 불가능하였다. 그러므로 공의회 기간 동안 (이것 역시 그 역사의 한 부분이지만) 나 자신은 성서에 확실하게 기초하여 현 시대를 위한 책임감 있는 교회 이해를 개발하기로 결심하고 『교회 The Church』를 저술하였다. 이 책이 출판된 1967년 바로 그해에 종교재판소에 의해 청문회가 열렸다. 이 책의 모든 번역이 금지되었으나 나는 그 조치를 무시하고 1968년 영어 번역본을 출판하였다.

'대화'를 위한 정당한 조건을 마련하기 위한 협상이 수년간 계속되었다. 세계의 어떤 법정에서도 당연히 받아들여지는 기록의 검증, 피고인의 참여, 다른 독자적 기관에 항소 가능성 등이 로마 가톨릭 재판에서는 일절 허용되지 않았다. 피고인이 즉각 순종하지 않으면 그는 사실상 이미 유죄가 되고 마는 제도인 것이다. 그러나 그러는 사이에 제2차 바티칸 공의회 이후 교회에서는 가톨릭 신자들이 의심의 눈초리로 보지 않을 수 없는 많은 다른 극적인 사태들이 전개되었다. 사람들은 전체적으로 가톨릭교회가 과연 어디로 가고 있는지 묻기 시작했던 것이다.

개혁 대신에 복고

제2차 바티칸 공의회가 끝나자마자 예배 개혁에 대한 몇 가지 양보에도 불구하고 요한네스 23세가 원했던 것과 같은 가톨릭교회의 갱신과 다른 기독교 교회들과의 교회일치적 이해는 공의회에서 좌절되었음이 분명해졌다. 동시에 교회 지도부는 극적일 정도로 그 신뢰성을 잃어 가기 시작하였다. '국내 정책'과 '외교 정책'을 분리하는 현재 로마 당국의 기본 정책은 1967년에 이미 명백해졌다. 대외적으로 (교회에 아무 비용도 들지 않는다는 의미에서) 교회는 「민중의 전진 Populorum progressio」이라는 회칙에서 볼 수 있듯 진보적이었으나 내부적으로 교회 자체의 문제에는 보수적이었다.

가령 독신 제도에 대한 회칙인 「사제의 독신 생활 Sacerdotalis caelibatus」과 같은 경우, 이것은 사제들이 강제적으로 독신 생활을 해야 한다면서 증명될 수 없는 것을 증명하도록 복음의 가장 귀한 진리를 억지로 징발한 것이었다. 이 문서 역시 기본적 모순을 제거시키지 못하고 있다. 즉, 복음에 의하면 완전히 자발적 선택의 문제였던 독신 문제를 로마 가톨릭교회 지도자들이 똑같은 복음을 읽으면서도 그만 자유를 억압하는 강제적인 법으로 왜곡시켰다는 모순이다.

제2차 바티칸 공의회 이후 처음으로 교황은 공의회에서 엄숙하게 결정되었던 주교들의 협동 단결성 collegiality을 완전히 무시해 버리고 공의회 이전의 옛날과 같은 권위주의적 방법으로 일방적 결정을 내리고 말았다. 사제 독신 제도에 관한 결정은 특히 신부가 부족했던 라틴 아메리카, 아프리카, 아시아에서 중요한 문제였으나 교황 자신이 공의회에서 이에 대한 토론을 금지시켰다. 공의회 이후 처음으로 공개적인 무시를 당했던 주교단으로부터는 아무런 항의도 제기되지 않았고 단지 벨기에와 캐나다의 몇몇 주교들만이 주교 협동과 단결에 대한 목소리를 높였을 뿐이었다.

공의회를 통한 자극에도 불구하고 공의회 이후에 기독교 복음의 정신 아래 교회 행정부의 권위주의적, 기관 내부적, 개인적 구조에 대한 결정적 변화를 가져오는 것이 불가능하다는 사실이 판명되었다. 회피할 수 없는 모든 변화에도 불구하고 교황, 교황청 및 대부분의 주교들은 공의회 이전의 권위주의적 태도로 일관하였다. 그들은 제2차 바티칸 공의회 과정을 통해 거의 깨달은 것이 없는 것처럼 보였다. 로마 교황청과 교회의 여러 영역들에서 기독교 복음과 협동심의 정신으로 심각한 개혁을 이룩하기보다 그 권력을 유지하고 모든 편리한 기득권을 유지하는 데 더 관심이 많았던 개인들이 아직도 권력의 고삐를 잡고 있었던 것이다.

교황은 모든 크고 작은 결정을 내리는 데 있어 아직도 성령 및 그리스도로부터 위임받았다는 사도적 권위에 의지하고 있었다. 그 의존의 범위는 파울루스 6세가 1968년 피임에 반대하는 문제의 회칙이었던 「인간 생명」을 새로 발표했을 때 교회가 오늘날까지도 문제가 되고 있는 신뢰성의 위기에 빠지게 되었다는 사실에서 분명히 나타난다. 이를 통해 우리는 다시 한 번 교회와 사회 발전 사이에 그 얼마나 큰 시차가 있었는지 알 수 있다. 이 시대착오적 회칙은 프랑스에서 거의 모든 전통적 권위에 대한 질문을 본질적으로 제기하게 만들었던 엄청난 사회 격변의 시작인 '1968년 5월 사건'이 일어난 지 정확히 3개월 뒤에 등장하였다.

「인간 생명」으로 빚어진 논란은 20세기 교회 역사에서 대다수의 신자들과 성직자들이 중요 문제에 있어 교황에게 복종하기를 거부한 최초의 사건이었다. 물론 교황의 견지에서 본다면 이 회칙은 교황과 주교들의 '평상적' 권위의 '무류적' 가르침일 뿐이었다(제25조 '교회에 관한 규약'). 이 사건은 요한 바오로 2세가 여성 신부 서품을 '영원히' 금지한다고 거부하면서 분명히 '무류적' 결정이라고 선언한 것과 정확히 일맥상통한다.

이러한 모든 사태는 심각하게 우려할 만한 것이었다. 이처럼 독재 권위주의를 다시 부활하게 만들었던 깊은 이유는 과연 무엇이었을까? 그것은 바로 로마 교황청의 권력에 향한 의지, 그리고 (제1차 바티칸 공의회 이후 결코 다시 검토되지 않았던) 교회 교리와 교황 결정의 무류성에 관한 교리였다. 물론 이런 사실이 그 이전의 실수를 교정하도록 하거나 철저한 개혁을 방해한 것은 아니었다. 바로 이 점이 내가 『과연 무류인가? Infallible?』를 저술한 이유였다.

이 책은 교황무류성에 대한 제1차 바티칸 선언의 정확히 100주년이 되던 해인 1970년 7월 18일 '하나의 질문 An Inquiry'으로 등장하였다. 나는 당시 로마 교황청의 폭풍과 같은 비판이 쇄도할 것에 준비하고 있었지만, 뜻밖에도 카를 라너와 같은 동료 신학자들로부터 광범위한 공격이 가해질 것은 전혀 짐작하지 못했다. 이로써 라너는 공의회 개혁 신학자들의 통일된 전선을 무너뜨렸고 가톨릭 신학자들 사이에서 이 분열은 오늘날까지 회복되지 않고 있다.

이 모든 것의 결과는 다음과 같은 과정과 변화로 나타났다. 1968년 전 세계의 남녀 신학자들 가운데 1,360명이 튀빙겐에서 작성된 「신학의 자유를 위하여 For the Freedom of Theology」 선언문에 즐거운 마음으로 서명하였다. 1970년대 초부터 수많은 가톨릭 신학자들이 교황무류성 논쟁에 참가하여 고도의 비판적 공헌을 남겼고, 1972년에는 가톨릭교회의 개혁을 촉구한 또 다른 튀빙겐 선언문 「사퇴에 반대하며 Against Resignation」에 33명의 저명한 가톨릭 신학자의 서명을 확보할 수가 있었다. 그러나 7년 뒤인 1979년 12월 18일 교황청이 나의 '가톨릭 신학 교수직'을 금지한 뒤에 사태는 완전히 달라지기 시작하였다. 그때부터 거의 단 한 사람도 교황무류성에 대해 감히 의문을 제기하지 못하고 있는 실정이다.

파울루스 6세가 모순되는 의견을 (나의 충성된 반대도) 너그럽게 허용했던 것에 비해 이제 요한네스 파울루스(요한 바오로)Johannes Paulus 1세가 즉위한 지 불과 30일 만에 아직까지도 명확히 규명되지 않은 상황 속에 서거하고 나서 1978년 10월 16일 아주 다른 교황이 등극하게 되었다. 하드리아누스 6세 이래 처음으로 비이탈리아인으로서 교황이 된 이 사람은 폴란드 출생이었다.

공의회에 대한 배신

세계가 동서 양 진영으로 나누어진 현실을 감안할 때 '동방 출신'인 카롤 보이티야 K.Wojtyła를 교황으로 선출한 것에 대해 가톨릭교회 내에서는 별다른 이견 없이 잘 받아들여졌다. 처음 시작부터 요한네스 파울루스(요한 바오로) 2세는 다른 많은 정치가들과는 달리 기독교 신앙에 깊은 뿌리를 가진 대단한 품격의 인물로서 평화와 인권과 사회 정의 및 나중에는 종교간 대화의 인상적인 수호자인 동시에 강한 교회의 대변자이기도 하였다. 그는 카리스마를 지닌 지도자로서 홍보에 대한 천부적 재능을 가지고 인상적인 방법으로 현대 사회에서 이제는 보기 힘들어진 도덕적으로 신뢰할 만한 모델에 대한 일반 대중의 갈구를 채워 줄 수 있는 사람이었다. 놀랍게도 빠른 속도로 그는 방송 미디어의 슈퍼 스타로 등장하였고, 가톨릭교회의 많은 사람들에게 살아 있는 성인 숭배의 일급 대상이 되었다.

그러나 1년 뒤부터 그의 보수주의와 복고 정책이 너무 분명하게 드러났기 때문에 모든 면에서 그는 정중하게 그러나 분명하게 비판받기 시작하였다. 그가 교황으로 즉위한 지 1년이 되던 날 전 세계 주요 신문에 게재된 나의 기고문, '요한 바오로 2세 교황의 1년'은 독자들에게 제2차 바티칸 공의회를 연상시키는 일종의 '중간 평가서'였다. 그러나 바로 이 기고문은 두 달 뒤 가톨릭교회에서 나의 교수 자격을 박탈하는 결정적 문서가 되었다.

이 글은 가톨릭교회 밖의 많은 사람들의 관심을 끌었다. 이로부터 오랜 시간이 지난 지금 교황에 대한 또 다른 평가가 가능할 것인가? 그의 오랜 교황 재위 기간에 적어도 선진국의 가톨릭 신자들 대부분에게 이 교황에 대한 긍정적 이미지는 근본적으로 많이 달라졌다. 오늘날 요한 바오로 2세는 요한네스 23세의 후계자라기보다 오히려 살아생전에 엄청난 개인 숭배 열정을 즐겼으나 교회사에 별로 긍정적 자취를 거의 남기지 못했던 피우스 12세의 후계자로 비쳐지고 있는 실정이다.

우리는 이 교황의 선한 의도 및 가톨릭교회의 정체성과 선명성에 대한 관심을 분명히 인식할 필요가 있다. 그러나 전문가들에 의해 연출되는 잘 기획된 대중 집회와 방송 출연에 속아서는 안 될 것이다. 요한네스 23세의 재위 및 제2차 바티칸 공의회가 열렸던 7년간의 풍성한 결실의 기간과 비교해 볼 때 그보다 세 배에 달하는 보이티야(요한 바오로 2세)의 재위 기간은 핵심이 없는 흉년기였다고 할 수 있다. 셀 수도 없을 만큼 많은 연설과 방문한 지역 교회들로 하여금 수백만 달러의 빚을 지게 만든 값비싼 '순례'에도 불구하고, 가톨릭교회나 전 세계 교회에서 주목할 만한 발전은 거의 이루어지지 않았다.

비록 이탈리아인은 아니었지만 종교 개혁이나 계몽주의가 별로 영향을 미치지 않았던 폴란드 출신의 요한 바오로 2세는 교황청 관료들의 입맛에 맞았다고 할 수 있다. 대중적이었던 여러 피우스 교황들의 스타일을 따라 방송 매체에 많은 관심을 기울이면서 크라크푸 대주교 출신의 이 교황은 그의 카리스마 넘치는 빛나는 모습과 젊을 때부터 연마해 왔던 연기력으로 영화 배우 출신인 로널드 레이건R. Reagan 미국 대통령이 백악관에 주었던 것과 같은 선물을 바티칸에 제공하였다.

가령 이 교황은 산아 제한에 관한 까다로운 의제를 다루는 교황위원회에 정치적으로 잘 계산된 의도적, 연속적 불참을 연출하였다. 레이건과 마찬가지로 이 교황 역시 자기만의 매력, 당당한 모습, 상징적 몸짓 등을 통해 가장 보수적인 교리나 강령조차도 납득할 수 있게 제시할 줄 아는 '위대한 전달자great communicator'였던 것이다. 환속을 신청했던 신부들이 처음으로 교황을 둘러싼 분위기의 변화를 감지하기 시작하였고 그다음으로 신학자, 주교, 마지막으로 여자들이 알게 되었다.

심지어 그의 추종자들에게도 이 교황의 진정한 의도가 처음부터 과연 무엇이었는지가 분명하게 드러나기 시작하였다. 모든 수식어에도 불구하고 그는 공의회 운동을 제어하기 원하고, 교회 내의 개혁을 중단시키기 원하며, 동방 정교회와 개신교와 성공회와의 진정한 이해를 차단하기 원하고, 근대 세계와의 대화를 일방적인 교리와 교령으로 대치하기 원하는 사람이었다.

더욱 자세히 들여다보면 그가 말하는 '재복음화re-evangelization'란 사실상 '재가톨릭화'를 의미하며, 그의 장황한 '교회일치 운동'이란 그 표면 밑에 가톨릭교회로 '회귀'한다는 음모를 감추고 있다.

물론 요한 바오로 2세는 자주 제2차 바티칸 공의회를 인용하곤 한다. 그러나 그가 강조하고자 하는 사항은 바로 요셉 랏징거J. Ratzinger 추기경이

'공의회 해악'에 반대하여 '참된 공의회'라고 불렀던 것으로서 이 '참된 공의회'는 새로운 시작을 말하기보다 단순히 과거의 연속선상에 놓여 있는 공의회를 지칭하는 것이다. 교황청에서 압력을 넣어 통과되었던 공의회 문서의 분명히 보수적인 구절들에 대해서는 결정적으로 과거 지향적 시각을 가지고 해석하면서도, 동시에 혁명적 새 시작을 지시하는 공의회 문서의 미래지향적 구절들에 대해서는 결정적 장소마다 그대로 무시한 채 지나치고 말았다.

많은 사람들이 공의회에 대한 배신, 즉 수많은 가톨릭 신자들을 전 세계 교회로부터 이탈하게 만든 배신을 이야기한다. 공의회 프로그램에 대한 언급 대신에 보수적이고 권위주의적인 교황청 집행부의 구호들이 다시 힘을 얻게 되었다. 복음 정신에 맞춘 '아지오르나멘토(aggiornamento, 개혁)' 대신에 다시 한 번 엄격한 도덕에 관한 회칙들, 전통적인 '세계 교리문답' 등의 전통적 '가톨릭 교리'가 득세하게 되었다. 교황과 주교들의 '협동 단결심' 대신에 다시 한 번 주교의 지명과 신학 교수직의 임명에 있어 지역 교회의 이익을 무시하고 우선권을 주장하는 로마 교황청 중심주의가 팽배하게 되었다. 근대 세계에 대한 '개방' 대신에 근대 세계와의 '적응'에 관한 비난, 불평, 개탄이 증가하였고, 마리아 숭배와 같은 전통적 형태의 신앙심에 대한 고취가 잇따랐다. '대화' 대신에 또다시 종교재판과 양심의 자유와 교회 내의 가르침에 대한 거부가 강화되었다. '교회일치 운동' 대신에 편협하게 로마 가톨릭적인 것에 대한 모든 것을 강조하게 되었다. 더 이상 그리스도의 교회와 로마 가톨릭교회 사이의 구분, 신앙적 교리의 핵심과 그 역사적 언어와 표현의 차이, 그리고 그 중요성에서 차이가 날 수밖에 없는 '진리의 위계 질서'에 대한 논의를 들을 수 없게 되었다.

가톨릭교회 안에서 가장 겸손한 요청조차도 또한 오랫동안 고귀한 이상을 가지고 시간, 서류, 경비를 들여가며 준비했던 독일, 오스트리아, 스위스 주교단에 의해 형성된 교회일치 운동의 환경조차도 더 큰 권력을 가진 교황청에 의해 아무런 이유도 말하지 않은 채 기각되거나 미결정 보류 상태로 남아 있게 되었다. 이런 사실을 그저 그렇게 받아들이라고 말할 뿐 누가 쓸데없이 신경 쓸 것인가?

이처럼 성 윤리, 다른 교파와의 결혼, 교회일치 운동 등 많은 문제에 있어 사제들과 신자들은 복음 정신과 제2차 바티칸 공의회 정신에 맞추어 자신들에게 옳다고 생각되는 것을 조용히 실천하고 있다. 공연히 교황이나 주교들과 잘잘못을 따지고 싶지 않은 것이다.

한편 제2차 바티칸 공의회에서 주교들이 격렬하게 성토하였던 로마 교황청의 법률주의, 성직자주의, 패권주의가 이제 겉모양만 근대적 의상으로 얄팍하게 단장하고 복수의 칼을 갈면서 다시 되돌아오게 되었다. 이 사실은 무엇보다 1983년에 공포된 『교회법전』에서 분명하게 드러났는데 새 교회법은 제2차 바티칸 공의회의 의도와는 반대로 교황, 교황청, 교황 대사들이 행사하는 권력에 거의 아무런 제한을 두지 않는 것이었다. 실제로 새 교회법은 범교회적 공의회의 위치를 격하시키고, 주교단 회의를 단지 고문단 위치로 축소시켰으며, 평신도가 전적으로 성직자들에게 의존하게 만들었고, 교회의 범교회적 차원을 전적으로 무시하고 있다.

이 교회 '법'은 가령 미래의 교황 선출을 결정하게 될 추기경을 지명하는 등 무엇보다 교회에서 개인적으로 최고 결정을 내리기 위한 권력의 도구를 제공하고 있다. 더군다나 교황의 잦은 부재 기간에 교회법은 교황청에 의해 철저히 실천적인 교회 정책으로 변하게 되는 것이다. 하늘과 땅에 관한 교시부터 여성 사제 서품에 관한 고도의 이념적 거부에 이르기까지, 그리고 신학적 훈련을 받은 목회 보조원이라도 평신도이기 때문에 설교를 금지하는 것에서부터 제단에서 여성 예배 보조자를 금지하는 것에 이르기까지, 예수회와 카르멜회Carmelite 등 훌륭한 수도회 조직에 대한 교황청의 직접적인 개입부터 신학자들에 대한 악명 높은 제재 절차에 이르는 엄청난 양의 새로운 문서, 법령, 경고, 지침 등이 바티칸에서 발행되었다.

이 교황은 현대적 삶의 모습을 추구하려는 근대 여성에 반대하는 무시무시한 전쟁을 벌여서 심지어 강간이나 근친상간의 경우에라도 산아 제한과 유산을 금지하고 이혼, 여성 사제 서품, 수녀회 조직의 근대화 등을 금지하였다. 따라서 수많은 여성들이 더 이상 자신을 이해하지 못하는 가톨릭교회로부터 은밀히 등을 돌리고 말았다. 그리고 교회를 통한 젊은이들의 사회화 노력 역시 실패하고 말았다.

제2차 바티칸 공의회 당시에 전혀 불가능해 보이던 일들이 이제 일어나게 되었다. 곧 종교재판이 놀라운 속도로 진행되어 특히 북미의 도덕 신학자, 중앙 유럽의 교리 신학자, 라틴 아메리카와 아프리카의 해방 신학자, 그리고 아시아의 종교간 대화 신학자들을 고발한 것이다. 제2차 바티칸 공의회 이후 너무 진보적이었던 예수회는 더 이상 요한 바오로 2세의 총애를 받지 못하였다.

이와 대조적으로 그는 모든 수단을 동원해 프랑코Franco 총통이 다스리던 스페인에서 유래한 보수 반동적 비밀 정치-신학 집단인 '오푸스데이'를 장려하였다. 이 단체는 은행, 대학, 정부 등과 관련된 스캔들에 연루되었던 중세와 반종교 개혁적 성향을 가진 단체였다. 크라쿠프 주교 시절부터 오푸스데이와 친밀한 관계를 가졌던 교황은 이 단체에 대한 교황청의 감독을 면제해 주었으며, 절대로 '거룩'하지 않았던 그 설립자를 '성인'으로 시복하였다.

비록 폴란드와 같은 공산주의 국가에 대한 방문의 긍정적 효과는 의심의 여지가 없지만 교황 방문의 비용과 효용성에 관해서는 많은 논의가 방송 지상에서 거론되었다. 그의 수많은 연설, 호소, 예배 등을 통해 분명히 영적 부흥과 진작이 이루어진 것은 사실이었다.

그러나 과연 교회 전체를 위해 그런 결과가 나타났다고 할 수 있을까? 너무나 많은 나라에서 교황의 방문은 정말 무엇인가 일어날 것처럼 높은 희망을 품게 만들었다가 결국 쓰라린 실망만 안겨 주지 않았던가? 종종 제2차 바티칸 공의회 정신에 따라 미래지향적으로 생각하는 사람들과 교회의 전통주의자들 간의 양극화 현상이 극복되기보다 오히려 더 강화된 면도 있다. 결국 이 교황은 교회의 상처를 치료하지 못했을 뿐 아니라 오히려 그 상처 위에 소금을 뿌리면서 화합보다는 불화를 더욱 장려한 사람이기도 하다.

그의 조국 폴란드에 관해 교황은 정말로 비극적 상황에 놓여 있었다. 교황은 아직 때묻지 않은 반근대적 폴란드 가톨릭교회 모델을 이미 타락한 서구 세계로 도입하기 원했다. 그러나 그는 세상이 전혀 반대 방향으로 움직이는 모습을 무기력하게 지켜봐야만 했다. 가톨릭 국가인 스페인이나 아일랜드만큼이나 폴란드도 근대에 사로잡히게 된 것이다. 교황에 아랑곳하지 않고 서구의 세속화, 개인주의화, 다원화는 곳곳에 퍼지고 있다. 이 현상은 반드시 잘못된 것도 아니고 문화 비판적인 면에서 개탄해야 될 문제만도 아니다.

요한 바오로 2세 교황의 모순된 행동은 끝없이 이어지는 것처럼 보였다. 인권에 관한 멋진 연설은 있지만 신학자와 여성 종교단체에 대한 정의는 구현되지 않았다. 사회의 차별에 관해서 엄중한 항의를 나타내지만 정작 교회 내에서는 여성들에 관해, 특히 산아 제한과 낙태와 신부 서품에 관한 차별이 진행되었다. 자비에 관한 장문의 교황 회칙을 공포하지만 정작 이혼한 사람들과 1만 명이 넘는 결혼한 사제에 관한 자비는 찾아볼 수 없었다.

매사가 이런 식이었다. 다른 말로 한다면 그때가 바로 흉년의 시대였던 것이다. "만약 교회가 결정적 공헌을 해야 하는 사회적, 정치적 문제에서 실패하고 만다면 도대체 인권, 정의, 평화에 관한 사회 정의적 담화가 무슨 소용이 있는가?"라고 많은 사람들이 묻기 원한다. 만약 교황이 자기 전임자들과 자기 자신과 교회는 속죄와 개혁의 대상에서 예외라고 한다면 과연 그가 연출한 지난 잘못에 대한 화려한 고백이 무슨 소용이 있단 말인가?

교회일치 운동의 영역에서도 이런 현실이 확인되고 있다. 1999년 아우크스부르크에서 통과된 죄인의 칭의에 관한 로마가톨릭-루터교 간의 말썽 많은 합의문을 제외하고는 요한 바오로 2세 치하에서 교회일치 운동의 진정한 발전은 단 하나도 이루어지지 않았다. 오히려 이와 반대로 동등한 의미의 대화 상대자라기보다 실제로는 단지 '엑스트라'로 취급받는다고 생각하는 비가톨릭 종교인들은 교황이 사실상 로마 가톨릭 선전 운동을 하고 있다고 비난했다.

토착 정교회 입장에서 볼 때 전통적으로 정교회 색채가 강했던 동부 유럽 국가들에서 행하는 로마 가톨릭 활동은 개종 운동으로 간주될 수밖에 없었으며, 이것이 정교회와 가톨릭 관계에서 긴장을 조성했다. 이 모든 것이 교회일치 분위기를 급격하게 교란시키고 냉각시키는 결과를 가져왔고, 모든 교파 안에서 교회일치 운동에 관심 가졌던 이들에게 실망과 좌절을 안겨 주었으며, 나아가 유감스럽게도 요한네스 23세의 '7년 풍년 기간'에 사라졌던 해묵은 반가톨릭 정서와 반감을 다시 부활시키는 결과를 낳고 말았다.

따라서 진정한 변화는 정체stagnation되고 허황된 말과 제스처는 과장inflation되는 경제학의 이른바 스태그플레이션(stagflation : 불황 속의 물가고) 현상이 가톨릭교회와 전 교회에 성행하게 되었다. 요한네스 23세가 20세기의 가장 중요한 교황이었다면 요한 바오로 2세는 20세기의 가장 모순되는 교황이다.

일반 신자에서 시작하는 새로운 출발

그러나 다행인 것은 교회 상층부의 끊임없는 방해에도 불구하고 공의회 운동과 교회일치 운동이 각 개별 공동체의 일반 대중들 사이에서 계속 성장하고 있다는 사실이다. 그 결과 '밑으로부터의 교회'와 '위로부터의 교회' 사이의 간극이 더욱 커져 거의 상호 무관심에 이르게 되었다. 그 어느 때보다도 지금이야말로 과연 얼마만큼 신앙 공동체의 목회에 생동감이 넘치고, 예배가 살아 있으며, 교회일치 문제에 대해 예민하게 반응하고, 사회적 문제에 헌신적인가의 여부가 개개인 사목자와 평신도 지도자에게 달려 있는 것이다.

그러나 로마 교황청과 공동체 사이에 주교가 위치하고 있으며 이 위기 상황에서 그들의 위치는 너무나 중요하다. 교황청 본부의 구성원들보다 전 세계 여러 나라에서 사람들의 필요와 희망에 상대적으로 더 많이 접할 수 있는 주교들은 지금 일반 대중들의 기대와 로마의 명령이라는 두 가지 압력에 직면하고 있다. 교황은 때때로 주교들을 다분히 개인적으로 이용하기도 한다. 따라서 주교들은 공개적으로 여성 사제 서품, 산아 제한, 혹은 임신을 중단하는 문제에 있어 이해가 엇갈리는 여성에 대한 상담을 반대하는 입장을 천명하기도 한다.

다른 정치적 기관의 경우와 마찬가지로 바티칸의 장기적 개혁을 위해서는 사람들의 정치 술책을 바로잡는 것이야말로 가장 중요한 과제가 될 것이다. 현재 교황청의 정략 변화를 감안할 때 역사적으로 더욱 교황청에 의해 사유화되어 왔던 주교 임명권이 압제의 중요 수단이라는 점은 의심할 여지가 없다. 물론 교황의 독자적 권한인 추기경 임명과 교회 체제에 순응하는 신학자들을 장려하는 것은 여기서 거론할 필요가 없을 것이다.

그 어느 때보다도 바티칸은 주교단에 결원이 생기면 마치 크렘린이 고위층 관리를 임명할 때만큼이나 철저하게 순수 정통성이 검증되고 충성 서약을 거친 교조적 주교로서 그 자리를 계속 채워 나가는 전 세계적 전략을 구사하고 있다. 위대한 전통의 예수회, 도미니쿠스 수도회, 프란체스코 수도회에서만 이 권위주의적 교황제에 대해 염려하는 것이 아니다. 심지어 로마 교황청 안에서도 교황의 '슬라브족 편애Slavophilia'와 교회의 '폴란드화Polonization'에 대한 개탄과 조롱을 들을 수 있었다. 실제로 1869~1870년에 교황무류성 교리를 열렬히 지지했던 예수회 잡지마저도 '과도한 교황 신격화와 바티칸 궁정의 비잔틴주의'라는 중요 기사를 통해(1985년 11월 2일 자) 공개적으로 '무류설'이 '예속servility'으로부터 자유로울 수 없으며 '전형적 바티칸 궁정의 사고 방식'을 대변한다고 비난하였다.

교회로부터 사람들이 떠나고 방송 미디어와 일반인들의 가톨릭교회에 대한 적대적 태도가 증가하는 가운데 많은 나라에서 교회 당국의 권위가 침식되는 등 전에 보지 못했던 과정이 진행중이라는 사실을 안타깝지만 말하지 않을 수 없다. 독일의 가톨릭 신자들 사이에서도 교황의 무류성 주장은 소수의 근본주의자들을 제외하고는 그 신뢰성을 상실하였다. 여론 조사에 따르면 불과 11퍼센트의 독일인만이 교황무류설을 아직도 지지할 뿐이고, 76퍼센트는 개혁을 요청한 1995년 포르자협회 Forsa Institute의「교회와 사람 청원서 Church and People petition」를 지지하고 있다.

이보다 더 크게 염려되는 것은 제2차 바티칸 공의회 이후 40년간 교회에 정기적으로 출석하는 신자들 및 교회 일에 참여하고 교회에서 결혼식을 올리는 젊은이들의 숫자가 3분의 2로 줄어들었으며, 세례받는 사람은 2분의 1이나 줄었다는 사실과, 동시에 신부 지원자와 새롭게 서품받는 신부의 숫자가 역사적으로 가장 저조하다는 사실이다. 이제 사목직의 반이 곧 공석으로 남을 전망이다. 세속화의 모든 영향에 대하여 마치 종교 개혁 당시에 그랬던 것처럼 역사는 교황들과 오늘날 독일의 가톨릭 주교들에게 책임을 묻게 될 것이다.

지금의 모든 긴장, 분파, 대결 이면에는 다양한 인물들, 국가들, 신학들만 숨어 있는 것이 아니라 전혀 다른 두 가지 교회 모델, 두 가지 서로 다른 '전체 세계관' 혹은 '패러다임'이 숨어 있다고 보여진다. 즉, 중세적, 반종교 개혁적, 반근대적 로마 가톨릭 세계관으로 돌아가느냐 아니면 근대-후기 근대적 패러다임으로 전진하느냐의 선택이다. 과연 사태는 어떻게 전개될 것인가?

한편 가톨릭교회의 개혁이 계속 진행되고 있다는 희망을 주는 신호도 있기 때문에 최근 가톨릭교회의 역사에 대한 나의 설명을 비관주의나 운명론으로 이해할 필요는 없다. 그 반대로 다음과 같은 발전들이 다른 이들과 나에게 계속 투쟁할 수 있는 용기를 주고 있다.

1. 전통적으로 가톨릭 국가였던 곳에서조차 교황의 복고 정책에 대한

가톨릭 남녀 신자들의 저항이 일어나고 있다. 1992년 미국의 갤럽 여론 조사 결과는 선진국들의 전형이라고 생각된다. 미국 가톨릭 신자 가운데 산아 제한의 자유로운 결정을 지지하는 사람이 87퍼센트이고, 사제의 결혼을 75퍼센트가, 여성 신부 서품을 67퍼센트가 지지하며, 주교 선출을 각 교구 신부와 신도가 해야 된다는 사람이 72퍼센트, 에이즈에 대한 예방책으로 콘돔을 사용하자는 사람이 83퍼센트, 이혼한 다음 재혼한 이들을 성찬식에 같이 참여시키는 데 찬성하는 사람이 74퍼센트, 적어도 불가피한 상황에서의 낙태 적법화를 지지하는 사람이 85퍼센트, 설령 교회의 가르침에 공식적으로 따르지 않더라도 좋은 가톨릭 교인이 될 수 있다고 믿는 사람이 81퍼센트였다.

2. 「교회와 사람 청원서」는 오스트리아에서 50만 명, 독일에서 150만 명의 서명을 획득했던 반면 교회 지도부는 절대로 자신의 입장을 옹호하기 위해 이만큼 많은 청중을 동원할 수 없었다. 이제 국제적 운동이 된 '우리가 교회다 We are the Church' 운동에 많은 용감한 사람들이 뜨거운 헌신을 바쳤는데도 불구하고, 만약 로마 교황청에 대한 겁먹은 충성 때문에 주교들이 이를 무시한다면 그들의 신뢰성은 더욱 잠식되고 말 것이다!

3. 전 세계 각 지역에서 열심히 활동하는 가톨릭 남녀노소들, 훌륭한 가르침을 전하는 좋은 종교 교사들, 감동적인 예배를 주도하는 많은 신부들과 사목자들, 공동체를 다시 부활시키기 원하는 사람들과 공동체 일꾼들, 유치원과 병원과 양로원에서 일하면서 사랑의 기독교를 실천하려고 애쓰는 사람들, 사회 문제와 교회일치 문제에 지칠 줄 모르고 헌신하는 젊은이들이 많이 있어 우리에게 용기를 주고 있다. 교회의 근본은 지금도 살아 있다. 왜냐하면 기독교인들이 지난 2천 년

동안 그리스도라고 고백해 왔던 예수 그분은 살아 계신 분이기 때문이다.

요한네스 24세의 제3차 바티칸 공의회?

이런 사실들은 가톨릭교회와 기독교 세계에서 사태가 과연 어떻게 진전될 것인가에 대한 더욱 긴급한 질문을 제기하게 만든다. 물론 아무도 그 대답을 알 수 없으며 심지어 자기를 닮은 가칭 '요한 바오로 3세'를 후계자로 세우기 원했던 요한 바오로 2세조차도 알 수 없는 문제였다. 혹시 그의 추기경들 가운데 가톨릭에 해방을 가져올 고르바초프 같은 인물이 숨어 있을지도 몰랐기 때문이다. 추기경들 가운데서도 상당수는 이런 식으로 사태가 진행되어서는 안 된다고 생각했다.

로마 가톨릭교회가 21세기에 교회로서 미래를 가지려면 새로운 요한네스 23세, 즉 '요한네스 24세'가 필요하다. 20세기 중반의 요한네스 23세처럼 요한네스 24세는 이제 제3차 바티칸 공의회를 소집해서 이 교회를 로마 가톨릭주의에서 진정한 가톨릭교회, 참다운 보편적 교회로 이끌어 가야 할 것이다.

신약성서에 기초한 가톨릭교회 공동체에서 이해하는 교황제에 관한 견해는 로마 가톨릭 관리들이 생각하는 견해와 틀리다. 즉, 교황이 하느님을 대신하여 교회와 세계보다 우위에 있다는 견해가 아니라 교황은 하느님 백성의 한 사람으로서 (머리가 아니라) 교회 안에 있다는 생각이다. 이 견해는 유일한 군주이면서도 또한 주교단과 함께 어울릴 수 있는 교황, 즉 교회의 주인으로서가 아니라 (그레고리우스 대교황이 말했듯이) 베드로의 후계자로서 '하느님 종들의 종'이 되는 교황을 강조한다. 교회와 로마 교황에 대한 이와 같은 본래의 견해를 다시 살리기 위해서 요한네스 23세와 같은 교황이 필요한 것이다.

이것은 미래를 위해 서방과 동방 교회를 분열시켰던 로마 교황의 지상권 문제가 마침내 공개적으로 논의되고 양쪽 모두 인정하는 처음 일곱 개 공의회와 초대 교회 교부들의 동의에 기초하여 범교회적으로 해결을 모색해야 함을 의미한다. 제1차 및 2차 바티칸 공의회에서 동방 교회의 참여 없이 정했던 불행한 결정들은 신학적으로 다시 재고되어야 할 것이다. 신약성서에 나타난 베드로의 지극히 인간적인 면모와 현대의 요구에 비추어 볼 때 교회 전체는 분명히 실천적으로 부적합한 '명예의 우월성primacy of honour'보다 더 많은 것을 필요로 하고 있으며, 실제로는 반생산적인 '법률적 우월성primacy in law'보다 더 많은 것을 요구하고 있다.

다시 말해 교회는 사목 활동에서 건설적인 우월성, 요한네스 23세의 모델을 따른 영적 지도력, 영적 진흥, 협동과 중재의 의미에서 사목적 우월성을 필요로 하고 있는 것이다. 그렇다면 과연 차기 교황 선거를 위한 추기경 회합에서, 아니면 차차기 모임에서 이러한 일이 일어날 가능성이 있는 것일까?

여러 곳에서 가톨릭교회의 영적, 조직적 생명력이 훼손되지 않고 오히려 부활하고 있다. 그들이 처한 사회에서 위대한 헌신 정신을 가지고 고통당하는 이들과 협동하면서 '여리고Jericho로 가는 길', 곧 승리의 길로 전진하고 있는 일반 평신도들이야말로 '세상의 빛'이고 '세상의 소금'이다. 라틴 아메리카의 해방신학, 미국과 유럽의 가톨릭 평화 운동, 인도의 아쉬람ashram 신앙 공동체 운동과 남반부와 북반부 많은 나라들의 신앙 기초 모임들은 가톨릭교회의 진정한 보편성catholicity이란 신앙의 원칙에 그치는 것이 아니라 실제로 실천되고 있는 인간 실재라는 사실을 일깨워 주고 있다.

현재 우리들에게 환상을 계속 가지도록 만드는 것은 더 이상 없다. 최근 수십 년간 해임, 좌절, 신앙 공동체의 훼손 등이 그 분명한 상흔을 남겨 놓았기 때문이다. 가톨릭교회의 미래를 생각할 때 많은 사람들이 자신감보다는 상실감에 빠지곤 한다. 그러나 나처럼 피우스 12세부터 요한네스 23세에 이르는 도저히 불가능해 보이던 역사적 변화를 경험한 사람들은, 마찬가지 의미에서 소련 제국의 붕괴를 경험한 이들은 확신을 가지고 현재 문제가 쌓여 가는 이 상황을 보면서 변화, 아니 정말로 급격한 혁명이 일어나야만 된다고 말하지 않을 수 없다. 정말 이제 남은 것은 오직 시간 문제일 뿐이다.

- 결론 -

어떤 교회가
미래가 있는가?

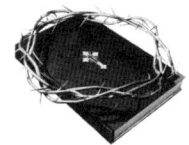

제3천년기에 교회가 미래를 가지려면 다음과 같은 네 가지 조건이 충족되어야 한다.

1. 교회는 과거로 등을 돌려 중세, 종교 개혁, 혹은 계몽주의 시대와 사랑에 빠져서는 안 되고 그 대신 기독교 기원에 뿌리 내리고 현대의 임무에 집중하는 교회가 되어야 한다.
2. 교회는 여자에 대한 고정관념, 배타적인 남성적 언어, 남녀 역할에 관한 편견 등으로 고착된 가부장주의를 타파하고 교회 직책과 봉사 활동의 모든 면에서 여성을 받아들이고 협력 관계를 유지하는 교회가 되어야 한다.
3. 교회는 편협한 신앙 고백에 빠져 배타적 신앙 고백, 관료주의의 뻔뻔함, 성만찬의 거부 등에 굴복하지 말 것이며, 내부적으로 교회일치 운동을 실천하고 모든 파문 조치의 폐지, 교파간의 성만찬 교제, 다양한 목회 활동 인정 등을 추구하는 범교회적으로 열린 교회가 되어야 한다.
4. 교회는 더 이상 배타적 기독교 진리 주장을 내세우는 유럽 중심적 로마 제국주의 교회가 아니라 언제나 더 큰 진리에 존경을 나타내는 포

용적이고 포괄적인 교회가 되어야 한다. 따라서 교회는 타종교로부터 배우려고 노력해야 하고 각 국가, 지역, 지방 교회들에게 적절한 자율적 권위를 부여해야 한다.

1989년 공산주의의 몰락은 세계가 새로운 포스트 모더니즘의 시대로 진입하였다는 사실을 분명하게 일깨워 주었다. 제1차 세계대전과 2차 세계대전이 끝났던 1918년과 1945년 이후에 이제 더욱 평화롭고 정의로운 새로운 세계 질서를 위한 제3의 기회가 찾아오고 있는 것이다. 우리가 감당하기 힘든 복지 국가와 반사회적 신자유주의를 넘어서서 책임감 있는 새로운 경제를 달성할 수 있는 계기를 마련하는 일이 과연 가능할 것인가? 또한 비도덕적인 현실정치론realpolitik과 역시 비도덕적인 이상정치론idealpolitik을 넘어서는 새로운 책임정치론이 가능할 것인가?

여기서 교회와 종교에도 똑같은 질문을 던져야만 한다. 종교간의 평화 없이 국가간의 평화는 불가능하기 때문이다. 특별히 가톨릭교회는 새로운 세상에 어울리는 위대한 교회가 되기 위해서 위에서 언급한 네 가지 조건을 긴급하게 만족시켜야만 된다는 사실이 요청되고 있다.

그러나 "과연 교회가 어디로 가고 있는가?"라는 질문을 전적으로 교회만의 관심이라고 오해해서는 안 될 것이다. 더 중요한 것은 "과연 인류는 어디로 가고 있는가?"라는 더 광범위한 문제를 생각하는 일이다. 여기서 적어도 나에게 있어서는 '세계 교회로부터 세계 윤리'로 가는 것이 아니라 '세계 교회와 더불어 세계 윤리로' 나가는 방법이 중요하다는 것을 말하고자 한다. 이것이 바로 모든 교회와 종교가 지지하고, 심지어 모든 불신자까지도 포함하는 인류를 위한 참된 공동 윤리를 추구하자는 주장인 것이다.

따라서 가톨릭교회는 다음과 같은 사항을 후원해야 한다.

- 사회적 세계 질서 — 인간이 평등한 권리를 가지고 타인과 협동해 생활하며, 부자와 가난한 자와의 계속 벌어지는 간극을 중재하는 사회.
- 다원적 세계 질서 — 유럽의 다양한 문화, 전통, 인종들이 화해를 이루고 반유대주의와 외국인 혐오 사상이 근절된 사회.
- 협동적 세계 질서 — 모든 단계에서 여성이 남성과 똑같은 책임을 감당하며 여성의 재능, 통찰력, 가치, 경험을 자유롭게 공헌할 수 있는 교회 및 사회 내의 갱신된 남녀 공동체로 구성된 사회.
- 평화를 증진하는 세계 질서 — 평화의 수립과 갈등의 평화적 해결을 후원하는 사회, 그리고 타인의 복지와 안녕을 위해 협동하여 공헌하는 공동체 사회.
- 자연 친화적 세계 질서 — 모든 생명체의 권리와 정체성이 보존되며 인간과 친교를 이루는 사회.
- 범교회적 세계 질서 — 신앙 고백의 일치와 종교 간의 평화를 통해 국가간 평화를 이루기 위한 전제 조건을 창출하는 공동체 사회.

예수 그리스도의 복음에 따라 새롭게 거듭난 이와 같은 가톨릭교회의 이상이 과연 언제 어떻게 실현될 수 있을지는 예언할 수 없다. 그러나 신학자로서 나는 나의 삶 전체를 통하여 지치지 않고 이 이상이 실현될 수 있다는 것과 과연 어떻게 실현될 수 있는지에 관하여 저술해 왔다. 현재 교회일치에 대한 관심이 저조함에도 불구하고 나는 기독교가 마침내 근대와 후기 근대 사이의 현재 위기 상황에서 교회일치 패러다임에 이르는 길을 찾을 수 있을 것이라는 확실한 희망을 가지고 있다.

새로운 세대에게 신앙 고백의 시대는 이제 과거가 되고 말았다. 물론 '신앙 고백적 패러다임'의 잔재는 당분간 분명히 남아 있을 것이다. 완전히 획일적인 기독교는 가능하지도 않고 바람직하지도 않기 때문이다. 그러나 상대방에 대한 파문이 폐지된 후에 서로의 신앙 고백들도 폐지되어야 마땅하고 새로운 의사 전달, 정말로 범교회적 친교로 대체되어야 할 것이다. 새로운 범교회적 친교는 일차적으로 성만찬 친교를 의미하지만 일상생활에서 기독교인들의 친교를 의미하기도 한다.

이러한 교회일치적 패러다임은 더 이상 정교회, 가톨릭, 복음주의라는 세 가지 호전적 신앙 고백으로 표현되지 않고 대신 세 가지 상호 보완적 기본 태도로 나타날 것이다. 이는 다음과 같은 방법으로 세 가지 질문을 던지고 대답해야 한다는 것을 의미한다.

- 과연 누가 정교회 신자orthodox인가? '올바른 가르침'에 관련된 이가 곧 정통이며 정교회 신자이다. 더 정확히 말해서 이것이 하느님의 진리이기 때문에 신자, 주교, 교회 등 개인들에게 함부로 전할 수 없고, 대신 언제나 창조적으로 새로운 세대에게 전승해야 하며, 전 교회의 충성스러운 전통으로 실천해야 하는 진리를 생각하는 사람이 곧 정교회 신자이다. 만약 이것이 결정적으로 '정교회 신자'의 기준이라면 복음주의 기독교인이거나 가톨릭 기독교인도 모두 이와 같은 '올바른 가르침'의 의미에서 정교회 신자일 수 있으며 또 그래야만 할 것이다.

- 과연 누가 가톨릭 신자catholic인가? 특별히 전체적, 보편적, 포괄적 교회에 관심을 가지는 사람이 곧 가톨릭 신자이다. 더 정확하게 말한다면 모든 단절에도 불구하고 신앙의 지속성과 보편성에 관심을 가지

는 이가 가톨릭 신자인 것이다. 만약 이것이 '가톨릭 신자'가 되는 결정적 단서라면 정교회 신자나 복음주의 기독교인들도 모두 이같이 넓은 의미에서 가톨릭 신자라고 할 수 있다.

- 마지막으로 과연 누가 복음주의 개신교 신자evangelical인가? 특별히 모든 교회 전통, 가르침, 실천에서 끊임없이 복음에 의지하려는 관심을 가진 사람이 곧 복음주의자이다. 더 구체적으로 말해서 성경에 맞추어 반성하며 복음의 기준에 맞추어 줄기차게 실행을 개선하는 사람이다. 만약 이것이 '복음주의 신자'가 되는 결정적 단서라면 마침내 정교회 교인이나 가톨릭 교인도 복음에 감동된 복음주의자 신자일 것이다.

이처럼 똑바로 이해할 때 오늘날에도 '정교회', '가톨릭', '복음주의'의 근본 태도는 더 이상 배타적인 것이 아니라 상호 보완적이다. 이것은 단순한 요청이 아니라 바로 사실인 것이다. 전 세계에서 오늘날에도 기성 교회 체제의 모든 저항에도 불구하고 수많은 기독교인들, 공동체들, 단체들이 복음에 중심을 둔 참다운 교회일치 정신을 구현하려고 노력하고 있다. 더욱더 많은 가톨릭 신자들에게 이 사실을 확신시키는 것이 미래를 위한 중요하고 위대한 임무가 될 것이다.

연표

(1과 2에 나오는 연대는 대부분 추정된 연도이다)

1. 교회의 기원들

30	예수의 십자가형
35	바울로의 회심
43	제베대오의 아들 야고보의 처형
48	예루살렘의 사도 공의회
48/49	안티오크에서 베드로와 바울로의 대립
49~50	바울로의 「데살로니카인들에게 보낸 편지」 (신약성서 중 최초로 저술됨)
52	바울로의 「고린토인들에게 보낸 편지」
60~64	바울로의 투옥과 로마에서 처형
62	초기 예루살렘 공동체의 지도자이며 예수의 동생인 야고보의 처형
64~66	네로 황제 치하에서 제1차 기독교인 박해
66	유대 기독교인들이 요단강 건너 펠라 지방으로 이민
70	예루살렘 함락과 제2성전의 파괴

2. 초기 가톨릭교회

81~96	도미티아누스 황제 치하에서 제2차 기독교인 박해
90	「클레멘스의 편지」 *Letter of Clement*
100	최초 기독교 교회 직제에 관한 「디다케」 *Didache*

110	안티오크의 이그나티우스 주교의 편지들과 처형
165	철학자 유스티누스의 처형
185~254	오리게네스
249~251	데키우스 황제 치하에서 최초의 전면적 기독교인 박해

3. 제국적 가톨릭교회

313	콘스탄티누스 대제의 종교 자유 보장
325	콘스탄티누스 대제의 단독 집정
	제1차 니케아 공의회
354~430	아우렐리우스 아우구스티누스(395년부터 히포의 주교)
381	제1차 콘스탄티노플 공의회
	테오도시우스 대제가 가톨릭교회를 국가 종교로 선언하고 이어서
	모든 이방 종교를 금지시킴
395	테오도시우스 대제의 사망과 로마 제국이 동서 제국으로 분열
410	서고트족의 알라리크가 '영원한 로마'를 점령
431	에페소스 공의회

4. 교황의 교회

440~461	교황 레오 대제
451	칼케돈 공의회
476	서로마 제국의 몰락
492~496	교황 겔라시우스 1세
498/499	프랑크 왕국의 왕 클로비스의 세례
527~565	유스티니아누스 황제
553	제2차 콘스탄티노플 공의회
590~604	교황 그레고리우스 대제
622	이슬람 시대의 개막
681	제3차 콘스탄티노플 공의회

787	제2차 니케아 공의회
800	베드로 성당에서 샤를마뉴의 대관식
858~867	교황 니콜라우스 1세
1046	수트리와 로마의 주교단 회의에서 하인리히 3세가 경쟁자인 세 명의 교황을 폐위시킴

5. 교회의 분열

1049~1054	교황 레오 9세
1054	로마 교회와 콘스탄티노플 교회와의 불화
1073~1085	교황 그레고리우스 7세. 성직임명권 논쟁
1077	하인리히 4세가 카노사로 감
1095	교황 우르바누스 2세가 1차 십자군 모집
1139	제2차 라테란 공의회
1198~1216	교황 인노켄티우스 3세
1202~1204	제4차 십자군 운동 콘스탄티노플을 약탈하고 라틴인 지배자들로 이루어진 라틴 제국을 대신 설립함
1209	인노켄티우스 3세와 아시시의 프란체스코와의 만남
1215	제4차 라테란 공의회
1225~1274	토마스 아퀴나스
1294~1303	교황 보니파키우스 8세가 아냐니에 유폐됨
1309~1377	교황의 아비뇽 유수 (바빌론 유수)
1378~1417	서방 교회 분열 : 두 명 및 세 명의 교황
1414~1418	콘스탄츠 공의회 얀 후스의 처형

6. 개혁, 종교 개혁, 반종교 개혁?

1483~1546	마르틴 루터

1484~1531	훌드리히 츠빙글리
1517	면죄부에 관해 루터가 95개 조항 발표
1520	루터의 위대한 신학 저술들
1521	보름스 의회
	루터에게 황제의 금지령 선고
1530	아우크스부르크 의회. '아우크스부르크 신앙 고백'
1509~1564	장 칼뱅
1516	제5차 라테란 공의회
1534~1549	교황 파울루스 3세
1535	칼뱅의 『기독교 강요 Institutio Religionis Christianae』 초판 발간 (마지막 개정본은 1559년 출판)
1545~1563	트렌트 공의회
1549	영국 국교회의 『성공회 기도서 The Book of Common Prayer』
1618~1648	30년 전쟁
1648	베스트팔렌 조약

7. 가톨릭교회와 근대

1633	갈릴레오 갈릴레이의 종교재판
	데카르트는 『세계 Le Monde』 출판을 연기함
1678	리샤르 시몽의 『구약성서의 비판적 역사 Critical History of the Old testament』를 압수함
1779	레싱의 『현자 나탄 Nathan der Weise』
1781	칸트의 『순수이성비판 Kritik der reinen Vernunft』
1789	프랑스 혁명. 인간과 시민의 권리 선언
1792	9월 학살
1797 / 1798	교황 국가의 폐쇄와 로마 공화국 선언
1799	나폴레옹의 쿠데타
1814~1815	비엔나 의회와 교황 국가의 수복

1848	유럽의 혁명들
	「공산당 선언 Manifest der Kommunistischen Partei」
1846~1878	피우스 9세
1854	마리아의 무염시태설 교리
1864	『근대적 오류에 대한 교서요목 Syllabus errorum modernorum』
1869~1870	제1차 바티칸 공의회. 교황의 수위권과 무류성 교리의 정립에 대한 반동으로 구가톨릭교회 설립

8. 가톨릭교회 – 현재와 미래

1878~1903	교황 레오 13세
1891	사회 정의 회칙 「새로운 것들에 대하여 Rerum novarum」
1903~1914	교황 피우스 10세
1910	반근대주의 서약
1914~1918	제1차 세계대전
1914~1922	교황 베네딕투스 15세
1922~1939	교황 피우스 11세
1929	무솔리니와 라테란 조약
1933	히틀러와 종교 협약 체결
1937	교황 회칙 「극도의 슬픔으로 Mit brennender Sorge」
1939~1945	제2차 세계대전. 유대인 대학살
1939~1958	교황 피우스 12세
1950	마리아의 성모 승천 교리. 현시대의 잘못을 지적하는 교황 회칙 「인간 종족에 대하여 Humani generis」
1958~1963	교황 요한네스 23세
	교황 회칙 「지상의 평화 Pacem in terris」
1962~1965	제2차 바티칸 공의회
1961~1978	교황 파울루스(바오로) 6세

1967		강제적 신부 독신제를 위한 교황 회칙 「사제의 독신 생활Sacerdotalis caelibatus」
1968		피임에 반대하는 교황 회칙 「인간 생명Humanae vitae」
1978		교황 요한네스 파울루스(요한 바오로) 1세
1978~2005		교황 요한네스 파울루스(요한 바오로) 2세
2005~2013		베네딕토 16세
2013		프란치스코 1세

옮긴이의 말

기독교 교회의 역사를 다룬 책들은 이미 수없이 많다. 그런데도 다시 새로운 교회사 저서를 소개할 필요가 있는 것일까? 그것도 교회사 전문학자의 저술도 아닌 책을?

이와 같은 질문은 당연한 것이지만 이 새로운 교회사 저서의 저자가 다름 아닌 한스 큉이라는 사실을 알게 되면 위의 질문은 금세 호기심으로 바뀌게 된다. 그리고 이 책을 다 읽고 나면 그 호기심은 다시 한 번 경탄으로 바뀌게 되리라고 확신한다. 즉, 이 책의 첫 번째 매력은 바로 저자 자신이다. 한스 큉은 과연 누구인가? 저자를 알게 되면 그가 왜 이 책을 썼는지 바로 두 번째 매력을 알 수 있다. 교회사가도 아닌 그가 왜 가톨릭교회의 역사를 말하고자 하는가?

스위스 출생 신학자 한스 큉을 한마디로 말한다면 현재 21세기에 생존하고 있는 가장 유명한 20세기 가톨릭 신학자라고 할 수 있다. 1928년에 태어난 한스 큉은 32세가 되던 1960년 튀빙겐 대학의 가톨릭 신학부 교수가 된 이후 오늘날까지 같은 대학에 있으면서 튀빙겐을 신학적 논쟁의 세계적 중심지 가운데 하나로 만드는 데 큰 공을 세웠다. 『기독교인이 된다는 것 *On Being a Christian*』, 『하느님은 존재하는가? 현대를 위한 답변 *Does God Exist?*

An Answer for Today』 등의 굵직한 저서들을 통해 그는 방대한 자료에 통달한 거장의 면모를 보여 준 바 있다. 그러나 한스 큉의 명성은 무엇보다 가톨릭교회와 교황 제도에 대해 날카로운 질문을 던졌던 『교회The Church』, 『과연 무류인가?Infallible?』 등의 저서에 기인하고 있다. 가톨릭 신학자로서 가톨릭 신앙의 가장 근간이 되는 핵심 사항을 신학적 의제로 제기하였던 대담함과 예리함이 한스 큉을 세계적 신학자로 만든 것이다.

바꿔 말하면 한스 큉은 마치 전설 속에 나오는 역린逆鱗, 즉 용의 가장 섬세한 비늘을 건드린 사람과도 같다고 할 수 있다. 교황과 교황청은 가톨릭교회의 가장 예민한 이 부분을 감히 공론화시킨 그를 결코 묵인하지 않았다. 1978년에 새로 취임한 교황 요한 바오로 2세는 바로 다음 해인 1979년 서둘러 한스 큉의 가톨릭 교수직을 박탈하였다. 이 사건은 당시 전 세계에 큰 파문을 불러일으켰고 교황의 조치에 대해 격렬한 찬반 논쟁을 야기시켰다. 이때부터 시작하여 4반세기가 지난 오늘까지 요한 바오로 2세와 한스 큉의 악연은 계속되고 있는 셈이다.

그동안 한스 큉은 세계에서 가장 거대한 조직인 로마 가톨릭교회와 교황을 상대로 외롭고 힘겨운 싸움을 계속해 왔다. 그에게는 언제나 '살아 있는 신학적 양심'이라는 찬사뿐만 아니라 '인기를 좇는 소영웅주의 신학자'라는 혹평도 함께 따라 다닌다. 과연 미래의 역사가들이 그에 관한 이처럼 상반된 평가 중에 어느 쪽에 더 무게를 실어 줄 것인지, 또 나아가 한스 큉과 요한 바오로 2세 가운데 과연 누구의 손을 들어줄지 궁금하지 않을 수 없다.

『가톨릭의 역사』는 한스 큉 스스로 미래의 역사적 판단을 준비하는 마음으로 쓴 책이라고 할 수 있다. 이 책을 관통하고 있는 주제는 바로 가톨릭교회 역사에 대한 자기반성이다. 교회의 발생부터 현재에 이르기까지

2천 년 역사를 조감하면서 그 공로와 과오에 대한 철저한 반성을 통해 교회의 미래를 준비하려는 노학자의 정열이 이 책을 가득 채우고 있다. 그는 우리에게 오직 과거를 이해하고 과거의 잘못과 화해하는 자만이 진정한 미래를 준비할 수 있다는 사실을 웅변하고 있다.

비유한다면 마치 출애굽의 힘든 투쟁과 여정을 다 마치고 비스가 산정에 서서 이스라엘 민족의 역사와 자신의 일생을 회고하며「모세 5경」을 써 나갔다는 모세와 같은 심정으로 한스 큉은 가톨릭교회의 역사와 자신의 삶을 반추하며 이 책을 서술하고 있다. 눈앞에 펼쳐진 가나안 복지에 가슴 벅찼던 모세처럼 한스 큉의 시선도 새롭게 시작된 제3천년기에 초점이 맞추어져 있다. 자기가 사랑해서 싸우며 이끌어 왔던 이스라엘 민족이 드디어 가나안에 입성하기에 앞서 먼저 정결한 마음을 갖추기 원했던 모세와도 같이 한스 큉도 이 대망의 제3천년을 맞이하는 교회가 무엇보다 먼저 지난날의 과오로부터 자유롭게 되기를 간절히 희망하고 있다.

따라서 이 책의 특징이자 매력은 그 미래 지향성에 있다. 과거의 사실을 알기 위한 역사서가 아니라 미래를 준비하기 위한 역사서라는 점이 바로 이 책을 특별하게 만들고 있는 것이다. 그리고 한스 큉만큼 이런 임무를 수행하기에 적절한 신학자도 없을 것이다. 그가 평생에 걸쳐 쌓은 방대한 지식과 투쟁을 통해 얻은 통찰력이 이 한 권의 책 속에 훌륭하게 결합되어 빛나고 있다. 일반 독자들을 위해 평이하게 써 내려간 개론서이지만 오직 거장만이 들려줄 수 있는 예지가 곳곳에서 번뜩이고 있어 전문가가 읽기에도 즐거운 책이다.

이 책을 번역하게 된 것은 참으로 우연이었다. 대학원에서 '기독교 사상사' 세미나를 진행하다가 한스 큉의 방대한 신작『기독교:그 본질과 역사 그리고 미래 Christianity : Its Essence, History and Future』를 뒤늦게 발견하고서는 감탄해 마지않고 있었다. 그때 마침 을유문화사에서 『가톨릭의 역사』 번역이 가능한지를 타진해 왔다.

700여 쪽에 달하는 『기독교Christianity』에서 상세히 서술했던 내용을 일반인들을 위해 새롭게 간추린 책이 『가톨릭의 역사』라는 것을 확인하게 되자 나의 전공 분야가 아닌데도 번역하고 싶은 욕심이 생겼다. 물론 번역하는 동안 공연한 욕심을 부린 데 대해 후회한 일이 적지 않았다. 박학다재한 저자의 글을 충실히 옮기기에 나의 역량이 부족함을 자주 확인해야 했기 때문이다.

그렇지만 예전의 다른 번역 때와는 달리 한스 큉의 글을 옮기는 일은 이상하리만큼 즐거운 작업이어서 나 자신도 놀라지 않을 수 없었다. 아마 저자와의 유쾌한 공감이 자칫 무미건조할 수 있는 작업에 활력소를 제공했기 때문일 것이다. 사실 가톨릭 신학자 한스 큉의 저서를 침례교 종교철학자가 번역한다는 것은 그다지 어울리지 않는 일이다. 그러나 교회를 사랑하는 그의 마음, 교회 민주화에 대한 염원 그리고 특히 교회일치를 향한 그의 에큐메니컬한 열정과 교감을 나눌 수 있는 까닭에 신교와 구교라는 상이한 소속감은 그리 걸림돌이 되지 않았다고 생각한다.

한스 큉이 이 책의 결론에서 역설하고 있는 것처럼 정교회, 가톨릭, 복음주의, 침례교 등의 이름은 더 이상 각 교파의 차별성을 나타내는 고유명사가 아니라 우리 모두 함께 나누는 복음의 다양한 면모를 말해 주는 수식어가 되어야 할 것이다. '나이는 숫자에 불과하다'는 멋있는 광고 카피처럼 '각 교파의 이름은 형용사에 불과하다'는 공동 고백을 할 수 있는 날을 꿈꾸어 본다. 마치 그 광고에 등장하는 젊은 학생들과 할아버지 학생처럼 21세기의 젊은 독자들도 20세기 마지막 신학의 거장인 한스 큉의 열정과 비전을 발견하는 귀한 경험을 갖기 바란다.

참고로 현재 우리나라에서 사용하는 가톨릭 용어와 개신교 용어의 차이를 감안할 때 이 책에서는 가능한 한 가톨릭 용어를 채택하는 것을 원칙으로 하였으나 문맥에 따라 잘 알려진 개신교 용어도 병행하여 사용하였다. 이 책이 본격적인 가톨릭 교리서가 아니라 일반 독자층을 대상으로 하고 있기 때문이다.
　끝으로 을유문화사 편집부에 고마움을 전하며 사랑하는 딸 민경에게 이 책을 선물하고자 한다.

배국원

찾아보기

ㄱ

가브리엘, 카를 212
가톨릭 신도회 210
가톨릭 운동 228
갈릴레오 갈릴레이 196
감독 33, 35~36, 46~50, 55~59, 65, 68~76, 84, 90, 93, 109, 111, 116, 122, 133, 144, 178, 219
감독권 153
감독 직제 50
개혁주의 교회 177, 186
「거룩한 이것을」 159, 161
거짓 이시도르 교서 110, 128
겔라시우스 1세 92, 94, 120
「결혼 지침소요」 175
고린토 35, 47
고백 성사 107~109, 126
『고백록』 79
고트족 83, 85, 92, 96~97, 101, 103
「공산당 선언」 210, 224
공의회주의 161
『과연 무류인가?』 246
괴링, 헤르만 234
괴벨스, 파울 요제프 234
교도권 94
「교리 대강요」 175
「교리 소강요」 175
교수법 54
교황 12, 15, 18, 20, 70~73, 80, 84, 89~95, 98~106, 109~112, 115~128, 130~136, 139~146, 153~161, 163~165, 169, 171~172, 174, 176, 178, 180~183, 190, 192~193, 195, 199, 201~202, 204, 206~208, 211~212, 214, 216~220, 223~237, 239~257, 259~260
『교황』 208
교황무류성 15, 84, 156, 161, 210, 216~219, 224, 230, 246, 256
교황주의 84, 126, 162, 206, 212
교황주의자 159
교황지상주의 150, 212
교회 제도화 140
『교회법전』 112, 227, 251
「교회와 사람 청원서」 257~258

「교회의 바빌론 유수에 관한 서곡」 170
교회일치 158, 228, 238, 244, 254~255, 258, 267~269
교회일치연구소 12
교회일치 운동 228, 237, 249~251, 254~255, 265
『구로마교회법전』 128
구약 25, 56, 67, 104, 200
국민의회 202~203
『군주론』 164
그라티아누스 127
『그라티아누스 교령집』 127~128, 156
그레고리우스 대교황 100, 127, 259
그레고리우스 7세 123~126, 129, 131, 144, 154
그레고리우스 9세 136, 140
그레고리우스 11세 156
그레고리우스 13세 192
그레구아르, 앙리-밥티스테 206
그루지야 교회 91
그리스도인 18, 43
『그리스인들의 오류에 관하여』 144
「극도의 슬픔으로」 233
『근대적 오류에 대한 교서요목』 224
『기독교 강요』 177
『기독교인의 자유에 관하여』 169
기번, 에드워드 101, 215

ㄴ

나지안주스의 그레고리우스 68, 75
나폴레옹 1세 206~208
나폴레옹 3세 231
네스토리우스 교회 91
니케아 공의회 64~65, 72, 116, 119
니케아-콘스탄티노플 신조 68
니콜라우스 1세 115, 121
니콜라우스 2세 123
닛사의 그레고리우스 68, 75

ㄷ

다마수스 1세 73
다윈, 찰스 213
「단 하나의 거룩한 교회」 154
단테, 알리기에리 155
대립교황 115~116
데카르트, 르네 194, 196, 200
데키우스 황제 59
도나투스 76
도나투스파 논쟁 76
도미니쿠스 137
도미니쿠스 수도회 132, 137, 180, 201, 256
도미티아누스 51
「독일 민족의 기독교 귀족들에게 보내는 연설」 169
동방 교회 64, 101, 119~121, 123, 131, 133, 150, 260
동일한 실체 65~66, 68
될링거, 이그나츠 폰 214, 219
뒤팡루, 펠릭스 217
디다케 48
디도 46
디모데 46
디아코니아 32
디오니시우스 32, 94
디오클레티아누스 황제 59

ㄹ

라너, 카를 220, 246

『라루스 사전』 215
라테란 조약 229
라틴 신학 75, 89, 95, 99
랏징거, 요셉 249
랑고바르드족 104
램버스 회의 228
레싱, 고트홀트 에프라임 201
레오 1세 68, 89, 120, 122~123
레오 3세 121
레오 9세 122
레오 10세 165, 171
레오 13세 224, 227
로고스 53~54, 65
로르츠, 요제프 166
로마 가톨릭(교회, 제도) 11, 13, 20, 85, 106, 109, 123, 126~128, 134, 136~138, 153, 160, 166, 170~171, 173, 182, 184, 190, 192, 195, 204, 207~208, 211~213, 216, 223, 226, 232, 242~244, 250, 254, 257, 259
로마 시민 36, 99, 154, 219, 232
로베스피에르 204~205
로욜라, 이그나티우스 181
루소, 장 자크 202, 215
루이 13세 191
루이 14세 189, 191
루이 16세 202
루터, 마르틴 75, 80, 144, 160, 165~176, 181, 195
루터 교회 177
르네상스 162~164, 181, 192, 196
『리바이어선』 191
리슐리외 추기경 191
리치, 마테오 200

리키니우스 63

ㅁ

마니교 51, 80
마르크스, 카를 209
마르텔, 카를 104
마르티누스 5세 159
마리아 숭배 150, 212, 250
마리아의 무염시태 164, 214
『마크테부르크 시대』 110
마키아벨리 191
만인구원설 80
만인제사직 170, 175
멜란히톤, 필리프 195
「모세 5경」 200, 279
모어, 토머스 163
「목회 규범」 100
몬시뇨르 208
무솔리니, 베니토 227, 229
문화투쟁 224
미슐레, 쥘 162
「민중의 전진」 244

ㅂ

바니니, 루칠리오 196
바빌론 유수 154
바실리우스 68, 75
바울로 30~32, 34~36, 39, 43~50, 52, 70, 75, 79, 93~94, 167~168, 172
반달족 84~85, 96
발도파 135, 148
발레리안 황제 59
『백과전서』 198, 215
버크, 에드먼드 208

범수도원 운동 131
베가드파 150
베긴 150
베네딕투스 14세 199
베네딕투스 15세 226
베네딕투스 수도회 100, 116
베니니, 움베르토 226~227
베드로 25, 31, 33~37, 39, 49, 70~71, 74, 84, 90, 93~94, 104, 109, 122~123, 127, 130, 133, 234, 260
베르나르두스 150
베르나르디노 163
베버, 막스 177
베스트팔렌 평화 조약 186, 190
베이컨, 프란시스 193
벨라민, 로버트 228
보나벤투라 143
보니파키우스 1세 74
보니파키우스 8세 153~155
보어만, 마르틴 234
보편적 교회 39, 127, 166, 259
보헤미아 형제단 135
복음주의 174, 178, 182~183, 268~269
볼테르 197, 215
부르고뉴 수도원 116
부르크하르트, 야콥 162
『불가타 성서』 73
브라운, 피터 58
브루노, 조르다노 196
브뤼닝, 하인리히 232
비길리우스 93
비르기타 157
비밀 참회 98
비엔 공의회 150

빅토리우스 71

ㅅ

사도 전승 교부들 52
사도 전승의 보좌 73
사도신경 48, 68, 82
사보나롤라, 지롤라모 163~164, 172
「사십주년」 228
사울 44
42개 조항 178
사제 12, 15, 30, 32~33, 35, 46~47, 50, 58, 71, 91, 94~95, 97~98, 106~108, 116~118, 120~121, 123~124, 126, 129, 131~132, 145, 173, 176, 178, 183~184, 200~203, 205, 220, 226, 228, 242, 244, 251~252, 254~255, 258
「사제의 독신 생활」 244
「사퇴에 반대하며」 246
39개 조항 178
삼위일체 68, 75, 81~82, 102, 144
「새로운 것들에 관해서」 228
색슨족 97, 106
샤를마뉴 대제 82, 97, 103, 105~107, 116, 121
서방 교회 72, 74, 93, 101, 119, 121, 128~129, 150, 159, 230
『선행에 대한 설교』 169
성 바르톨로메오 축일의 학살 186
성 콜롬반 107
성 패트릭 107
성공회 46, 177~179, 210, 228, 249
『성공회 기도서』 178
「성령의 도움으로」 237
성만찬 27~28, 38, 47~49, 52, 59, 98,

107, 126, 135, 147, 160, 170, 172, 174, 176~178, 184, 225, 238, 242, 265, 268
성모 기도문 150
성육신 54
성직 수여 논쟁 123, 129
성직자 공민헌장 203
「성직자에게 적대적인 평신도」 153
「세례문답소요」 175
세르기우스 3세 115
속사도 시대 48
속죄회 226
순교자 52, 57, 64, 98, 205
『순수이성비판』 215
슈미들린, 요제프 226
슈페, 프리드리히 폰
슐라이어마허, 프리드리히 177
스데파노 38, 43
스콜라 철학 99, 142, 162, 173, 185, 199
스탈린, 요시프 233
스탈린주의 17
스테파누스 71, 120
시리키우스 73~74
시몽, 리샤르 200
시토 수도회 150
식스투스 4세 164
『신곡』 155
『신국』 83~85
신마니교 130
신스콜라주의 213
신앙 고백 68, 82, 120, 190, 201, 265, 267~268
신앙교리성성 136, 182
「신앙의 문제」 160
신토마스주의 213

『신학대전』 143
실베스테르 94
심마쿠스 교황 95, 111
십자군 운동 102, 121, 129~130, 133, 230

ㅇ

아데나워, 콘라트 233
아르메니아 교회 91
아리스토텔레스 142~145, 173
아리우스 64, 67
아비뇽 154~157
아우구스티누스, 아우렐리우스 74~85, 89, 92, 95, 99, 102, 116, 122, 129, 143~145, 167
아이, 피에르드 158
아이히만, 아돌프 234
아지오르나멘토 250
아틸라 91
안셀무스 99
안티오크 36, 43~44, 46, 48~49, 52, 69, 94, 102
알렉산드리아 43, 64, 69, 75, 102
알베르투스 마그누스 142~143
알비겐시스 149
알비파 130, 134
암브로시우스 75
앙리 4세 191
야고보 33~34, 38~39, 51, 90
얌니아 의회 39
「어머니요 스승」 236
에라스무스, 데시데리우스 163, 174, 179~180
에클레시아 카톨리카 44, 46
에페소스 공의회 150

엘리자베스 1세 178
엥겔스, 프리드리히 209
『영성 수련』 181
영지주의 55
「영혼의 죽음」 228
예딘, 휴버트 184~185
예루살렘 33~34, 37, 39, 43, 51, 69, 90, 94, 102, 232
예수 18, 20~21, 25~32, 34, 37~39, 43~47, 50, 53~54, 64~65, 67~68, 71, 77~78, 90, 98, 122, 131~132, 139, 147, 150, 168, 170~171, 174, 219~220, 237, 259, 267
예수회 181, 199~200, 228, 252, 256
오다페 179
오라토리오 수도회 181
오리게네스 54, 60, 66, 75, 144
오토 대제 97, 116
오토 3세 111
오푸스데이 226, 252
요아킴 156
요제프 2세 202
요한네스 1세 95
요한네스 10세 115
요한네스 11세 115
요한네스 12세 116
요한네스 23세 12, 235~238, 240~241, 244, 248, 254~255, 259~261
요한네스 파울루스(요한 바오로) 1세 247
요한네스 파울루스(요한 바오로) 2세 111, 230, 235, 246, 248~249, 252~255, 259
우르바누스 1세 71
우르바누스 2세 130
우르바누스 6세 157

울만, 발터 92, 154
울피라스 96
위그노 186, 190~191, 198
위클리프, 존 160
윌리엄 3세 179
윌리엄 오컴 156, 158, 167
윌슨, 우드로 227
유니아 47
유대계-기독교인 38, 45, 51, 66
유명론 신학 156, 167
유세비우스 65
유스티누스 53
유스티니아누스 1세 92~93
율리우스 1세 72
율리우스 2세 165
『이교도에 대한 반론』 143
이그나티우스 36, 44, 49, 52, 181, 183
이레나이우스 49, 55, 71
이슬람 51, 101~102, 122, 133, 179, 239
이시도루스 메르카토르 110
이중예정설 이론 80
『이탈리아 교부들의 삶과 기적에 관한 대화』 99
「인간 생명」 243, 245
「인간과 시민의 권리 선언」 202
인노켄티우스 1세 73
인노켄티우스 3세 125~126, 130, 132~133, 137~138, 140~142, 153
인노켄티우스 4세 136
인노켄티우스 8세 165

ㅈ

자유 교회 176~177, 179
장로 32~33, 46, 48~49, 59, 64

장로-감독 제도 46, 49~50
재복음화 249
재침례파 176
전권 90, 123, 156, 158
전례 논쟁 201
제1차 바티칸 공의회 93, 210, 220, 227, 240~241, 246, 260
제2차 바티칸 공의회 12, 15, 74, 106, 112, 160, 185, 206, 219, 237~245, 248~249, 251~253, 257, 260
제2차 라테렌 공의회 132
제4차 라테란 공의회 125, 130, 133, 137, 140
제4차 칼케돈 공의회 68
제르송, 장 드 158
『제왕론』 155
조반니 디 산 파울로 139
조직 신학 75
종교 개혁 13, 84, 106, 110, 132, 141, 161, 165, 168, 172~177, 179, 181~ 185, 190, 193~195, 199, 230, 238, 248, 265
종교재판 11~12, 78, 134~137, 156, 177, 179, 182, 196, 230, 250, 252
주기도문 106, 150
「주석 지침」 242
지상권 35, 69, 91, 94, 105, 122, 130, 144~145, 211, 216, 218, 240, 242
「지상의 평화」 236
집사 48~49, 58~59

ㅊ

참회 지침서 107~108
채드윅, 헨리 59
추기경 117~118, 122~123, 133, 139~ 140, 143, 157~160, 164~165, 174, 179, 181~182, 191, 217, 226, 240, 243, 249, 251, 256, 259
츠빙글리, 홀트리히 176
친퀘첸토 162
침묵 미사 107
칭의 166~167, 169, 171~173, 178, 183, 254

ㅋ

카노사 124~125, 154
카라파 174, 181~182
카롤링거 왕조 95, 109
카르멜회 252
카를 5세 180
카를로스 1세 179~180
카스텔산탄젤로 115, 125, 174
카이사르 101, 121
카타리파 130, 134~135, 137, 148
카테리나 148
카푸치노 수도회 181
칸트, 임마누엘 195, 215
칼리스투스 58
칼뱅, 장 80, 176~177
캄파넬라, 톰마소 196
캔터베리 대주교 178
케텔러, 빌헬름 에마누엘 폰 210
코이네 43
코이노니아 126
코페르니쿠스, 니콜라우스 194~195, 215
콘스탄츠 공의회 158~161, 172, 182~183, 216, 242
콘스탄티노플 68~70, 92~95, 101, 119, 121, 130, 133

콘스탄티노플 공의회 68
콘스탄티누스 황제 63~68, 71~72, 94, 104
콘스탄티누스의 기증서 72, 104, 110~111
콜룸바누스 97
콤뮤니오 126
콥트 교회 91, 102
콩가르, 이브 94
쿠사누스, 니콜라우스 163
쿠아트로첸토 162
크랜머, 토머스 178
클레멘스 2세 117
클레멘스 7세 157
「클레멘스의 편지」 36, 49
클로비스 1세 97
키프리아누스 75
키프리안 75, 102

ㅌ
탁발 수도회 131~132, 137, 139
『태양의 나라』 196
테레사 148~149
테르툴리아누스 71, 75, 78, 102
테오도리쿠스 대제 92, 95, 97
테오도시우스 대제 69
테오도시우스 2세 67
토마스 아퀴나스 142~145, 154, 156, 177
토마지우스, 크리스티안 199
투르 전투 104
트리엔트 공의회 167, 182~185, 192, 216
티어니, 브라이언 158

ㅍ
파레르 33
파로코 33
파울루스 3세 181
파울루스 6세 242, 245, 247
페트루스 올리비 156
펠라기우스 78
펠라기우스 논쟁 76
펠라기우스주의자 79
펠리페 2세 189
『평화 옹호자론』 156
포레테, 마르그리트 149
포르모수스 115
포티우스 121
폴리카르포스 52
프란체스코 137~141, 171
프란체스코 수도회 132, 137~138, 140, 143, 156, 164, 201
프랑스 혁명 176, 179, 201, 204~207
프랑크 왕국 97, 102, 104, 106, 109~110, 121
프레스비테로스 파로키아누스 33
프리드리히 2세 136
피레네 평화 조약 190
피렌, 앙리 102
피우스 2세 161
피우스 6세 204, 206
피우스 9세 211~214, 217, 224, 230~231, 235
피우스 10세 225~226
피우스 11세 228~229
피우스 12세 226, 230~231, 234~235, 239, 248, 261
피핀 104~105
필리오케 82, 121

ㅎ

하드리아누스 6세   180
하인리히 3세   117
하인리히 4세   124
헤펠레, 카를 요제프   218~219
헨리 8세   177~178
헬라화   37~38, 43, 53~55
『현자 나탄』   201
호노리우스 1세   93
호시후트, 롤프   235
홉스, 토머스   191, 215
회중제   47
회중주의 교회   179
후스, 얀   160, 172
훈족   91, 96
훔베르트   117~119, 121, 124, 131
히믈러, 하인리히   234
『히브리 성경』   27, 38, 56
히에로니무스, 에우세비우스   73
히틀러, 아돌프   229, 232~234
히포레기우스   76
힐데가르트   148~149
힐데브란트   117, 123, 131